AF458653

PAR LA PLUME

Les Défenseurs de la Foi

OUVRAGES DE LA MÊME SÉRIE

Grand in-8° jésus, de 320 pages

LA BRAVOURE FRANÇAISE AU XIXe SIÈCLE, par Arthur Bonnot.

PAR LA PLUME, — Les Défenseurs de la Foi, — par Jean Laur.

LES BIENFAITEURS DU PEUPLE AU XIXe SIÈCLE, par Arthur Bonnot.

Jean LAUR

Par la Plume

LES DÉFENSEURS DE LA FOI

ABBEVILLE

C. PAILLART, IMPRIMEUR-ÉDITEUR

1898

PAR LA PLUME

Jeunes gens qui aimez à relire les annales guerrières de la France, à admirer les héros illustres qui, au prix du plus pur de leur sang, ont refait l'intégrité de la Patrie, ou reculé les limites de son territoire, jeunes gens, rendez hommage à ces maîtres de la gloire militaire ! Inspirez-vous de leur courage et de leurs mâles vertus !...

Mais apprenez qu'il est un autre champ de bataille où la lutte est non moins acharnée et la victoire non moins glorieuse... Là, c'est la plume *qui remplace l'épée, et si le sang ne coule pas à flots, les blessures n'en sont pas moins dangereuses, le courage pas moins nécessaire et le triomphe pas moins difficile : — Ce champ de bataille, c'est celui où chaque jour la vérité dispute le terrain à l'erreur ; — c'est celui où la foi catholique, attaquée par une fausse science et une licence effrénée, revendique ses droits et rappelle à chacun ses devoirs.*

Fille d'un siècle impie et railleur, notre époque a dû, de son aurore à son déclin, lutter pied à pied pour rendre à la religion la place qu'elle occupait jadis. Ses efforts n'ont pas encore atteint un plein succès, mais cependant que de chemin parcouru, que de progrès réalisés, que d'espérances entrevues !...

Le siècle de Voltaire avait exilé le christianisme du monde pensant, il avait fait de l'idée catholique une proscrite, une étrangère, il fallait que notre XIXe *siècle la rétablît dans ses droits, lui rendît son rôle jadis si fécond et si brillant.*

Là tâche fut rude... Est-elle achevée entièrement ? Non sans doute : mais les hommes de cœur qui ont soutenu le combat méritent que leurs services soient enregistrés et légués à la postérité.

Nombreux sont les écrivains qui se sont enrôlés sous la bannière de la défense de la foi ; célébrer tous nos apologistes exigerait un travail au-dessus de nos forces, mais, dans cette phalange, il s'est rencontré des hommes au front desquels brillait la flamme du génie, d'autres qu'un talent supérieur distingua de la foule... Ce sont ceux-là que nous voulons signaler à la jeunesse comme des exemples, comme des modèles aussi précieux que nos plus illustres guerriers.

Jeunes amis, qui ouvrez ce livre, votre intelligence y trouvera une force, car elle pourra s'illuminer au contact des grands esprits de notre époque, mais votre cœur et votre volonté y trouveront un secours encore plus précieux, car vous y apprendrez à défendre la foi de votre baptême, et à revendiquer l'insigne honneur d'être ses chevaliers.

J. L.

CHATEAUBRIAND

Sa Jeunesse. — L'Apologiste. — L'Ecrivain.

(1767-1848)

A l'immortel auteur du *Génie du Christianisme* revient le premier rang dans la galerie des apologistes au XIXe siècle. Cet honneur il ne le doit certes, ni à la vivacité de sa foi, ni même à la rigueur de sa démonstration, mais bien à l'heureuse inspiration, à l'à-propos et surtout à l'immense influence de son livre.

Chantre magnifique de la poésie du christianisme, Chateaubriand est le hardi et séduisant précurseur du mouvement généreux qui ramènera les âmes à la foi.

I

François-René, vicomte de Chateaubriand, naquit à Saint-Malo le 4 septembre 1768.

« J'étais presque mort quand je vins au jour, a raconté l'écrivain des *Mémoires d'Outre-Tombe*. Le mugissement des vagues, soulevées par une bourrasque annonçant l'équinoxe d'automne, empêchait d'entendre mes cris. On m'a souvent conté ces détails; leur tristesse ne s'est jamais effacée de ma mémoire. Il n'y a pas de jour où rêvant à ce que j'ai été, je ne revoie en pensée le rocher sur lequel je suis né, la chambre où ma mère me donna la vie, la tempête dont le bruit berça mon premier sommeil... Le ciel sembla réunir ces diverses circonstances pour placer dans mon berceau une image de mes destinées. »

Les premiers jeux de l'enfant eurent pour théâtre les grèves de l'océan : « Compagnon des flots et des vents, un des premiers plaisirs que j'ai goûtés était de lutter contre les orages, de me jouer avec les vagues qui se retiraient devant moi, ou couraient après moi sur la rive. »

Son caractère se révélait déjà. Tantôt assis loin de la foule, il passait des heures à « voir voler les pingouins et les mouettes, à béer aux lointains bleuâtres, à écouter le refrain des vagues parmi les écueils » : tantôt, luttant d'audace avec les petits camarades que le hasard lui amenait, il acceptait quelque défi téméraire d'où il sortait meurtri.....

A dix ans, aux grèves de Saint-Malo succédèrent les forêts ombreuses du vieux château de Combourg (1) ; après l'océan sans rivage, les forêts aux mugissements lugubres ; après le soulèvement des vagues, le charme silencieux des prairies immenses.

C'est là, dans de longues promenades solitaires avec sa sœur Lucile, que François-René révéla ses premiers enthousiasmes pour la campagne et ses horizons boisés.

Mais bientôt il fallut s'arracher à ces ravissements, à ces enivrements nouveaux pour entrer au collège. Dol, Rennes et Dinan le virent successivement sur les bancs de leurs écoles. « Il fallut quelque temps, dit-il, à un hibou de mon espèce pour s'accoutumer à la cage d'un collège, et régler sa volée au son d'une cloche. »

Cependant l'humeur sauvage s'apprivoisant peu à peu, il révéla les trésors d'intelligence dont la Providence avait été envers lui si prodigue : en même temps se manifestait cet ascendant inné qui lui attirait déjà des condisciples et devait lui gagner plus tard tant d'admiration et tant d'hommages.

(1) A huit lieues de Saint-Malo. C'étaient à perte de vue des forêts et des prairies. Madame de Sévigné vantait déjà l'antiquité de ces bois ; Chateaubriand les trouva vieillis d'un siècle et demi de plus. Ils sont encore aujourd'hui la propriété de la petite nièce du grand écrivain.

Avec l'année 1780, arriva l'époque de la première communion qui produisit dans l'âme de cet enfant extraordinaire un épanouissement de ferveur extatique ; sa mère, qui avait suivi la cérémonie avec attendrissement, en conçut aussitôt l'illusion d'une vocation ecclésiastique pour son fils.

Château de Combourg.

Mais si les rêves de François-René suivirent un instant cette impulsion (1), ils ne tardèrent pas à se porter vers une autre carrière, et après bien des hésitations il renonça à l'Eglise pour entrer dans l'armée. « Il était alors agité d'un désir de bonheur qu'il ne pouvait ni régler ni comprendre. Son esprit et son cœur achevaient de former comme deux temples vides, sans autels et sans sacrifices. On ne savait encore quel Dieu y serait adoré. »

Ce fut le monde qui l'emporta. Un soir, son père le manda

(1) Il reçut la tonsure, comme le prouve un document récemment découvert à l'ancien évêché de Saint-Malo.

dans son cabinet; ce n'était pas un homme tendre que le comte de Chateaubriand, il n'avait rien du poète et du rêveur que devait être le fils qui immortalisa son nom. En recevant le jeune homme, il lui dit :

« Monsieur le chevalier, votre frère a obtenu pour vous un brevet de sous-lieutenant au régiment de Navarre. Vous allez partir pour Rennes et de là pour Cambrai. Voilà cent louis, ménagez-les. Je suis vieux et malade. Je n'ai pas longtemps à vivre. Conduisez-vous en homme de bien et ne déshonorez jamais votre nom. »

En même temps le comte lui remettait sa vieille épée, et conduisait son fils jusqu'au cabriolet qui l'attendait. « Il l'y fit monter devant lui, sans lui permettre de s'amollir encore aux étreintes de sa mère et de sa sœur, qui pleuraient sur le perron, en lui envoyant du geste leurs derniers adieux (1). »

Chateaubriand avait dix-huit ans, quand il arriva à Cambrai ; il se fit assez vite à la vie du régiment, où « sa gravité précoce, sa réserve pensive, l'énergie de caractère révélée par la flamme qui traversait parfois ses yeux le firent exempter des épreuves ou brimades traditionnelles. Deux ans après il était à Paris et subissait sa première présentation à la cour ; le mariage de son frère aîné avec la petite-fille de M. de Malesherbes lui procurait les plus hautes relations, mais à l'honneur de briller dans les salons le jeune officier préférait de beaucoup la gloire d'écrire dans l'*Almanach des Muses* et on le voyait plus souvent avec les écrivains de cette époque, la Harpe, Fontanes, André Chénier, Parny, Chamfort, qu'avec les seigneurs de la cour.

La lecture de Jean-Jacques Rousseau et de Bernardin de Saint-Pierre avait remué dans son cœur les fibres les plus secrètes ; il rêvait d'aller contempler dans les pays d'outre-mer la nature vierge et la vie primitive. La révolution de 1789 hâta la réalisation de ce désir.

Le 14 juillet lui réservait le spectacle de la prise de la Bastille,

(1) M. de Lescure, *Chateaubriand.*

et des orgies qui suivirent la facile victoire. Sous ses fenêtres il vit passer les têtes sanglantes de Foulon et de Berthier; un cri de colère et d'horreur s'échappa de sa poitrine. Aussi quelques jours plus tard pendant que la plupart des officiers de son régiment partaient pour Coblentz, Chateaubriand prenait la mer et se dirigeait vers le Nouveau-Monde.

A son désir d'émotions nouvelles et de curiosité satisfaite se joignait, en apparence du moins, un but utilitaire qui ne laissera pas de surprendre. Il ne s'agissait de rien moins que de reconnaître le détroit de Behring et d'explorer le passage nord-ouest de l'Amérique.

L'entreprise offrait plus d'un mirage au génie de l'officier aventureux. Muni de livres et de lettres de recommandation, sans oublier une bonne provision de papier blanc, il partit en janvier 1791 ; sa vocation de voyageur commençait.

A bord, il s'enchanta de rêves. « Me trouver au milieu de la mer, c'était n'avoir pas quitté ma patrie ; c'était, pour ainsi dire, être porté par ma nourrice, par la confidente de mes premiers plaisirs. » Suspendu entre la mer et le ciel, « il goûta la poésie de ces deux infinis » et son âme vibrante s'éleva vers l'Auteur de la nature en accents admirables que nous retrouvons dans cette page extraite du « *Voyage en Amérique* et reproduite dans le *Génie du Christianisme* :

« Il nous arrivait souvent de nous lever au milieu de la nuit et d'aller nous asseoir sur le pont, où nous ne trouvions que l'officier de quart et quelques matelots qui fumaient leur pipe en silence. Pour tout bruit on entendait le froissement de la proue sur les flots, tandis que des étincelles de feu couraient avec une blanche écume le long des flancs du navire. Dieu des chrétiens ! c'est surtout dans les eaux de l'abîme et dans les profondeurs des cieux que tu as gravé fortement les traits de ta toute-puissance : des millions d'étoiles rayonnant dans le sombre azur du dôme céleste, la lune au milieu du firmament, une mer sans rivage, l'infini dans le ciel et sur les flots ! Jamais tu ne m'as plus troublé de ta grandeur que dans ces nuits où, suspendu entre les astres et l'océan, j'avais l'immensité sur ma tête et l'immensité sous mes pieds !

« Un soir (il faisait un profond calme), nous nous trouvions dans ces belles mers qui baignent les rivages de la Virginie ; toutes les voiles étaient pliées ; j'étais occupé sous le pont, lorsque j'entendis la cloche qui appelait l'équipage à la prière : je me hâtai d'aller mêler mes vœux à ceux de mes compagnons de voyage. Les officiers étaient sur le château de poupe (1) avec les passagers ; l'aumônier, un livre à la main, se tenait un peu en avant d'eux ; les matelots étaient répandus sur le tillac ; nous étions tous debout, le visage tourné vers la proue du vaisseau, qui regardait l'occident.

« Le globe du soleil, prêt à se plonger dans les flots, apparaissait entre les cordages du navire au milieu des espaces sans bornes. On eût dit par les balancements de la poupe, que l'astre radieux changeait à chaque instant d'horizon. Quelques nuages étaient jetés sans ordre dans l'orient où la lune montait avec lenteur ; le reste du ciel était pur : vers le nord, formant un glorieux triangle avec l'astre du jour et celui de la nuit, une trombe, brillante des couleurs du prisme, s'élevait de la mer comme un pilier de cristal supportant la voûte du ciel.

« Il eût été bien à plaindre, celui qui dans ce spectacle n'eût point reconnu la beauté de Dieu. Des larmes coulèrent malgré moi de mes paupières, lorsque mes compagnons, ôtant leur chapeau goudronné, vinrent à entonner d'une voix rauque leur simple cantique à *Notre-Dame de Bon-Secours*, patronne des mariniers. Qu'elle était touchante, la prière de ces hommes qui sur une planche fragile, au milieu de l'océan, contemplaient le soleil couchant sur les flots ! Comme elle allait à l'âme, cette invocation du pauvre matelot à la Mère de Douleur ! La conscience de notre petitesse à la vue de l'infini, nos chants s'étendant sur les vagues, la nuit s'approchant avec ses embûches, la merveille de notre vaisseau au milieu de tant de merveilles, un équipage religieux saisi d'admiration et de crainte, un prêtre auguste en prière, Dieu penché sur l'abîme, d'une main retenant le soleil

(1) Plate-forme de l'arrière.

aux portes de l'occident, de l'autre élevant la lune dans l'orient, et prêtant, à travers l'immensité, une oreille attentive à la voix de sa créature : voilà ce qu'on ne saurait peindre, et ce que tout le cœur de l'homme suffit à peine pour sentir. »

Quelques semaines plus tard Chateaubriand était à Philadelphie et se faisait présenter au grand Washington. Il lui exposa son projet de découvrir le passage du nord-ouest ; mais le président objecta l'impossibilité de tenter une pareille entreprise sans expérience et sans appui de la part de son gouvernement ; ne se laissant pas déconcerter le jeune officier répondit :

— « Il est cependant moins difficile de découvrir le passage du nord-ouest que de créer un peuple comme vous l'avez fait ! »

Cette flatterie adroite amena un sourire sur la figure austère de Washington et son regard s'abaissa avec bienveillance sur le jeune voyageur, qui en garda le plus précieux souvenir.

« Le libérateur de l'Amérique était dans tout son éclat et moi dans toute mon obscurité. Mon nom n'est peut-être pas demeuré un jour entier dans sa mémoire. Heureux pourtant que ses regards soient tombés sur moi ! je m'en suis senti échauffé le reste de ma vie : il y a une vertu dans les regards d'un grand homme. »

Le résultat de cette entrevue fut que Chateaubriand abandonna le côté scientifique de son voyage ; renonçant aux glaces du pôle, il s'enfonça dans les forêts du Nouveau-Monde qui devaient lui inspirer tant de scènes merveilleuses et y puisa l'objet de ses plus magnifiques descriptions.

« Un soir, ajoute-t-il, je m'étais égaré dans une forêt à quelque distance de la cataracte du Niagara, bientôt je vis le jour s'éteindre autour de moi, et je goûtai dans toute sa solitude, le beau spectacle d'une nuit dans les déserts du Nouveau-Monde.

« Une heure après le coucher du soleil, la lune se montra au-dessus des arbres à l'horizon opposé. Une brise embaumée, que cette reine des nuits amenait de l'orient avec elle, semblait la précéder dans les forêts comme sa fraîche haleine. L'astre solitaire monta peu à peu dans le ciel : tantôt il suivait paisiblement sa course azurée, tantôt il reposait sur des groupes de nues qui ressemblaient à la cime de hautes montagnes couronnées de neige. Ces nues, ployant et déployant leurs voiles, se déroulaient en zones diaphanes de satin blanc, se dispersaient en légers flocons d'écume, ou formaient dans les cieux des bancs d'une ouate éblouissante, si doux à l'œil, qu'il croyait ressentir leur mollesse et leur élasticité.

« La scène sur la terre n'était pas moins ravissante : le jour bleuâtre et velouté de la lune descendait dans les intervalles des arbres, et poussait des gerbes de lumière jusque dans l'épaisseur des plus profondes ténèbres. La rivière qui coulait à mes pieds tour à tour se perdait dans le bois, tour à tour reparaissait brillante des constellations de la nuit, qu'elle répétait dans son sein. Dans une savane, de l'autre côté de la rivière, la clarté de la lune dormait sans mouvement sur les gazons ; des bouleaux agités par les brises et dispersés çà et là formaient des îles d'ombres flottantes sur cette mer immobile de lumière. Auprès, tout aurait été silence et repos, sans la chute de quelques feuilles, le passage d'un vent subit, le gémissement de la hulotte ; au loin, par intervalles, on entendait les sourds mugissements de la cataracte du Niagara, qui, dans le calme de la nuit, se prolongeaient de désert en désert et expiraient à travers les forêts solitaires.

« La grandeur, l'étonnante mélancolie de ce tableau ne sauraient s'exprimer dans les langues humaines ; les plus belles nuits en Europe ne peuvent en donner une idée. En vain dans nos champs cultivés l'imagination cherche à s'étendre ; elle rencontre de toutes parts les habitations des hommes ; mais dans ces régions sauvages l'âme se plaît à s'enfoncer dans un océan de forêts, à planer sur le gouffre des cataractes, à méditer au bord des lacs et des fleuves, et pour ainsi dire à se trouver seule devant Dieu (1). »

(1) Page extraite de l'*Essai sur les Révolutions* et reproduite dans le *Génie du Christianisme*.

D'excursion en excursion, le voyageur revenait « escorté d'un monde de poésie », animé d'inspirations non encore exprimées, qui devaient enfanter les *Natchez*, *Atala* et *René*; quand, à une halte de ce retour, dans la ferme d'un planteur, jetant un soir un regard distrait sur un journal anglais, il y lut ces mots à la lueur de l'âtre : *Flight of the King*. Fuite du roi. » C'était l'évènement de Varennes. « Son sang royaliste ne fait qu'un tour ; officier, il songe à son épée, à son serment. N'écoutant que l'honneur, il part le 10 décembre 1791, court les plus grands dangers, fait naufrage, et aborde au Havre le 2 janvier 1792 (1). »

Quelques mois plus tard il traverse Paris en hâte et rejoint avec son frère l'armée des princes à Coblentz, jetant aux sceptiques qui l'interrogent sur le but de son voyage cette fière réponse :

— Où donc vous rendez-vous?

— Où l'on se bat, Monsieur.

Il se battit en effet. « Alors commence pour l'officier une odyssée lamentable. Incorporé dans l'armée du prince de Waldeck, Chateaubriand connaît toutes les souffrances du soldat en campagne. Un havresac qui lui brise les épaules, contient toute sa fortune : la bible, Homère, une gourde, quelques hardes, deux chemises et ses manuscrits. On lui vole ses effets, mais on lui laisse ses paperasses. Le manuscrit d'*Atala* lui sauva la vie. Deux balles avaient frappé le sac : « Atala, en fille dévouée, se plaça entre son père et le plomb ennemi... »

« Ceci se passait à Thionville. Chateaubriand y fut blessé à la jambe d'un éclat de bombe. La ville se défendant avec acharnement, Waldeck leva le siège. Le blessé se traîna ainsi à Verdun. Là, attaqué par la fièvre et la petite vérole, il entreprit néanmoins de gagner Ostende. Il se traîna sur sa béquille dans les Ardennes, tomba dans un fossé et perdit connaissance. Ramassé par les fourgons du prince de Ligne, il fut déposé à Namur, où, sans la compassion des habitants, il eût expiré. A Bruxelles, il retrouva son frère qui recula devant « son spectre ». Enfin, parvenu à Ostende, et de là à Jersey, il demeura quatre

(1) ROCHEBLAVE, *Chateaubriand*.

mois entre la vie et la mort. Louis XVI mourait sur ces entrefaites ; le débarquement en Bretagne était une folie. Sur les instances de sa famille, Chateaubriand passa en Angleterre ; il y aborda le 17 mai 1793 (1). »

Londres fut la dernière halte de son émigration ; mais, s'il échappa à la mort, ce ne fut que pour tomber dans la misère affreuse d'un pays inconnu. Il y avait là toute une colonie d'émigrés de marque, qui mouraient littéralement de faim ; comme ses voisins, Chateaubriand dut essayer de vivre de sa plume. Les lettres étaient « un grand hôpital où il eut sa paillasse à côté d'eux. » C'est en « crachant le sang, dans les dispositions mélancoliques et amères du poitrinaire, que le vicomte, vivant le jour tant bien que mal de quelques traductions du latin et de l'anglais, passait la nuit à écrire un gros livre contre la décevante doctrine du progrès. C'était un *Essai sur les Révolutions anciennes et modernes,* livre de doute, de colère et de révolte, plus sceptique encore qu'impie, où l'on trouve plus de promesses que de réalités de talent (2). »

Chateaubriand lui-même était loin d'en faire grand cas : « Cet ouvrage, dit-il, est un véritable chaos ; chaque mot y contredit le mot qui le suit. On pourrait faire de l'*Essai* deux analyses différentes : on prouverait par l'une que je suis un sceptique décidé, un disciple de Zénon et d'Epicure ; par l'autre, on me ferait connaître comme un chrétien bigot, un esprit superstitieux, un ennemi de la raison et des lumières. »

Ce premier ouvrage ne devait guère avancer la gloire du futur écrivain ; ce qui lui rendit meilleur service, ce furent l'ardeur et l'amour du labeur pénible qu'il développa en lui. « J'ai souvent écrit, a-t-il dit plus tard en rappelant cette période de sa vie, douze ou quinze heures de suite sans quitter la table où j'étais assis, raturant et recomposant dix fois la même page. » Soutenu par le secret espoir de réussir, il l'était encore plus par

(1) S. Rocheblave, p. xvii.
(2) M. de Lescure, p. 48.

l'amitié de M. de Fontanes qui lui envoyait des encouragements tels que ceux-ci : « Travaillez, travaillez, mon cher ami ; devenez illustre, vous le pouvez ; l'avenir est à vous. »

Mais par le courrier qui lui apportait ces caressantes promesses, le jeune émigré recevait une autre lettre qui devait donner à sa vie une nouvelle orientation.

II

L'*Essai sur les Révolutions*, « sans être anti-chrétien, portait donc de nombreuses marques de scepticisme et de philosophisme ; » quand il tomba sous les yeux de la mère de Chateaubriand, celle-ci dont la piété n'avait fait que croître au contact terrible des orages révolutionnaires, s'alarma des tendances funestes de l'ouvrage et craignit d'y constater le naufrage des convictions religieuses que jadis elle se plaisait à admirer dans l'âme de son fils.

Après la perte de sa fortune et de plusieurs de ses enfants que la guillotine lui avait ravis, l'épargnant elle-même comme par miracle, Madame de Chateaubriand vivait au fond de la Bretagne dans un état voisin de la misère : sa santé ruinée par une longue détention à la Conciergerie, des émotions trop renouvelées et trop violentes, l'appréhension de la perte de la foi dans un fils qu'elle avait cru jadis fait pour le sanctuaire, c'en fut assez pour hâter le terme de ses jours. Les yeux brûlés par les larmes amères, elle mourut en suppliant Dieu de rendre à son fils non sa fortune, mais la foi de son enfance.

La fille qui avait reçu avec le dernier soupir d'une mère expirante, l'expression de sa douleur, s'empressa de communiquer à l'enfant prodigue cette double nouvelle : quand la lettre parvint à Londres, elle-même avait cessé de vivre.

Cette double mort, entourée des circonstances qu'il apprenait, fut pour l'émigré un coup de foudre. En un instant il revit

Saint-Malo et Combourg, le collège de Dol et celui de Rennes; le souvenir de son enfance et de sa première jeunesse se représenta vivant à son esprit : il songea aux douces heures de la foi naïve de ses dix-sept ans, des larmes mouillèrent sa paupière, le repentir entra dans son âme et il se retrouva subitement chrétien.

Puis, passant de la résolution à la pratique, il forma le dessein d'écrire un second ouvrage, réparateur, expiatoire du premier et d'abandonner les sources profanes pour revenir aux sources sacrées qu'il avait désertées.

Comme préface à ce nouveau livre, on lisait la confession suivante :

« Mes sentiments religieux n'ont pas toujours été ce qu'ils sont aujourd'hui. Tout en avouant la nécessité d'une religion et en admirant le christianisme, j'en ai cependant méconnu plusieurs rapports. Frappé des abus de quelques institutions et des vices de quelques hommes, je suis tombé jadis dans les déclamations et dans les sophismes. Je pourrais en rejeter la faute sur ma jeunesse, sur le délire des temps, sur les sociétés que je fréquentais ; mais j'aime mieux me condamner : je ne sais point excuser ce qui n'est point excusable. Je dirai seulement les moyens dont la Providence s'est servie pour me rappeler à mes devoirs :

« Ma mère, après avoir été jetée, à soixante-douze ans, dans des cachots où elle vit périr une partie de ses enfants, expira sur un grabat où ses malheurs l'avaient reléguée. Le souvenir de mes égarements répandit sur ses derniers jours une grande amertume. Elle chargea en mourant une de mes sœurs de me rappeler cette religion dans laquelle j'avais été élevé. Ma sœur me manda les derniers vœux de ma mère. Quand la lettre me parvint au-delà des mers, ma sœur elle-même n'existait plus; elle était morte aussi des suites de son emprisonnement. Ces deux voix, sorties du tombeau, cette mort qui servait d'interprète à la mort, m'ont frappé; je suis devenu chrétien. Je n'ai point cédé, j'en conviens, à de grandes lumières surnaturelles, ma conviction est sortie du cœur : j'ai pleuré et j'ai cru. »

La douleur fit donc Chateaubriand chrétien, comme la colère

l'avait fait philosophe. C'est dans son repentir, dans son remords des erreurs de sa jeunesse, dans les larmes que lui arrachèrent la mort de sa mère, de sa sœur et les adjurations de leurs adieux qu'il trouva ce cri immortel par lequel il devait ouvrir l'éloge de la seule religion qui console : « j'ai pleuré et j'ai cru (1). »

Le *Génie du Christianisme*, commencé en 1798, demanda à l'auteur quatre années de travail pour conquérir sa forme définitive. Les premières pages virent le jour sur la terre d'exil ; elles avaient pour titre : *Des beautés poétiques et morales de la religion chrétienne et de sa supériorité sur tous les autres cultes de la terre.* Déjà le monde de l'émigration lui ménageait un chaleureux accueil, quand les portes de la France s'ouvrirent enfin à tous ces expatriés. « J'abordai la France avec le siècle (1800), » dit Chateaubriand.

Cette fois, la carrière de l'écrivain se déroulait toute grande devant lui ; armé de son génie et d'une quasi divination de l'art, aidé des conseils précieux de Fontanes et de Joubert, il poursuivit l'œuvre commencée dans l'exil et élabora le livre qui devait avoir une destinée si glorieuse.

« Avec le *Génie du Christianisme*, le siècle nouveau reçoit son baptême et un traité d'alliance se signe entre la religion et la société française. La paix d'Amiens, le Concordat, Bonaparte à Notre-Dame, le *Génie du Christianisme* annoncé comme à son de trompe dans le *Moniteur*, par ordre du premier consul, voilà de quels multiples coups de théâtre fut marqué le jour de Pâques, 18 avril 1802, précurseur d'une ère nouvelle (2). »

A la vérité, l'apparition de l'ouvrage ne fut pas l'évènement le moins remarqué de cette journée féconde ; Bonaparte, le clergé, les salons, les châteaux, tous ceux qui pouvaient lire, s'unirent dans un cri d'enthousiasme pour en célébrer le mérite.

Qu'était-ce donc que ce livre?... Une apologie de la religion chrétienne, de cette religion si ancienne, si oubliée au milieu du philosophisme du XVIIIe siècle et encore plus au milieu des

(1) M. de Lescure.
(2) S. Rocheblave.

horreurs qui l'avaient achevé : une apologie de cette religion à laquelle personne ne semblait plus croire. Comment un sujet si démodé pouvait-il rallier tant de suffrages ?

C'est que cette apologie ne ressemblait en rien à un livre de théologie ; l'auteur ne venait pas, à l'exemple de ses illustres devanciers, nous donner une à une les preuves de la divinité de ce christianisme qui a civilisé le monde, il ne disait pas : le christianisme est vrai, donc il faut y croire, mais il disait : *le christianisme est beau, donc il est vrai.*

L'argument n'était peut-être pas très rigoureux, mais on le comprit surtout ainsi présenté. « On avait séduit le monde, dit Chateaubriand exposant son plan, en lui disant que le christianisme était un culte né du sein de la barbarie, absurde dans ses dogmes, ridicule dans ses cérémonies, ennemi des arts et des lettres, de la raison et de la beauté ; un culte qui n'avait fait que verser le sang, enchaîner les hommes, et retarder le bonheur et les lumières du genre humain : on devait donc chercher à prouver au contraire que de toutes les religions qui ont jamais existé, la religion chrétienne est la plus poétique, la plus humaine, la plus favorable à la liberté, aux arts et aux lettres, que le monde moderne lui doit tout, depuis l'agriculture jusqu'aux sciences abstraites, depuis les hospices pour les malheureux jusqu'aux temples bâtis par Michel-Ange et décorés par Raphaël. On devait montrer qu'il n'y a rien de plus divin que sa morale, rien de plus aimable, de plus pompeux que ses dogmes, sa doctrine et son culte ; on devait dire qu'elle favorise le génie, épure le goût, développe les passions vertueuses, donne de la vigueur à la pensée, offre des formes nobles à l'écrivain et des moules parfaits à l'artiste ; qu'il n'y a point de honte à croire avec Newton et Bossuet, Pascal et Racine ; enfin il fallait appeler tous les enchantements de l'imagination et tous les intérêts du cœur au secours de cette même religion contre laquelle on les avait armés.

« Ici le lecteur voit notre ouvrage. Les autres genres d'apologie sont épuisés, et peut-être seraient-ils inutiles aujourd'hui. Qui est-ce qui lirait maintenant un ouvrage de théologie ? Quelques hommes pieux qui n'ont pas besoin d'être convaincus, quelques vrais chrétiens déjà persuadés. Mais n'y a-t-il pas de danger à envisager la religion sous un jour purement humain? Et pourquoi? Notre religion craint-elle la lumière? Une grande preuve de sa céleste origine, c'est qu'elle souffre l'examen le plus sévère et le plus minutieux de la raison. Veut-on qu'on nous fasse éternellement le reproche de cacher nos dogmes dans une nuit sainte de peur qu'on en découvre la fausseté? Le christianisme sera-t-il moins vrai quand il paraîtra plus beau?... »

On peut dire que toute la force de l'ouvrage de Chateaubriand est dans cette dernière ligne : oui, elle doit être vraie la religion qui est si belle ; oui, elle est irrésistible, si elle peut arracher à celui qui s'en est fait le chantre immortel des accents comme cette description, calme mais forte et irréfutable, de toutes les forces du christianisme :

« Sublime par l'antiquité de ses souvenirs, qui remontent au berceau du monde, ineffable dans ses mystères, adorable dans ses sacrements, intéressant dans son histoire, céleste dans sa morale, riche et charmant dans ses pompes, le christianisme réclame toutes les sortes de tableaux.

« Voulez-vous le suivre dans la poésie? Le Tasse, Milton, Corneille, Racine, Voltaire, vous retracent ses miracles. Dans les belles lettres, l'éloquence, l'histoire, la philosophie? Que n'ont point fait par son inspiration Bossuet, Fénelon, Massillon, Bourdaloue, Bacon, Pascal, Euler, Newton, Leibnitz! Dans les arts? que de chefs-d'œuvre! Si vous l'examinez dans son culte, que de choses ne vous disent point et ses vieilles églises gothiques, et ses prières admirables, et ses superbes cérémonies! Parmi son clergé, voyez tous ces hommes qui vous ont transmis la langue et les ouvrages de Rome et de la Grèce, tous ces solitaires de la Thébaïde, tous ces lieux de refuge pour les infortunés, tous ces missionnaires à la Chine, au Canada, au Paraguay, sans oublier les ordres militaires, d'où va naître la chevalerie!

« Mœurs de nos aïeux, peinture des anciens jours, poésie, romans même, choses secrètes de la vie, nous avons tout fait pour servir à notre cause. Nous demandons des sourires au berceau et des pleurs à la tombe; tantôt, avec le moine maronite, nous habitons les sommets du Carmel et du Liban; tantôt, avec la fille de la Charité, nous veillons au lit du malade; ici deux époux américains nous appellent au fond de leurs déserts; là nous entendons gémir la vierge dans les solitudes du cloître; Homère vient se placer auprès de Milton, Virgile à côté du Tasse; les ruines de Memphis et d'Athènes contrastent avec les ruines des monuments chrétiens, les tombeaux d'Ossian avec nos cimetières de campagne; à Saint-Denis, nous visitons la cendre des rois; et quand notre sujet nous force de parler du dogme de l'existence de Dieu, nous cherchons seulement nos preuves dans les merveilles de la nature; enfin, nous essayons de frapper au cœur de l'incrédule de toutes les manières, mais nous n'osons nous flatter de posséder cette verge miraculeuse de la religion qui fait jaillir du rocher les sources d'eau vive. »

Après cette majestueuse introduction, venait l'annonce des divisions de l'ouvrage. Il se compose de quatre parties, chacune divisée en six livres. La première traite des dogmes et de la doctrine; la seconde et la troisième renferment la *poétique* du christianisme ou les rapports de la religion avec la poésie, la littérature et les arts; la quatrième est réservée au culte, c'est-à-dire tout ce qui concerne les cérémonies de l'Eglise. L'intérêt principal de l'ouvrage se concentre dans la partie centrale : il fallait un artiste pour la traiter, et en ce point nul ne pouvait dépasser Chateaubriand.

Qu'on en juge plutôt : c'est d'abord le spectacle général de l'univers qui se présente sous sa plume :

« Il est un Dieu; les herbes de la vallée et les cèdres de la montagne le bénissent, l'insecte bourdonne ses louanges, l'éléphant le salue au lever du jour, l'oiseau le chante dans le feuillage, la foudre fait éclater sa puissance, et l'océan déclare son immensité. L'homme seul a dit : il n'y a point de Dieu.

« Il n'a donc jamais, celui-là, dans ses infortunes, levé les yeux vers le ciel, ou, dans son bonheur, abaissé ses regards vers la terre? La nature est-elle si loin de lui qu'il ne l'ait pu contempler, ou la croit-il le simple résultat du hasard? Mais quel hasard a pu contraindre une matière désordonnée et rebelle à s'arranger dans un ordre si parfait? »

CHATEAUBRIAND.

Puis descendant dans le détail, l'auteur célèbre le chant des oiseaux, leurs nids, leurs migrations :

« La nature a ses temps de solennité, pour lesquels elle convoque des musiciens des différentes régions du globe. On voit accourir de savants artistes avec des sonates merveilleuses, de vagabonds troubadours qui ne savent chanter que des ballades à refrain, des pèlerins qui répètent mille fois les couplets de leurs longs cantiques. Le loriot siffle, l'hirondelle gazouille, le ramier gémit ; le premier, perché sur la plus haute branche d'un ormeau, défie notre merle, qui ne le cède en rien à cet étranger ; la seconde, sous un toit hospitalier, fait entendre son ramage confus ainsi qu'au temps d'Evandre ; le troisième, caché dans le feuillage d'un chêne, prolonge ses roucoulements, semblables aux sons onduleux d'un cor dans les bois ; enfin, le rouge-gorge répète sa petite chanson sur la porte de la grange où il a placé son gros nid de mousse. Mais le rossignol dédaigne de perdre sa voix au milieu de cette symphonie : il attend l'heure du recueillement et du repos, et se charge de cette partie de la fête qui doit se célébrer dans les ombres. »

« *Le chant du rossignol.* — Lorsque les premiers silences de la nuit et les derniers murmures du jour luttent sur les coteaux, au bord des fleuves, dans les bois et dans les vallées ; lorsque les forêts se taisent par degrés, que pas une feuille, pas une mousse ne soupire, que la lune est dans le ciel, que l'oreille de l'homme est attentive, le premier chantre de la création entonne ses hymnes à l'Eternel. D'abord il frappe l'écho des brillants éclats du plaisir : le désordre est dans ses chants ; il saute du grave à l'aigu, du doux au fort ; il fait des pauses ; il est lent, il est vif ; c'est un cœur que la joie enivre, un cœur qui palpite sous le poids de l'amour. Mais tout à coup la voix tombe, l'oiseau se tait. Il recommence ! Que ses accents sont changés ! Quelle tendre mélodie ! Tantôt ce sont des modulations languissantes, quoique variées ; tantôt c'est un air un peu monotone, comme celui de ces vieilles romances françaises, chefs-d'œuvre de simplicité et de mélancolie. Le chant est aussi souvent la marque de la tristesse que de la joie : l'oiseau qui a perdu ses petits chante encore ; c'est encore l'air du temps du bonheur qu'il redit, car il n'en sait qu'un, mais, par un coup de son art, le musicien n'a fait que changer la clef, et la cantate du plaisir est devenue la cantate de la douleur. »

« *Les nids.* — Une admirable Providence se fait remarquer dans les nids des oiseaux. On ne peut contempler sans être attendri cette bonté divine qui donne l'industrie au faible et la prévoyance à l'insouciant.

« Aussitôt que les arbres ont développé leurs feuilles, mille ouvriers commencent leurs travaux. Ceux-ci portent de longues pailles dans le trou d'un vieux mur, ceux-là maçonnent des bâtiments aux fenêtres d'une église ; d'autres dérobent un crin à une cavale, ou le brin de laine que la brebis a laissé suspendu à la ronce. Il y a des bûcherons qui croisent des branches dans la cime d'un arbre ; il y a des filandières qui recueillent la soie sur un chardon. Mille palais s'élèvent, et chaque palais est un nid ; chaque nid voit des métamorphoses charmantes : un œuf brillant, ensuite un petit couvert de duvet. Ce nourrisson prend des plumes ; sa mère lui apprend à se soulever sur sa couche. Bientôt il va jusqu'à se pencher sur le bord de son berceau, d'où il jette un premier coup d'œil sur la nature. Effrayé et ravi, il se précipite parmi ses frères, qui n'ont point encore vu ce spectacle ; mais rappelé par la voix de ses parents, il sort une seconde fois de sa couche, et ce jeune roi des airs, qui porte encore la couronne de l'enfance autour de sa tête, ose déjà contempler le vaste ciel, la cime ondoyante des pins et les abîmes de verdure au-dessous du chêne paternel. Et pourtant, tandis que les forêts se réjouissent en recevant leur nouvel hôte, un vieil oiseau, qui se sent abandonné de ses ailes, vient s'abattre auprès d'un courant d'eau : là, résigné et solitaire, il attend tranquillement la mort au bord du même fleuve où il chanta ses amours et dont les arbres portent encore son nid et sa postérité harmonieuse. »

« *Les migrations.* — Tandis qu'une partie de la création publie chaque jour aux mêmes lieux les louanges du Créateur, une autre partie voyage pour raconter ses merveilles. Des courriers traversent les airs, se glissent dans les eaux, franchissent les monts et les vallées. Ceux-ci arrivent sur les ailes du printemps, et bientôt disparaissent avec les zéphyrs, suivent de climat en climat leur mobile patrie ; ceux-là s'arrêtent à l'habitation de l'homme : voyageurs lointains, ils réclament l'antique hospitalité. Chacun suit son inclination dans le choix d'un hôte : le rouge-gorge s'adresse aux cabanes ; l'hirondelle frappe aux palais : cette fille de roi semble encore aimer les grandeurs, mais les grandeurs tristes, comme sa destinée ; elle passe l'été aux ruines de Versailles et l'hiver à celles de Thèbes.

« A peine a-t-elle disparu, qu'on voit s'avancer sur les vents du nord une colonie qui vient remplacer les voyageurs du midi, afin qu'il ne reste aucun vide dans nos campagnes. Par un temps grisâtre d'automne, lorsque la bise souffle sur les champs, que les bois perdent leurs dernières feuilles, une troupe de canards sauvages, tous rangés à la file, traversent en silence un ciel mélancolique. S'ils aperçoivent du haut des airs quelque manoir gothique environné d'étangs et de forêts, c'est là qu'ils se préparent à descendre : ils attendent la nuit, et font des évolutions au-dessus des bois. Aussitôt que la vapeur du soir enveloppe la vallée, le cou tendu et l'aile sifflante, ils s'abattent tout à coup sur les eaux, qui retentissent. Un cri général, suivi d'un profond silence, s'élève dans les marais. Guidés par une petite lumière, qui peut-être brille à l'étroite fenêtre d'une tour, les voyageurs s'approchent des murs à la faveur des roseaux et des ombres. Là, battant des ailes et poussant des cris par intervalles, au milieu du murmure des vents et des pluies, ils saluent l'habitation de l'homme. »

Jamais les oiseaux n'avaient rencontré peintre aussi délicat et aussi brillant de leurs mœurs et de leurs instincts ; jamais ces chantres de la nature n'avaient trouvé un chantre qui les égalât : à Chateaubriand revient cette gloire.

Après la nature, l'art : l'auteur du *Génie du Christianisme*, en révélant la poésie des vieilles cathédrales gothiques, découvrait au futur romantisme une des grandes sources de son inspiration, le moyen-âge.

« Les forêts ont été les premiers temples de la Divinité et les hommes ont pris dans les forêts la première idée de l'architecture. Cet art a donc dû varier selon les climats. Les Grecs ont tourné l'élégante colonne corinthienne avec son chapiteau de feuilles sur le modèle du palmier. Les énormes piliers du vieux style égyptien représentent le sycomore, le figuier oriental, le bananier et la plupart des arbres gigantesques de l'Afrique et de l'Asie.

« Les forêts des Gaules ont passé à leur tour dans les temples de nos pères, et nos bois de chênes ont ainsi maintenu leur origine sacrée. Ces voûtes ciselées en feuillages, ces jambages qui appuient les murs et finissent brusquement comme des troncs brisés, la fraîcheur des voûtes, les ténèbres du sanctuaire, les ailes obscures, les passages secrets, les portes abaissées, tout retrace les labyrinthes des bois dans l'église gothique, tout en fait ressortir la religieuse horreur, les mystères et la divinité. Les deux tours hautaines plantées à l'entrée de l'édifice surmontent les ormes et les ifs du cimetière et font un effet pittoresque sur l'azur du ciel. Tantôt le jour naissant illumine leurs têtes jumelles; tantôt elles paraissent couronnées d'un chapiteau de nuages ou grossies dans une atmosphère vaporeuse. Les oiseaux eux-mêmes semblent s'y méprendre et les adopter pour les arbres de leurs forêts : des corneilles voltigent autour de leurs faîtes et se perchent sur leurs galeries. Mais tout à coup des rumeurs confuses s'échappent de la cime de ces tours et en chassent les oiseaux effrayés. L'architecte chrétien, non content de bâtir des forêts, a voulu, pour ainsi dire, en imiter les murmures, et au moyen de l'orgue et du bronze suspendu, il a attaché au temple gothique jusqu'au bruit des vents et des tonnerres, qui roulent dans la profondeur des bois. Les siècles, évoqués par ces sons religieux, font sortir leurs antiques voix du sein des pierres et soupirent dans la vaste basilique ; le sanctuaire mugit comme l'antre de l'ancienne Sibylle, et tandis que l'airain se balance avec fracas sur votre tête, les souterrains voûtés de la mort se taisent profondément sous vos pieds. »

Arrivant à l'homme en qui l'art et la nature ont réuni leurs communs attraits, Chateaubriand passe en revue tous les génies dont le christianisme a pu se glorifier. Voilà le portrait qu'il trace de Pascal :

« Il y avait un homme qui, à douze ans, avec des *barres* et des *ronds*, avait créé les mathématiques ; qui à seize ans avait fait le plus savant traité des coniques qu'on eût vu depuis l'antiquité ; qui à dix-neuf ans réduisit en machine une science qui existe tout entière dans l'entendement ; qui à vingt-trois ans démontra les phénomènes de la pesanteur de l'air, et détruisit une des grandes erreurs de l'ancienne physique ; qui à cet âge où les autres hommes commencent à peine de naître, ayant achevé de parcourir le cercle des sciences humaines, s'aperçut de leur néant, et tourna ses pensées vers la religion ; qui depuis ce moment jusqu'à sa mort, arrivée dans sa trente-neuvième année, toujours infirme et souffrant, fixa la langue que parlèrent Bossuet et Racine, donna le modèle de la plus parfaite plaisanterie comme du raisonnement le plus fort ; enfin, qui dans les courts intervalles de ses maux, résolut par abstraction un des plus hauts problèmes de géométrie et jeta sur le papier des pensées qui tiennent autant du divin que de l'homme : cet effrayant génie se nommait Blaise Pascal. »

Ainsi se poursuivent en un style enchanteur, harmonieux, chaud, coloré, toutes les pages de ce livre qui célèbre les gloires du christianisme. Est-ce à dire que cette œuvre qui renferme tant de beautés de premier ordre soit sans défauts?... Non, quand le premier enivrement passé, les esprits sérieux rouvrirent le livre qui les avait charmés, ils purent regretter la faiblesse de certains arguments, l'omission de certaines preuves qui auraient pu donner à l'ouvrage une portée plus scientifique et un mérite plus réel ; à cent ans de distance, il faut avouer que les taches se sont élargies et n'en sont que plus visibles.

On a pu dire avec vérité que le *Génie du Christianisme* n'était l'œuvre ni d'un théologien instruit, ni d'un profond penseur ; le plan n'a rien de très philosophique. C'est vrai, mais il n'en est pas moins certain que c'est une œuvre immense dont le mérite est grand, et dont l'influence a été cent fois plus grande encore. « Ce livre, a dit M. Léon Gautier, a enfanté et mis au monde le XIXe siècle... : c'est l'arc-en-ciel après le déluge. »

Il trouva sa force première dans son à-propos ; car une des raisons de son immense succès, c'est qu'il parut au moment où l'évolution morale individuelle d'où il était né était devenue une évolution nationale, c'est que la France le lut dans un état d'âme pareil à celui dans lequel il avait été écrit.

Depuis douze ans les églises étaient closes ; à Paris, les unes étaient devenues des salles de club, les autres des prisons ; « partout le sanctuaire était demeuré sans mystères, les orgues silencieuses, le clocher muet (1). » On devine avec quelle émotion les chants sacrés se firent entendre pour la première fois, le 18 avril 1802 ; les âmes les plus indifférentes sentirent s'élever en elles des sentiments de joie et de confiance ; c'était l'adieu suprême à la Révolution et à ses horreurs ; c'était le retour à une religion quelque peu oubliée mais dont on se rappelait le passé glorieux. Et voilà qu'à la même heure s'élevait une voix qui résumait toutes ces aspirations, qui leur donnait un sens plus défini et célébrait en accents d'une envolée superbe le culte qu'on voulait restaurer : cette voix c'était celle du *Génie du Christianisme*. Un cri d'enthousiasme ne pouvait manquer de l'acclamer : Chateaubriand fut le héros du jour, c'était justice.

A la réflexion, les lacunes parurent et les critiques se formulèrent ; comme quelques-unes étaient fondées mais que la plupart provenaient d'une fausse interprétation des intentions de l'auteur, celui-ci crut devoir expliquer à nouveau le but qu'il poursuivait.

Le *Génie,* disait-il d'abord, n'est pas une arme offensive, mais défensive ; il n'a pas pour but d'attaquer le paganisme, mais de réhabiliter une religion méprisée et tournée en ridicule par les sophistes du XVIIIe siècle. « Il n'y a pas de doute que le *Génie du Christianisme* eût été un ouvrage fort déplacé au siècle de Louis XIV, et le critique qui observe que Massillon

(1). M. de Lescure.

n'eût pas publié une pareille apologie a dit une grande vérité. Certes, l'auteur n'aurait jamais songé à écrire son livre s'il n'eût existé des poèmes, des romans, des livres de toutes les sortes où le christianisme est exposé à la dérision des lecteurs. Mais puisque ces poèmes, ces romans existent, il est nécessaire d'arracher la religion aux sarcasmes de l'impiété ; mais puisqu'on a dit et écrit de toutes parts que le christianisme est *barbare, ridicule, ennemi des arts et du génie,* il est essentiel de prouver qu'il n'est ni barbare, ni ridicule, ni ennemi des arts et du génie, et que ce qui semble petit, ignoble, de mauvais goût, sans charmes et sans tendresse sous la plume du scandale, peut être grand, noble, simple, dramatique et divin sous la plume de l'homme religieux (1). »

Puis répondant au reproche de ne parler un langage ni assez théologique, ni assez philosophique, il disait : N'est-ce pas avec de grotesques plaisanteries que Voltaire est parvenu à ébranler les bases mêmes de la foi ? Or est-ce par une thèse de théologie et par des syllogismes qu'il faut répondre à des contes licencieux et fermer la bouche à ces insensés ? Non, les argumentations en forme n'empêcheront nullement le monde frivole de se laisser séduire par des vers piquants, ou écarter de l'Eglise par la crainte du ridicule.

Or c'est précisément pour les gens du monde, pour les hommes de lettres que le *Génie* était écrit, non pour les prêtres et les vrais chrétiens ; si l'on voulait se faire lire de l'incrédule comme du jeune homme léger, il fallait parler le langage qu'ils pouvaient comprendre. Et Chateaubriand terminait sa défense en remettant ainsi la question au point :

« C'est le ridicule qui s'attache au christianisme que l'auteur du *Génie* a cherché à effacer ; c'est le but de tout son travail, le but qu'il ne faut jamais perdre de vue si l'on veut juger son ouvrage avec impartialité... Considérer le christianisme dans ses rapports avec les sociétés humaines ; montrer quel changement il a apporté dans la raison et les passions de l'homme, comment il a civilisé les peuples gothiques, comment il a

(1) Chateaubriand, *Défense du Génie du Christianisme.*

modifié le génie des arts et des lettres, comment il a dirigé l'esprit et les mœurs des nations modernes, en un mot, découvrir tout ce que cette religion a de merveilleux dans ses relations poétiques, morales, politiques, historiques, etc., cela semblera toujours à l'auteur un des plus beaux sujets d'ouvrage que l'on puisse imaginer. Quant à la manière dont il a exécuté son ouvrage, il l'abandonne à la critique (1). »

Chateaubriand pouvait défendre ses intentions, il ne lui appartenait pas de dire si ses efforts avaient été heureux et s'il avait atteint son but. Ce rôle relève de la critique juste et consciencieuse qui cherche à près d'un siècle de distance quelles ont été la véritable action et la vraie grandeur de ce livre; voilà comment elle s'exprime par la plume d'un de ses juges les plus autorisés. Le point de vue auquel il se place est le seul vrai :

« A la fin du siècle dernier, dit M. Léon Gautier, au commencement du nôtre, un grand théorème se dressait dans le monde et réclamait sa solution : il fallait à tout prix prouver que le christianisme était poétique, en d'autres termes, qu'il était beau. Il fallait énergiquement réconcilier la beauté et la vérité, qui semblaient désunies aux yeux des hommes. Le XVIIe siècle s'était humblement prosterné à genoux devant la vérité du christianisme vainqueur; mais il n'en avait pas vu le rayonnement, la beauté. Depuis deux cents ans, on en était aux fameux vers de Boileau :

> De la foi des chrétiens les mystères terribles
> D'ornements égayés ne sont pas susceptibles.

« Il fallait à toute force battre en brèche ces affreux vers-là, et leur donner un démenti définitif. Il fallait prouver que la lumière du christianisme doit pénétrer partout, et notamment dans l'épopée, dans le drame, dans l'ode, comme aussi dans la musique, dans la peinture et dans l'éloquence. Il fallait prouver qu'on n'a pas le droit d'être chrétien qu'aux heures de la prière et de la messe ; mais qu'au contraire, toujours et partout, il faut tout pénétrer de sa foi. Il fallait jeter à la porte la vieille mytho-

(1) CHATEAUBRIAND, *Défense du Génie du Christianisme*, loc. cit.

logie honnie et faire entrer à sa place la vérité enveloppée de rayons.

« Chateaubriand ne recula point devant cette tâche ; mais il faut avouer que la résistance fut des plus vives. « Quoi ! nous serons réduits à dire « Dieu » et non point Jupiter ! Quoi ! il en faudra venir à prononcer dans nos vers le nom de Jésus-Christ et celui de l'Eglise ! Quoi ! la théologie aura ses droits d'entrée dans la poésie ! » Oui, certes, et qu'on nous permette de le dire avec un cri de joie, la chose est faite, c'est fini. Dieu et l'âme sont maintenant les maîtres des cordes de la lyre ; ceux qui sont chrétiens dans leur vie le sont aussi dans leurs livres et même dans leurs vers ; nous n'avons plus besoin du *Dictionnaire de la Fable* pour comprendre nos poètes ; nous possédons les *Méditations* de Lamartine et les *Feuilles d'Automne* de Victor Hugo, œuvres vivantes et pleines de réalités idéales ; on ne sépare plus niaisement le beau et le vrai ; on se dit que l'Eglise ayant la vérité, doit avoir et a nécessairement la beauté ; on admire littérairement la Bible, la Liturgie, les Pères ; on sent, on sait qu'il y a une musique catholique, une peinture catholique, une architecture catholique. *Actum est,* c'est fait. Et à qui devons-nous cette invraisemblable révolution ? Remontez le cours du temps. Au delà de 1802, rien n'arrêtera vivement vos yeux, et 1802, c'est la date du *Génie du Christianisme*... C'est grâce à lui que dans le monde nouveau on poussa enfin ce cri libérateur : « Le christianisme est beau ! » Et tous ceux qui le jetèrent en vinrent bientôt à s'écrier : « Le christianisme est vrai ! » C'est ainsi que s'ouvrit le XIXe siècle (1). »

Tel est le véritable rôle apologétique du *Génie du Christianisme,* telle est la gloire de Chateaubriand.

(1) *Portraits littéraires.*

III

Mais non content de revendiquer les droits imprescriptibles de la religion catholique, l'illustre écrivain devait rendre à la cause des lettres un service incomparable. L'étude des classiques chrétiens le conduisait à cette découverte capitale en littérature, que « l'homme moderne ne *sent* pas comme le païen, car le christianisme a changé les rapports des passions en changeant les bases du vice et de la vertu. »

C'était porter à la vieille critique littéraire un coup mortel, en substituant heureusement l'examen des sentiments à celui des formes. A l'heure même où La Harpe disparaissait de la scène (1803), « la littérature se teignait des couleurs du *Génie du Christianisme,* » qui allaient se refléter dans plusieurs autres ouvrages du producteur.

Napoléon, appréciant la grandeur du talent de Chateaubriand, en avait fait du premier coup un secrétaire d'ambassade à Rome sous les ordres de son oncle le cardinal Fesch ; l'écrivain pouvait ainsi à loisir contempler les merveilles de la Ville Eternelle et envoyer à son ami, M. de Fontanes, ses belles descriptions du Colisée, des temples en ruines et de la campagne romaine, descriptions qui n'ont jamais été surpassées.

En même temps il conçut l'idée d'une preuve nouvelle du *Génie du Christianisme* sous la forme d'un poème en prose qui mettrait en parallèle le christianisme et le paganisme. C'était le dessein des *Martyrs;* mais pour donner à son ouvrage plus de vérité et de coloris en même temps, il voulut visiter l'Orient, la Grèce, la Palestine qu'il avait choisis comme cadre magnifique de son livre.

De ce voyage autour de la Méditerranée, où il aborda tour à tour Sparte, Athènes, Smyrne, Constantinople, Rhodes, Jérusalem, le Caire, Carthage, en revenant par Cordoue, Grenade et

Madrid, il écrivit le journal pittoresque dans un style sobre qu'on ne lui connaissait pas encore et qui n'en était pas moins d'une lecture incomparable.

Puis vint le complément annoncé du *Génie du Christianisme,* le poème en prose des *Martyrs* où l'auteur parut en pleine possession de son art ; dans un style magique « coulant à pleins bords comme les fleuves du Nouveau-Monde, » il nous donna la peinture d'une âme païenne opposée à une âme chrétienne, la rencontre de Cymodocée, fille d'un prêtre de Jupiter, et d'Eudore, le serviteur du vrai Dieu, qui bientôt uniront leur sacrifice et verseront leur sang pour la même cause.

Malgré des qualités de premier ordre, les *Martyrs* furent discutés et l'auteur, quelque peu froissé, crut le moment venu de faire aux muses un adieu bruyant.

« O muse, dit-il en cette page qui manque peut-être de simplicité, mais qui ne laisse pas de jeter sur sa vie un jour intéressant, ô muse, qui daignas me soutenir dans une carrière aussi longue que périlleuse, retourne maintenant aux célestes demeures ! J'aperçois les bornes de la course, je vais descendre du char, et pour chanter l'hymne des morts je n'ai plus besoin de ton secours... C'en est fait, ô muse, encore un moment, et pour toujours j'abandonne tes autels ! Je ne dirai plus les songes séduisants des hommes : il faut quitter la lyre avec la jeunesse. Adieu, consolatrice de mes beaux jours, toi qui partageas mes plaisirs et bien souvent mes douleurs ! Puis-je me séparer de toi sans répandre des larmes ? J'étais à peine sorti de l'enfance, tu montas sur mon vaisseau rapide et tu chantas les tempêtes qui déchiraient ma voile ; tu me suivis sous le toit d'écorce du sauvage et tu me fis trouver dans les solitudes américaines les bois du Pinde. A quel bord n'as-tu pas conduit mes rêveries ou mes malheurs ? Porté sur ton aile, j'ai découvert au milieu des nuages les montagnes désolées de Morven, j'ai pénétré les forêts d'Erminsul, j'ai vu couler les flots du Tibre, j'ai salué les oliviers du Céphise et les lauriers de l'Eurotas. Tu me montras les hauts cyprès du Bosphore et les lauriers déserts du Simoïs. Avec toi je traversai l'Hermus, rival du Pactole ; avec toi j'admirai les eaux du Jourdain et je priai sur la montagne de Sion. Memphis et Carthage nous ont vu méditer sur leurs ruines, et dans les débris des palais de Grenade nous évoquâmes les souvenirs de l'honneur.....

« O muse, je n'oublierai point tes leçons ! Je ne laisserai point tomber mon cœur des régions élevées où tu l'as placé. Les talents de l'esprit que tu dispenses s'affaiblissent par le cours des ans, la voix perd sa fraîcheur, les doigts se glacent sur le luth ; mais les nobles sentiments que tu inspires peuvent rester quand les autres dons ont disparu. Fidèle compagne de ma vie, en remontant dans les cieux laisse-moi l'indépendance et la vertu. Qu'elles viennent, ces vierges austères, qu'elles viennent fermer pour moi le livre de la poésie et m'ouvrir les pages de l'histoire. J'ai consacré l'âge des illusions à la riante peinture du mensonge ; j'emploierai l'âge des regrets au tableau sévère de la vérité (1). »

Pour Chateaubriand cette dernière phrase avait surtout pour but d'annoncer publiquement son entrée dans la carrière de la politique. Il n'appartient pas à notre rôle de le suivre longtemps sur ce terrain ; disons seulement que, lassé des triomphes littéraires, l'homme illustre en rêvait d'autres. Un besoin d'action le dévorait : il reprit sa plume mais pour faire œuvre de journaliste, de polémiste et d'historien ; sur un nouveau champ de bataille il s'attribuait une supériorité que la postérité n'a peut-être pas ratifiée.

« J'ai fixé l'époque d'une révolution dans les lettres, écrit-il quelque part dans ses *Mémoires d'Outre-Tombe,* et de même dans la politique j'ai formulé les principes du gouvernement représentatif; mes correspondances diplomatiques valent, je crois, mes compositions littéraires. Il est possible que les unes et les autres ne valent rien ; mais il est sûr qu'elles sont équipollentes. » Quant à son rôle d'homme de gouvernement, il l'a jugé d'un mot prononcé en 1830 : « Je suis le convoi de la monarchie comme le chien du pauvre. »

Cette parole est rigoureusement vraie ; Chateaubriand eut en

(1) Dernière page du poëme des *Martyrs.*

politique le mérite de la fidélité constante et ce n'est pas chose méprisable que cette grande unité morale qui rayonne au-dessus d'une existence prodigieusement travaillée, qui s'étend de la veille de 1789 au lendemain des journées de février. Il est donc incontestable que Chateaubriand voulut servir la monarchie,

Tombeau de Chateaubriand.

mais, dit un critique judicieux, ses moyens furent inégaux comme son humeur. « Et s'il est véritable qu'il ait eu à se plaindre de l'abandon insolent qu'on fit de sa personne en 1824, il n'est pas niable qu'il ne s'en soit cruellement vengé, par une de ces volte-face que l'amour du libéralisme ne suffit pas à expliquer. Il est, certes, excessif de dire que Chateaubriand a plus que personne contribué à ébranler le trône : le trône, ébranlé, se serait passé de Chateaubriand pour tomber. Mais il y a, malgré tout, quelque difficulté à mettre Chateaubriand d'accord avec lui-même. Un caractère fantasque, peu en rapport avec une hauteur de vues qui demanderait de l'égalité et de la force dans la conduite, voilà sans doute la cause secrète de ce conflit (1). »

Malgré tout, l'ensemble de son rôle politique mérite une appréciation plus indulgente. « Jugeons-le, dit M. Rocheblave, à travers son âme qu'il avait très grande, et qu'il avait portée avec toute cette grandeur dans une politique surannée. Il aimait le pouvoir, certes ; et, quand il nous dit que ce penchant est le signe d'une âme bien née, nous sommes tout prêt à le croire sur son seul exemple. Jamais il n'en attendit rien pour lui-même ; jamais il n'en usa pour ou contre les personnes. En politique comme en tout, il visait haut, le plus haut possible, en homme habitué de bonne heure à planer... L'honneur, voilà le pivot de cette vie ; la dignité, le désintéressement en stimulèrent toujours les énergies. Quand on le considère parmi les hommes de la Restauration, on est frappé de sa stature. Napoléon, de son rocher lointain, le voyait tel qu'il était, le plus grand après lui : « Si jamais il arrive au timon des affaires, disait-il, il est possible que Chateaubriand s'égare : tant d'autres y ont trouvé leur perte ! mais ce qui est certain, c'est que tout ce qui est *grand et national* doit convenir à son génie. »

Chateaubriand vécut quarante-six ans après l'apparition du *Génie du Christianisme ;* assez pour voir que des deux parties de sa vie — la période littéraire et la période politique — la dernière ne serait pas la plus durable. Désabusé, sinon découragé, le grand écrivain se consolait de ses déboires en écrivant dans la solitude ses intéressants *Mémoires,* et en descendant les dernières années de cette longue existence, enveloppé de plus en plus dans les ombres de la tombe, il se demandait parfois « s'il ne s'était pas survécu. »

« Est-il certain, écrit-il en une page inquiète, que j'aie un

(1) S. Rocheblave, p. xxxiii.

talent véritable et que ce talent ait valu la peine du sacrifice de ma vie? Dépasserai-je ma tombe? Si je vais au delà, y aura-t-il dans la transformation qui s'opère, dans un monde changé et occupé de toute autre chose, y aura-t-il un public pour m'entendre? Ne serai-je pas un homme d'autrefois, inintelligible aux générations nouvelles? Mes idées, mes sentiments, mon style même, ne seront-ils pas à la dédaigneuse postérité choses ennuyeuses et vieillies? Mon ombre pourra-t-elle dire comme celle de Virgile à Dante : *Poeta fiù el cantavi,* je fus poète et je chantai? »

Craintes bien superflues, écrit le biographe auquel nous empruntons ses conclusions. « Malgré de passagères éclipses, la gloire de Chateaubriand brille aujourd'hui radieuse, débarrassée de ce qui avait pu momentanément la ternir. Si pour symboliser l'âme moderne, on cherche dans le XIXe siècle un échantillon supérieur de cette humanité nouvelle qui est la nôtre, quel nom viendra à nos lèvres avant celui de Chateaubriand... Longtemps encore son génie tourmenté mais puissant dominera les générations comme sa tombe domine les orages (1). »

(1) ROCHEBLAVE. — On sait que le grand écrivain a voulu se distinguer de la foule jusque dans la mort; il dort son dernier sommeil sur la côte qui l'a vu naître, au sommet d'un rocher isolé, battu par les vagues. Il a laissé de sa foi un souvenir plus précieux devant Dieu que tous les chefs-d'œuvre littéraires : l'infirmerie Marie-Thérèse fondée par lui à Paris et destinée à recueillir les prêtres vieux et infirmes. Ce fut là qu'il rendit le dernier soupir.

JOSEPH DE MAISTRE

L'Homme. — L'Œuvre.

(1753-1821)

A l'heure où Chateaubriand chantait la poésie du christianisme, une voix plus grave, moins remarquée mais plus sûre, en rétablissait les véritables principes. Si l'auteur du *Génie du Christianisme* n'est pour quelques-uns qu' « un artiste, un artiste de génie, il est vrai », l'écrivain des *Considérations sur la France, du Pape* et *des Soirées de Saint-Pétersbourg,* est pour tous un penseur, un théologien, et on oserait dire parfois un prophète. De plus si ses œuvres servent la grande cause du catholicisme, sa vie fournit le rare exemple d'un beau caractère, à la hauteur de toutes les situations, admirable dans sa dignité comme dans sa fidélité !

I

Joseph de Maistre naquit à Chambéry, en 1753, au milieu de ce XVIIIe siècle qu'il devait si bien connaître et combattre si victorieusement. Son père, le comte François-Xavier, homme intègre, d'un caractère droit et ferme, au jugement sûr, président du Sénat de Savoie, avait épousé Mademoiselle Demotz, d'une famille également distinguée et dont son fils a pu dire : « C'était un ange à qui Dieu avait prêté un corps. »

C'est à cette femme austère, d'une piété profonde, que Joseph de Maistre dut les premières leçons de l'enfance (1). « Ce qu'on appelle l'homme, c'est-à-dire l'homme moral, a dit l'auteur *des Soirées de Saint-Pétersbourg*, est peut-être formé à dix ans. S'il ne l'a pas été sur les genoux de sa mère, ce sera toujours un grand malheur. Rien ne peut remplacer cette éducation. Si la mère surtout s'est fait un devoir d'imprimer profondément sur le front de son fils le caractère divin, on peut être à peu près sûr que la main du vice ne l'effacera jamais. » Assurément de Maistre pensait à lui-même en écrivant ces lignes, car sa mère fut sa véritable éducatrice.

Son enfance s'écoula près d'elle, puis il fut confié aux Pères Jésuites, pour lesquels il conçut dès lors un attachement profond. A quinze ans, il est affilié à une pieuse congrégation et fait sa retraite annuelle sous la direction de ses maîtres; il fait aussi partie de l'association des Pénitents noirs qui se donnaient pour mission d'accompagner les condamnés au dernier supplice et de les ensevelir. Il est à croire que le spectacle dont il fut alors témoin à travers les trous de sa cagoule lui inspira sur le bourreau la page célèbre qu'il devait écrire trente ans plus tard.

De Chambéry, Joseph de Maistre passe à Turin où il suit les cours de droit à l'Université. Etudiant exemplaire, il se place d'emblée au premier rang de la jeunesse studieuse; par un travail assidu, il accumule ce trésor varié de connaissances, — droit, théologie, philosophie, — dont il doit tirer plus tard tant de profit.

Ses études achevées, il revient à Chambéry où, en 1774, il entre dans la magistrature, comme substitut surnuméraire de l'avocat général du Sénat. Le jeune homme s'efforce alors de réaliser le type du magistrat tel qu'il se le représente. Or, si nous en jugeons par un de ses discours prononcés

(1) Il était l'aîné de dix enfants dont un est mort évêque nommé d'Aoste, et un autre, Xavier, s'est fait un nom dans les lettres.

en 1784, son idéal est élevé : « Le magistrat doit inspirer la confiance par la sévérité de sa tenue, par le choix des relations, par la pureté de la vie, et écarter les solliciteurs par une réserve pleine de dignité. Le magistrat doit penser qu'on l'observe toujours, qu'on est porté à le juger sévèrement. Son attitude dans les circonstances de la vie doit être telle qu'on se rende compte qu'aucune séduction ne peut avoir de prise sur lui. Il ne doit jamais parler des affaires en cause, ni même traiter dans la conversation des questions de droit. Car le magistrat n'est pas un légiste qui ergote, mais un oracle qui prononce. »

Au reste, de Maistre n'effarouchait pas son entourage par une gravité trop précoce. A Chambéry, on aimait les lettres et la poésie, on jouait les pièces classiques dans les salons ; le jeune substitut ne dédaignait pas d'y paraître et le magistrat faisait place au jeune homme plein de vie et de gaîté. « On le recherchait pour sa belle humeur et son esprit. »

C'est que cet esprit était nourri par une puissante culture ; possédé de la fièvre du savoir, il lit immensément : les livres encombraient sa table. « C'est un redoublement que je ne puis décrire, lisons-nous dans sa correspondance. Les livres les plus curieux me poursuivent et viennent d'eux-mêmes se placer sous ma main. Dès que l'ineffable diplomatie me laisse respirer un moment, je me précipite, malgré tous les avertissements de la politesse, sur cette pâture chérie, sur cette espèce d'ambroisie dont l'esprit n'est jamais rassasié ! » Il lit la plume à la main, et transcrit, dans un énorme volume relié, les passages qui lui paraissent remarquables ainsi que les réflexions que ces passages lui suggèrent ; lorsque le volume est à sa fin, il dresse une table des matières par ordre alphabétique et il en commence un autre. « J'ai eu sous les yeux et j'ai feuilleté avec un pieux respect, dit M. de Margerie, ces volumes qui sont de gros registres in-folio, registres polyglottes où il déposait le suc de ses immenses lectures grecques, latines, françaises, italiennes, anglaises, allemandes. La théologie, la philosophie, l'histoire, la politique, la littérature, la linguistique, les sciences y sont représentées. »

Tout en vivant beaucoup au dedans de lui-même par une méditation prolongée et une lecture assidue, cet esprit d'élite éprouvait au plus haut degré le goût et le besoin de la conversation ; il entendait par là non le vain commérage des scandales d'une ville de province, mais le noble échange d'idées sur les grands intérêts des âmes et des sociétés humaines.

On conçoit que Chambéry ne devait pas toujours fournir la satisfaction complète de ses hauts désirs ; sa correspondance nous retrace un écho de ses aspirations inassouvies. « Quelquefois, écrira-t-il à Saint-Pétersbourg, dans mes moments de solitude, je jette ma tête sur le dossier de mon fauteuil ; et là, seul au milieu de mes quatre murs, loin de tout ce qui m'est cher, en face d'un avenir sombre et impénétrable, je me rappelle ces temps où, dans une petite ville de ta connaissance, la tête appuyée sur un autre dossier, et ne voyant autour de notre cercle étroit que de petits hommes et de petites choses, je me disais : Suis-je donc condamné à vivre et à mourir ici, comme une huître attachée à son rocher ? Alors je souffrais beaucoup ; j'avais la tête chargée, fatiguée, *aplatie par l'énorme poids du rien*. Mais aussi quelles compensations ! je n'avais qu'à sortir de ma chambre pour vous trouver, mes bons amis. Ici tout est grand, mais je suis seul. »

A trente-cinq ans, de Maistre, sentant le poids de la solitude, épousa Mademoiselle de Morand dont il eut bientôt un fils et une fille : Rodolphe et Adèle ; mais la Révolution, renversant le trône de France, vint troubler le calme de son bonheur.

En 1792, la Savoie, travaillée par la propagande républicaine, fut envahie et annexée à la France presque sans résistance. Inaccessible à tout autre sentiment qu'à celui de la fidélité à son roi, Joseph de Maistre sacrifia ses intérêts et se retira en Piémont. Ce fut dans sa vie un moment solennel. « Lorsque je passai les Alpes en 1792, pour suivre la fortune du roi, écrit-il, je dis à la compagne fidèle de toutes mes vicissitudes, bonnes ou mauvaises, à côté d'un rocher que je vois encore d'ici : « Ma chère amie, le pas que nous faisons aujourd'hui est irrévocable ; il décide de notre sort pour la vie. »

Avec son coup d'œil si perspicace, il n'eut pas en effet un instant d'illusion sur la portée de la Révolution ; dès 1789, il vit clair dans les effets comme dans les causes. Un décret de l'Assemblée allobroge avait enjoint aux émigrés de rentrer, sous peine de confiscation de leurs biens. Quoique le roi eût autorisé cette démarche à tous les nobles non militaires, le comte de Maistre était résolu à s'en abstenir. La comtesse qui songeait à l'avenir de ses enfants ; était d'un avis différent. Elle profite d'une absence de son mari, part d'Aoste le 5 janvier 1793, traverse à dos de mulet le grand Saint-Bernard avec ses deux enfants et arrive à Chambéry. De retour à Aoste, de Maistre apprend cette démarche, court sur les traces de la comtesse et la rejoint dans la ville révolutionnée. Ce fut dans ces circonstances douloureuses, et au milieu des brutalités républicaines d'une visite domiciliaire, que naquit Constance, sa seconde fille, cette chère enfant qui tient une si grande place dans ses lettres, et qu'il ne devait revoir que vingt ans après. L'enfant resta en effet confiée à sa grand'mère pendant que le reste de la famille s'installait à Lausanne, où de Maistre eut à remplir une mission du gouvernement (1).

En 1797, elle s'achevait et les émigrés étaient à Turin quand, une seconde fois, ils durent se retirer devant l'invasion française. Les fugitifs trouvèrent place sur une barque de commerce qui descendait le Pô, et ce fut avec des difficultés inouïes, par un froid horrible, sous la menace des coups de fusil des sentinelles françaises et autrichiennes, postées sur les deux rives, qu'on arriva enfin à Venise.

Ce séjour à Venise fut navrant. « Réduit pour tout moyen d'existence, écrit son fils, à quelques débris d'argenterie échappés au grand naufrage, sans relations avec la cour ni avec ses parents ; sans amis, le père voyait tous les jours diminuer ses dernières ressources, et, au delà, plus rien. »

Le comte luttait avec la misère quand lui arriva l'ordre de son souverain de se rendre en Sardaigne avec le titre de

(1) V. Am. de Margerie. *Le Comte Joseph de Maistre, sa vie, ses écrits, ses doctrines.*

régent de la Chancellerie royale. C'était pour la famille le commencement de cette séparation qui devait durer de longues années. En effet au séjour de Cagliari devait succéder celui de Saint-Pétersbourg où en 1802 Victor Emmanuel l'envoya comme ministre plénipotentiaire.

Le dernier adieu fut déchirant pour le cœur de tous. « Depuis le commencement de la Révolution, lisons-nous dans le journal du diplomate, je ne me rappelle pas avoir éprouvé un moment si amer. Mes enfants, qui lirez ceci quand je ne serai plus, vous saurez bien que je n'exagère pas. Ressouvenez-vous de cette séparation sur le môle. Ressouvenez-vous des larmes de votre mère, des miennes. Il me semble que nous nous séparons pour jamais. Je ne puis vaincre les noirs pressentiments qui s'élèvent dans mon cœur. Devons-nous nous revoir tous les quatre, grand Dieu? » Dix ans plus tard ils se retrouvaient, mais à l'autre bout de l'Europe.

Résolu à ne refuser aucun service à la cause de son prince, le comte de Maistre monta dans une mauvaise voiture que lui donna le roi et deux mois après il était à Saint-Pétersbourg, un peu étonné de la nouvelle orientation de sa carrière. « En moins de trois mois, dit le journal, je suis présenté au pape, à l'empereur d'Allemagne et à l'empereur de Russie. C'est beaucoup pour un Allobroge, qui devait mourir attaché à un rocher comme une huître. »

Le but de la mission de Joseph de Maistre était de réclamer l'appui de la Russie en faveur du roi de Sardaigne et la restitution de ses Etats dans la mesure possible. Il faut avouer que le rôle était ardu ; il fallait l'énergie et le dévouement du comte pour l'entreprendre. Ne pouvant exposer sa femme et ses filles aux rigueurs d'un climat rigoureux, et d'ailleurs, le mince traitement attaché à ses fonctions ne lui permettant pas de les faire vivre dans une des plus dispendieuses résidences d'Europe, il était parti seul pour Saint-Pétersbourg.

Seul il y vécut dans une pauvreté cruelle, aggravée encore par son contraste avec le luxe de la haute société russe et des autres ambassades. « Plus d'une fois le repas du plénipotentiaire se composait d'un morceau de pain et d'un verre d'eau ; mais, à ce prix, le carrosse et le laquais, indispensables à la dignité de sa mission, n'étaient pas congédiés. La perspicacité russe devina vite ces industries, mais tandis que l'ambassadeur était en butte à la malveillance des hommes médiocres qui entouraient le roi de Sardaigne, la cour de Russie, le czar en tête, l'apprécia à sa valeur, et redoubla d'égards envers lui (1). » Le comte de Maistre eut bientôt à Saint-Pétersbourg une place à part qu'il devait tout entière à la hauteur de son caractère et à l'éclat de son génie.

« C'est un beau spectacle de voir ce représentant d'un souverain qui était presque un roi *in partibus* tenir partout, malgré sa gêne et sa misère, un rang à rendre jaloux les ambassadeurs des plus grandes puissances, et servir par son caractère la cause de la maison de Savoie, auprès de son puissant protecteur, plus efficacement qu'il ne l'eût pu faire avec beaucoup d'or et beaucoup d'intrigues. Alexandre, qui se connaissait en gens de mérite et aimait les gens de cœur, lui donna deux marques précieuses d'une faveur fondée tout entière sur l'estime : il fixa à Pétersbourg son frère, le comte Xavier, par un poste honorable ; et il attacha à son service, comme officier au régiment des chevaliers-gardes, le jeune Rodolphe, qui était venu rejoindre son père. Saint-Pétersbourg lui fut pendant dix ans un admirable observatoire pour voir passer l'empire de Napoléon, tous ses éblouissements, toutes ses ivresses, toutes ses audaces, toutes ses folies, tous ses attentats, finalement tous ses désastres (2). »

L'ambassadeur partageait ses jours entre le travail et le monde, donnant au premier infiniment plus qu'au second. C'est en Russie qu'il écrivit ses principaux ouvrages et rédigea cette correspondance qui a révélé sa grande âme. Pour suffire à la tâche, il avait une santé solide que le climat du nord n'avait fait qu'affermir. « Bien qu'il fût très nerveux, il ne

(1) V. LEROUX, *Joseph de Maistre*.
(2) AM. DE MARGERIE, *Le comte J. de Maistre*, p. 27.

sentait pas ce besoin d'exercice physique qui est pour beaucoup d'hommes d'étude une nécessité impérieuse. Il avait horreur de la promenade sans autre but que de marcher ou de se distraire. Jamais il ne sortait de chez lui sans qu'un devoir quelconque l'y obligeât. Il passait ses journées devant sa table de travail, assis sur un fauteuil tournant. Ses repas lui étaient servis sur un léger guéridon qu'on approchait de telle sorte qu'il n'eût qu'à se retourner, sans même se lever pour les prendre. Les embarras d'argent dont il se plaignait depuis son arrivée s'augmentaient tous les jours ; il les sentait vivement, mais il les supportait avec une bonne humeur et un courage admirables (1). »

« Voilà deux hivers que je passe sans pelisse, écrit-il en 1810. C'est précisément comme de n'avoir pas de chemise à Cagliari. Au sortir de la cour, au milieu d'un luxe asiatique, un fort vilain laquais me jette sur les épaules un manteau de boutique. Le service d'un seul laquais étant impossible ici, à raison du climat et de la fatigue, pour en avoir un second, j'ai pris un voleur qui allait tomber aux mains de la justice. Je lui ai proposé de devenir honnête homme à l'ombre de mon privilège de ministre. Depuis quelques mois, cela va. Le traiteur qui me nourrissait ou qui m'empoisonnait ayant changé d'habitation, je ne puis l'atteindre : j'ai pris le parti de partager la soupe de mon valet de chambre. »

Cette solide belle humeur qui faisait le fonds de ce caractère fortement trempé, était souvent troublée par les nouvelles de Cagliari « par des froissements perpétuels avec le roi et ses ministres, par les lettres éplorées de la famille absente. »

A défaut de famille, il eut des amis ; ses talents de conversation lui ouvrirent les portes de tous les salons distingués et il sut y découvrir des personnes d'une rare culture intellectuelle. Parmi ces dernières, Madame Swetchine brille au premier rang : son nom est devenu inséparable de celui de l'ambassadeur.

Elle n'avait que vingt et un ans quand le comte arriva à

(1) George COGORDAN, *J. de Maistre*, p. 76.

Saint-Pétersbourg, mais son esprit déjà mûr tomba bien vite sous le charme de la parole élevée et savante de l'envoyé de Victor-Emmanuel. Entre ces deux âmes s'établirent bientôt des rapports fréquents qui devaient aboutir aux liens d'une amitié noble et pure que la mort seule a pu rompre.

Sophie Soymonof, dame de la cour de Catherine II, avait épousé le général Swetchine et partageait les erreurs religieuses de son époux. Mais cette schismatique grecque ne trouvait pas dans son culte la satisfaction entière de ses nobles désirs ; son esprit élevé aspirait à un idéal plus conforme aux ardeurs de son âme et le comte de Maistre arriva juste à point pour ouvrir à son illustre amie la voie sereine de la vérité.

Madame Swetchine passa au catholicisme ; son exemple fut suivi par plusieurs personnes de la plus haute société de Pétersbourg, si bien que la cour ne put manquer de s'émouvoir d'un mouvement qu'elle était loin d'agréer. Les Jésuites furent exilés et le comte Joseph de Maistre accusé auprès de l'empereur d'un prosélytisme secret.

La situation de l'ambassadeur devint gênante, et malgré le regret qu'il éprouvait de quitter une cour qui lui avait si longtemps ménagé ses faveurs, il demanda et obtint son rappel. On était en 1817 ; c'était le moment où de Maistre semblait toucher au bonheur : depuis quelques mois sa femme et ses deux filles étaient venues le rejoindre. Elles reprirent avec lui le chemin de l'Italie où il ne restait à l'ambassadeur que peu de jours à vivre.

II

On a dit que, sans la Révolution française, Joseph de Maistre ne serait jamais devenu le grand écrivain qu'il a été. Ce qui est vrai, c'est que la Révolution fut l'aiguillon qui stimula son génie et lui fit prendre la plume. « En effet, de Maistre n'avait pas le tempérament d'un littérateur dans le sens que ce mot comporte souvent de nos jours. L'état d'esprit d'un écrivain de profession, écrivant pour écrire, se creusant la tête pour trouver le sujet d'un article ou d'un livre, lui eût fait horreur. Il n'écrivit jamais par métier, ni même par plaisir. Il prenait des notes pour fixer ses idées ; il composait des livres pour les répandre. Ainsi s'explique qu'à l'âge où l'imagination est la plus féconde, jusqu'à quarante ans environ, n'ayant rien à dire, il se tait. Quand sonne l'heure de l'action, c'est-à-dire quand la Révolution vient menacer tout ce qui lui est cher, détruire les institutions auxquelles il est attaché, détrôner le souverain légitime de la Savoie, n'étant pas homme d'épée, il prend la plume. Ecrire, pour lui c'est agir (1). »

Ce tempérament d'homme d'action réservait à la cause des vrais et solides principes un de ses plus vigoureux champions.

Le comte de Maistre débuta par les *Considérations sur la France* qui parurent en 1796, mais dont le succès ne se fit remarquer que vingt ans plus tard. A l'encontre du *Génie du Christianisme* qui parlait à l'imagination de tous, ce livre de J. de Maistre était écrit surtout pour les philosophes, les politiques et les penseurs. « L'influence qu'exercent de pareils livres devient grande à la longue : car les opinions ne montent pas, elles descendent; mais il faut du temps pour que ce travail s'opère ; aussi l'impulsion donnée par le comte de Maistre ne devait se faire sentir d'une manière marquée que plus tard (2). »

La première partie des *Considérations sur la France* est une philosophie de l'histoire appliquée à la Révolution française, tandis que la seconde n'est qu'une brochure de circonstance destinée à faire entrevoir la restauration monarchique et à rassurer ceux qui la redoutaient. Comme exposé de la doctrine sociale et politique, la première partie a une valeur

(1) G. Cogordan, p. 23.
(2) Alf. Nettement, *Histoire de la littérature française*, t. Ier, p. 28.

incomparable ; la seconde doit son attrait à un ensemble de prévisions qui devinrent presque des prophéties tant les évènements se chargèrent de les justifier (1).

L'auteur commence par dégager le côté providentiel du grand cataclysme de 1793. La Révolution semble décrétée par le ciel, la preuve « c'est que tout ce qui pourrait la prévenir n'existe pas et que rien ne réussit à ceux qui veulent l'empêcher. Jamais l'ordre n'est plus visible, jamais la Providence n'est plus palpable que lorsque l'action supérieure se substitue à celle de l'homme et agit toute seule. Ce qu'il y a de plus frappant dans la Révolution française, c'est cette force entraînante qui courbe tous les obstacles. Son tourbillon emporte comme une paille légère tout ce que la force humaine a pu lui opposer. La Révolution mène les hommes plus que les hommes ne la mènent. Les scélérats même qui paraissent la conduire n'y entrent que comme de simples instruments, et dès qu'ils ont la prétention de la dominer, ils tombent ignoblement... Jamais la divinité ne s'était montrée d'une manière si claire dans aucun évènement humain. Si elle emploie les instruments les plus vils, c'est qu'elle punit pour régénérer. »

Puis de la cause, il descend aux effets et décrit avec une réalité vivante l'impiété de ces jours néfastes :

« Il y a dans la Révolution un caractère satanique qui la distingue de tout ce qu'on a vu, et peut-être de tout ce qu'on verra. Qu'on se rappelle les grandes séances, les discours de Robespierre contre le sacerdoce, l'apostasie solennelle des prêtres, la profanation des objets du culte, l'inauguration de la déesse Raison, et cette foule de scènes inouïes où les provinces tâchaient de surpasser Paris ; tout cela sort du cercle ordinaire des crimes et semble appartenir à un autre monde... Soyez donc bien attentifs, vous tous que l'histoire n'a pas assez instruits. Vous disiez que le sceptre soutenait la tiare ; eh bien ! il n'y a plus de sceptre dans la grande arène, il est brisé, et les morceaux en sont jetés dans la boue. Vous

(1) V. LEROUX, *J. de Maistre*.

ne saviez pas jusqu'à quel point l'influence d'un sacerdoce riche et puissant pouvait soutenir les dogmes qu'il prêchait; il n'y a plus de prêtres, on les a chassés, égorgés, avilis, dépouillés; et ceux qui ont échappé à la guillotine, aux poignards, aux fusillades, aux noyades, à la déportation, reçoivent aujourd'hui l'aumône qu'ils donnaient jadis...

« La philosophie ayant rongé le ciment qui unissait les hommes, il n'y a plus d'agrégations morales. L'autorité civile, favorisant de toutes ses forces le renversement du système ancien, donne aux ennemis du christianisme tout l'appui qu'elle lui accordait jadis ; l'esprit humain prend toutes les formes imaginables pour combattre l'ancienne religion nationale... Les temples sont fermés ou ne s'ouvrent plus qu'aux délibérations bruyantes et aux bacchanales d'un peuple effréné. Les autels sont renversés ; on a promené dans la rue des animaux immondes sous les vêtements des pontifes ; les coupes sacrées ont servi à d'abominables orgies, et, sur ces autels que la foi antique environne de chérubins éblouis, on a fait monter des prostituées. Le philosophisme n'a donc pas de plaintes à faire ; toutes les chances humaines sont en sa faveur, on fait tout pour lui et tout contre sa rivale. S'il est vainqueur, il ne dira pas comme César : *Je suis venu, j'ai vu, j'ai vaincu;* mais enfin il aura vaincu, il peut battre des mains et s'asseoir fièrement sur une croix renversée. Mais si le christianisme sort de cette redoutable épreuve plus pur et plus vigoureux, si l'Hercule chrétien, fort de sa seule force, soulève le fils de la terre et l'étouffe dans ses bras, il s'est révélé divin, *patens Deus.* »

Et voilà comment il déclarait que cette terrible Révolution commencée contre le catholicisme tournerait à sa gloire. Mais comment s'accomplira cette victoire de l'Eglise?

« Le Souverain Pontife et le sacerdoce français s'embrasseront et, dans cet embrassement sacré, ils étoufferont les *maximes gallicanes.* Alors le clergé français commencera une nouvelle ère et reconstruira la France, et la France prêchera la religion à l'Europe, et jamais on n'aura rien vu d'égal à cette propagande... »

C'est ainsi qu'en cette page prophétique, qui n'est que le prélude de plusieurs autres, s'exerce la sagacité d'observation de ce coup d'œil général. Le clergé français est sorti plus puissant que jamais des horreurs de la Révolution et il a scellé, plus qu'à aucune autre époque, son union à la papauté qui fait la force de l'une et de l'autre.

Tel est ce livre des *Considérations,* œuvre de sang-froid s'il en fut, œuvre écrite en exil par un homme rudement frappé ; car sa liberté, sa vie même avaient été menacées, et il perdait à la fois sa patrie, sa famille et sa fortune dans ce grand naufrage. Mais l'épreuve ne troublait pas sa clairvoyance : « Les *Considérations sur la France,* ouvrage de circonstance, sont devenues un ouvrage durable par l'importance des questions sociales qu'il soulève et par le sens profond avec lequel elles sont touchées. La prophétie y coudoie l'histoire, et souvent, dans la même phrase, l'auteur raconte à la fois l'avenir et le passé. A un certain point de vue sans doute, c'est un plaidoyer politique ; mais à un autre, c'est un arrêt buriné par la plume d'un historien inspiré (1). »

Vingt ans plus tard, de Maistre revenait dans son livre du *Pape,* œuvre d'une théologie vigoureuse, sur le sujet du clergé français. On ne peut rien faire en Europe sans la France, disait-il, et aussi rien en France sans le clergé catholique. Partant de là, pour donner au clergé français toute son action, il le faut placer vis-à-vis du Saint-Siège, non seulement dans une situation d'orthodoxie et de respect où il n'a jamais cessé d'être, mais dans une situation d'intimité plus étroite que celle où les maximes proclamées dans la déclaration de 1682 l'avaient posé. Que fallait-il pour cela ? Porter le dernier coup au gallicanisme que Bossuet avait légué à la France. Ce devait être l'œuvre glorieuse de Joseph de Maistre.

Personne au reste n'était mieux préparé pour cette mission. Né dans une maison de haute magistrature, comme il l'avoue

(1) NETTEMENT, *Histoire de la Littérature française sous la Restauration*, t. 1er, p. 32.

lui-même, « élevé dans toute la sévérité antique, abîmé dès le berceau dans les études sérieuses, membre d'un sénat gallican pendant vingt ans, habitant pendant quatre ans une contrée protestante, très instruite, transporté dans une région gréco-russe où, pendant quatorze ans, il ne cessa d'entendre agiter les prétentions de Photius et de sa postérité religieuse, en possession des langues nécessaires pour consulter tous les travaux originaux, livré sans relâche à l'examen de ces doctrines, profondément dévoué à la religion catholique, grand ami de la France, » qui donc était plus qualifié que lui pour juger en connaissance et en conscience ?

Il jugea, il jugea en toute franchise et sincérité; et en rendant à l'Eglise de France et au génie de Bossuet les hommages qui leur étaient dus, il flagella l'esprit gallican partout où il le découvrit. Les catholiques de France n'étaient pas encore préparés à la rudesse de ce langage; aussi à la première lecture de l'ouvrage, il y eut un moment de surprise et d'hésitation. La critique se réserva et de Maistre se rendit compte de la froideur du premier instant : elle ne le surprit pas. Un mois avant de lancer son livre dans le public, il écrivait avec son allure prophétique habituelle : « Cet ouvrage me donnera peu de contentement dans les premiers temps; peut-être me donnera-t-il beaucoup de désagrément; mais il est écrit et il fera son chemin en silence. Rodolphe peut-être en recevra les compliments. »

Le fils de Joseph de Maistre assista en effet plus que son père au succès complet du livre du *Pape ;* malgré tout, le premier moment de surprise passé, les langues se délièrent, les journaux parlèrent, et les félicitations arrivèrent. M. de Bonald, Chateaubriand, Fontanes, Lamennais écrivirent à l'auteur, « se confondant d'admiration devant le beau génie qui leur avait fait ce beau présent. »

Ce présent consistait à préparer les esprits catholiques à la question de l'infaillibilité pontificale aujourd'hui résolue et érigée en dogme de foi, mais alors très discutée par une fraction du clergé. De Maistre vantait l'action civilisatrice de l'Eglise et relatait la féconde mission des papes à travers les âges. Ce langage était nouveau alors et avec celle de Chateaubriand, sa

JOSEPH DE MAISTRE.

voix fut la première à dénoncer à la face d'un siècle incrédule les bienfaits de la grande civilisatrice, l'Eglise catholique.

Tout le monde sait que les travaux apologétiques de notre époque ont mis en lumière cette vérité devenue manifeste, mais ce que l'on sait moins c'est « que ce mouvement procède du comte de Maistre et du livre du *Pape*. Chateaubriand y contribua par le *Génie du Christianisme*, mais pour une part incomparablement moindre, parce qu'il reste un peu trop à la surface et que, dans cette intelligence d'artiste plutôt que de penseur, le côté social du christianisme reste sur le second plan derrière son côté esthétique. Le livre du *Pape*, dans les grandes questions de l'esclavage et de la liberté, du sacerdoce, du mariage, du pouvoir politique, de la propagation de l'Evangile, va à la racine des choses; il fait penser le lecteur, il lui suggère tout un programme de recherches, il ouvre la voie féconde où tant de généreux et savants chrétiens devaient marcher après lui. Lorsqu'on lit ces chapitres courts et pleins, il convient donc de multiplier leur valeur propre, qui est grande, par leur influence et leur postérité. A cette condition seulement on pourra mesurer l'importance du service qu'ils ont rendu à la vérité historique et à la vérité religieuse (1). »

Après les *Considérations sur la France*, après le *Pape*, il restait à Joseph de Maistre à écrire les *Soirées de Saint-Pétersbourg*. C'est là l'ouvrage fondamental du grand écrivain, son chef-d'œuvre dans l'ordre littéraire comme dans l'ordre philosophique. C'était aussi celui qu'il préférait : « Les *Soirées*, a-t-il dit, sont mon livre chéri. J'y ai versé ma tête... » Au reste ce fut le chant du cygne ; quand la mort vint le surprendre, le dernier chapitre n'en était pas écrit.

Par leur forme, par leur élévation, ces beaux dialogues rappellent Platon discutant en ses immortels ouvrages les grandes idées de Dieu, de l'âme, de l'éternité et de la responsabilité ; de Maistre reprit toutes ses théories et dépassant le philosophe païen de toute la hauteur de la philosophie chrétienne, il put leur donner la véritable solution.

(1) Amédée de Margerie.

Avec une rare sûreté d'expression, il aborde les plus hauts et les plus délicats problèmes de la métaphysique divine, sous forme d'entretiens entre trois personnages : un sénateur russe, un jeune chevalier, émigré français et un comte qui n'est autre que l'auteur lui-même. Joseph de Maistre se suppose avec ses deux amis, assis dans une barque qui remonte la Néva par une de ces magnifiques soirées pour lesquelles l'été du Nord réserve tous ses enchantements. La beauté du spectacle, la tiédeur de l'atmosphère, le bercement des eaux, leur donnent des impressions de complète jouissance et invitent à la conversation. C'est par une magnifique description que s'ouvre l'ouvrage :

« Il était à peu près neuf heures du soir ; le soleil se couchait par un temps superbe (juillet 1809) ; le faible vent qui nous poussait expira dans la voile que nous vîmes *badiner*. Bientôt le pavillon qui annonce du haut du palais impérial la présence du souverain, tombant immobile le long du mât qui le supporte, proclama le silence des airs. Nos matelots prirent la rame, nous leur ordonnâmes de nous conduire lentement.

« Rien n'est plus rare, mais rien n'est plus enchanteur qu'une belle nuit d'été à Saint-Pétersbourg, soit que la longueur de l'hiver et la rareté de ces nuits leur donnent, en les rendant plus désirables, un charme particulier, soit que réellement, comme je le crois, elles soient plus douces et plus calmes que dans les plus beaux climats.

« Le soleil qui, dans les zones tempérées, se précipite à l'occident et ne laisse après lui qu'un crépuscule fugitif, rase ici lentement une terre dont il semble se détacher à regret. Son disque environné de vapeurs rougeâtres roule comme un char enflammé sur les sombres forêts qui couronnent l'horizon, et ses rayons, réfléchis par le vitrage des palais, donnent au spectateur l'idée d'un vaste incendie...

« Nous rencontrions de temps en temps d'élégantes chaloupes dont on avait retiré les rames, et qui se laissaient aller doucement au paisible courant de ces belles eaux. Les rameurs chantaient un air national, tandis que leurs maîtres jouissaient en silence de la beauté du spectacle et du calme de la nuit...

« A mesure que notre chaloupe s'éloignait, les chants des

bateliers et le bruit confus de la ville s'éteignaient insensiblement. Le soleil était descendu sous l'horizon ; des nuages brillants répandaient une clarté douce, un demi-jour doré qu'on ne saurait peindre, et que je n'ai jamais vu ailleurs. La lumière et les ténèbres semblaient se mêler et comme s'entendre pour former le voile transparent qui couvre alors les campagnes. »

Sous l'impression de ce calme enchanteur, les trois amis se communiquent leurs sensations délicieuses, quand le chevalier élève soudain la conversation par cette brusque interruption :

« — Je voudrais bien voir, ici sur cette même barque où nous sommes, un de ces hommes pervers, nés pour le malheur de la société, un de ces monstres qui fatiguent la terre...

« — Et qu'en feriez-vous, s'il vous plait ? se récrient à la fois le comte et le sénateur.

« — Je lui demanderais si cette nuit lui paraît aussi belle qu'à nous. »

C'est sur cette interruption originale que s'engage l'entretien et que le comte explique à ses amis que les cœurs pervers ne connaissent ni les belles nuits ni les beaux jours. Ils ont cependant ici bas des jouissances et goûtent un bonheur apparent; ainsi le veut la Providence dont le plan divin soulève les objections et les discussions des trois interlocuteurs.

Ils passent successivement en revue les problèmes les plus élevés que puisse envisager l'esprit humain et qu'on pourrait résumer sous cette formule générale : De l'ensemble des vues de la Providence dans le gouvernement du monde moral. Laissant de côté les questions trop philosophiques qui pourraient effrayer nos jeunes lecteurs, nous ne ferons ressortir que les pages les plus originales et les plus connues.

L'homme abusant de la liberté qui lui est donnée comme un de ses plus glorieux apanages, le *châtiment* devient le ressort suprême du gouvernement dans l'ordre supérieur et invisible, comme dans le monde terrestre. Le droit de punir est un attribut principal de l'autorité, il est donc d'origine divine. S'il n'en était pas ainsi, on ne trouverait parmi les hommes aucun être assez dégradé, assez sanguinaire pour répandre par métier le sang de ses semblables : ainsi s'explique le rôle du bourreau, dont l'existence, nous dit Joseph de Maistre, est une preuve nouvelle de l'existence de Dieu :

« Qu'est-ce que cet être inexplicable qui a préféré à tous les métiers agréables, lucratifs, honnêtes et même honorables qui se présentent en foule à la force ou à la dextérité humaine, celui de tourmenter ou de mettre à mort ses semblables? Cette tête, ce cœur sont-ils faits comme les nôtres ? Ne contiennent-ils rien de particulier et d'étranger à notre nature? Pour moi, je n'en sais pas douter. Il est fait comme nous extérieurement; il naît comme nous; mais c'est un être extraordinaire, et pour qu'il existe dans la famille humaine, il faut un décret particulier, un *fiat* de la puissance créatrice. Il est créé comme un monde. Voyez ce qu'il est dans l'opinion des hommes, et comprenez, si vous pouvez, comment il peut ignorer cette opinion ou l'affronter! A peine l'autorité a-t-elle désigné sa demeure, à peine en a-t-il pris possession, que les autres habitations reculent jusqu'à ce qu'elles ne voient plus la sienne. C'est au milieu de cette solitude et de cette espèce de vide formé autour de lui qu'il vit seul avec sa femelle et ses petits, qui lui font connaître la voix de l'homme : sans eux il n'en connaîtrait que les gémissements...

« Un signal lugubre est donné ; un ministre abject de la justice vient frapper à sa porte et l'avertir qu'on a besoin de lui : il part, il arrive sur une place publique couverte d'une foule pressée et palpitante. On lui jette un empoisonneur, un parricide, un sacrilège : il le saisit, il l'étend, il le lie sur une croix horizontale, il lève le bras : alors il se fait un silence horrible, et l'on n'entend plus que le cri des os qui éclatent sous la barre, et les hurlements de la victime. Il la détache ; il la porte sur une roue : les membres fracassés s'entrelacent dans les rayons ; la tête pend ; les cheveux se hérissent, et la bouche, ouverte comme une fournaise, n'envoie plus par intervalles qu'un petit nombre de paroles sanglantes qui appellent la mort. Il a fini : le cœur lui bat, mais c'est de joie ; il s'applaudit, il dit dans son cœur : Nul ne roue mieux que moi. Il descend : il tend sa main souillée de sang, et la justice y jette de loin quelques pièces d'or qu'il emporte à travers une double haie d'hommes écartés par l'horreur. Il se met à table, et il mange ; au lit ensuite, et il dort. Et le lendemain, en s'éveillant, il songe à toute autre chose qu'à ce qu'il a fait la veille. Est-ce un homme ? Oui : Dieu le reçoit dans ses temples et lui permet de prier. Il n'est pas criminel ; cependant aucune langue ne consent à dire, par exemple, qu'il est *vertueux*, qu'il est *honnête homme*, qu'il est *estimable*, etc. Nul éloge moral ne peut lui convenir ; car tous supposent des rapports avec les hommes, et il n'en a point.

« Et cependant toute grandeur, toute puissance, toute subordination repose sur l'exécuteur : il est l'horreur et le lien de l'association humaine. Otez du monde cet agent incompréhensible : dans l'instant même l'ordre fait place au chaos, les trônes s'abîment et la société disparaît. Dieu qui est l'auteur de la souveraineté, l'est donc aussi du châtiment. »

Cette page aux couleurs si sombres et aux traits parfois forcés a valu à son auteur près des personnes qui n'ont pas lu ses œuvres, une réputation de violence et de cruauté dont l'ensemble de ses œuvres le venge facilement ; ne nous représentons pas le comte de Maistre comme un théoricien sauvage, enthousiaste de supplice, affamé de despotisme : non, ce serait se méprendre étrangement sur ses intentions qui cherchent seulement à mettre en lumière la théorie du châtiment.

Il est un autre tableau que l'écrivain des *Soirées* a tracé avec les mêmes couleurs et qui est resté non moins célèbre : c'est celui de la guerre. La guerre est une folie, il est difficile d'expliquer comment elle est humainement possible ; et cependant l'histoire nous montre à chaque pas comment elle prend aisément naissance : « Il fallut à Pierre le Grand des années de rigueur pour décider ses sujets à couper leur barbe ; au temps de ses défaites, il ne lui fallait qu'un mot pour amener des milliers d'hommes sur le champ de bataille. »

Aucun sentiment n'est plus naturel à l'homme que la compassion ; vienne la guerre, tout est changé. « Par quelle magie inconcevable est-il toujours prêt, au premier coup de tambour, à se dépouiller de ce caractère sacré pour s'en aller sans résistance, souvent même avec une certaine allégresse, qui a aussi son caractère particulier, mettre en pièces sur le champ de bataille son frère qui ne l'a jamais offensé, et qui s'avance de son côté pour lui faire subir le même sort, s'il le peut ? Je concevrais encore une guerre nationale : mais combien y a-t-il de guerres de ce genre ? une en mille ans, peut-être : pour les autres, surtout entre nations civilisées, qui raisonnent et qui savent ce qu'elles font, je déclare n'y rien comprendre. »

La philosophie humaine a cherché la solution de ce problême dans les passions de l'homme : la jalousie et l'ambition, l'amour de la gloire lui ont fourni des réponses, mais toutes insuffisantes. S'élevant plus haut, Joseph de Maistre a découvert la seule solution vraie.

« Coupables mortels, et malheureux parce que nous sommes coupables, c'est nous qui rendons nécessaires les maux physiques, mais surtout la guerre. La destruction violente est la loi générale qui pèse sur l'univers. »

« Dans le vaste domaine de la nature vivante, il règne une violence manifeste, une espèce de rage prescrite qui arme tous les êtres *in mutua furore :* dès que vous sortez du règne insensible, vous trouvez le décret de la mort violente écrit sur les frontières mêmes de la vie. Déjà dans le règne végétal on commence à sentir la loi : depuis l'immense catalpa jusqu'à la plus humble graminée, combien de plantes *meurent*, et combien sont *tuées !* mais, dès que vous entrez dans le règne animal, la loi prend tout à coup une épouvantable évidence. Une force à la fois cachée et palpable se montre continuellement occupée à mettre à découvert le principe de la vie par des moyens violents. Dans chaque grande division de l'espèce animale, elle a choisi un certain nombre d'animaux qu'elle a chargés de dévorer les autres : ainsi, il y a des insectes de proie, des reptiles de proie, des oiseaux de proie, des poissons de proie, des quadrupèdes de proie. Il n'y a pas un instant de la durée où l'être vivant ne soit dévoré par un autre.

« Au-dessus de ces nombreuses races d'animaux est placé l'homme, dont la main destructive n'épargne rien de ce qui vit;

il tue pour se nourrir, il tue pour se vêtir, il tue pour se parer, il tue pour attaquer, il tue pour se défendre, il tue pour s'instruire, il tue pour s'amuser, il tue pour tuer : roi superbe et terrible, il a besoin de tout et rien ne lui résiste... ses tables sont couvertes de cadavres... »

L'homme s'attaque donc à toute la nature vivante; mais l'auteur de tant de victimes restera-t-il épargné ? Non sans doute. Cependant quel être exterminera celui qui les exterminera tous?

« Lui. C'est l'homme qui est chargé d'égorger l'homme. Mais comment pourra-t-il accomplir la loi, lui qui est un être moral et miséricordieux ; lui qui est né pour aimer; lui qui pleure sur les autres comme sur lui-même, qui trouve du plaisir à pleurer, et qui finit par inventer des fictions pour se faire pleurer; lui enfin à qui il a été déclaré qu'on redemandera jusqu'à la dernière goutte du sang qu'il aura versé injustement? C'est la guerre qui accomplira le décret. N'entendez-vous pas la terre qui crie et demande du sang ? Le sang des animaux ne lui suffit pas, ni même celui des coupables versé par le glaive des lois. Si la justice humaine les frappait tous, il n'y aurait point de guerre ; mais elle ne saurait en atteindre qu'un petit nombre, et souvent même elle les épargne, sans se douter que sa féroce humanité contribue à nécessiter la guerre, si, dans le même temps surtout, un autre aveuglement, non moins stupide et non moins funeste, travaillait à éteindre l'expiation dans le monde. La terre n'a pas crié en vain : la guerre s'allume. L'homme, saisi tout à coup d'une fureur *divine*, étrangère à la haine et à la colère, s'avance sur le champ de bataille sans savoir ce qu'il veut ni même ce qu'il fait. Qu'est-ce donc que cette horrible énigme ? Rien n'est plus contraire à sa nature, et rien ne lui répugne moins : il fait avec enthousiasme ce qu'il a en horreur... Rien ne résiste, rien ne peut résister à la force qui traîne l'homme au combat ; innocent meurtrier, instrument passif d'une main redoutable, il se plonge tête baissée dans l'abîme qu'il a creusé lui-même ; il donne, il reçoit la mort sans se douter que c'est lui qui a fait la mort. »

La guerre ne peut donc s'expliquer que par un décret spécial de Dieu qui en a fait une loi générale du monde. A ce titre elle est divine. « Elle est divine encore dans la gloire mystérieuse qui l'environne et dans l'attrait non moins inexplicable qui nous y porte. Elle est divine dans la protection accordée aux grands capitaines qui rarement sont frappés dans les combats. Elle est divine par l'enchaînement imprévu des circonstances qui l'amènent et par l'indéfinissable force qui en détermine le succès, à l'encontre souvent des prévisions humaines. Elle est divine surtout dans ses résultats, qui échappent absolument aux spéculations de notre raison... »

Tel est ce tableau célèbre d'un dessin si vigoureux et d'un coloris tout à la fois si brillant et si sombre. C'est, a-t-on dit, une grande œuvre d'art ; c'est aussi une œuvre profondément pensée où les vérités de détail abondent et dont la visée générale est vraie et légitime, à savoir de montrer l'action de la Providence, la loi, l'ordre, là où on ne voit, au premier abord, que le règne de la violence.

Ainsi se déroulent en deux longs volumes les onze entretiens des *Soirées de Saint-Pétersbourg*. A côté de taches légères de certaines propositions excessives, on admire la grandeur de cette synthèse philosophique, l'élévation des pensées, la pénétration souvent prophétique du regard intellectuel de J. de Maistre, la pureté de ses sentiments, la bienveillance de ses intentions, la vigueur de sa dialectique, la nouveauté des aperçus, l'inspiration soutenue du style. Les *Soirées* n'ont qu'un défaut réel : elles manquent de conclusion. « Les fûts des colonnades s'élèvent hardiment, les murs sont solidement bâtis, mais la coupole manque, cette coupole que le génie de Joseph de Maistre eût si fièrement posée sur les piliers qui l'attendaient ! C'est un bel édifice, mais un édifice inachevé. N'importe, tel qu'il est, il occupe une grande place dans l'histoire de la défense religieuse, et par le mérite intrinsèque de l'œuvre, et par l'influence puissante qu'elle exerça sur le mouvement général des intelligences (1). »

(1) NETTEMENT, *Histoire de la Littérature française sous la Restauration*, t. II, p. 306.

La mort qui devait arracher la plume des mains glacées de l'auteur des *Soirées de Saint-Pétersbourg*, vint le surprendre le 26 février 1821. Jusqu'au bout il servit fidèlement son pays et son roi, et trois semaines avant sa mort il annonçait la révolution piémontaise par ces paroles trop prophétiques prononcées en conseil des ministres :

« — Messieurs, le sol tremble et vous voulez bâtir ! »

Quelques jours avant, il écrivait à un de ses illustres amis de France : « Je meurs avec l'Europe. »

En effet Joseph de Maistre semble emporter dans sa tombe tout un passé, mais avant de s'y coucher, il projette sur les temps nouveaux la lumière magnifique des espérances chrétiennes. Ses livres et sa doctrine ont ouvert des horizons colorés d'immortelles clartés, aussi son nom est-il impérissable.

M. DE BONALD

(1754-1840)

Le nom de Joseph de Maistre appelle celui de M. de Bonald ; il y eut entre ces deux hommes éminents une amitié intellectuelle fondée sur l'identité des convictions et sur la communauté des efforts. Ceci ne veut pas dire que l'un et l'autre occupent le même rang et doivent être considérés comme ayant la même valeur ; non, ce sont seulement deux âmes sœurs, deux esprits de la même famille, inégaux par l'âge et par le talent.

Louis-Gabriel-Ambroise de Bonald naquit à Milhau en Rouergue, le 2 octobre 1754, d'une famille ancienne qui avait donné à la France des officiers et des magistrats. Des genoux d'une pieuse mère, le jeune vicomte passa au collège de Juilly, où les Oratoriens le préparèrent à son rôle de philosophe chrétien.

Sa jeunesse cependant ne se préoccupait pas encore des théories politiques ; engagé dans les Mousquetaires, le service l'amenait auprès du vieux roi Louis XV qu'il voyait mourir sous ses yeux et près de la jeune reine Marie-Antoinette qui, heureuse alors, laissait tomber sur le jeune homme un regard bienveillant et lui adressait quelques paroles gracieuses.

Mais le vicomte n'était pas séduit par les fêtes de la cour ; il se retira bientôt en sa ville natale qui dès 1785 lui confia les fonctions de premier magistrat de la cité. Ce n'était pas une sinécure : on approchait de 1789 et déjà les temps étaient troublés. Au souvenir de ces jours mauvais, M. de Bonald écrira plus tard :

« Dieu seul sait ce que j'ai souffert. Je lui ai offert mes prières, et il a daigné m'en dédommager en ne permettant pas que la tranquillité publique fût troublée pendant ce long espace de temps et au milieu des circonstances les plus orageuses. »

Appelé cinq ans plus tard à présider l'administration départementale, le vicomte dont les convictions religieuses restaient inébranlables au milieu de la tourmente, vit avec effroi Louis XVI contraint de sanctionner la constitution civile du clergé. Ne croyant pas pouvoir conserver davantage un emploi public, il donna sa démission et en exposa les motifs dans une lettre qui eut un grand retentissement.

« J'ai donné, je donnerai toujours, écrivait-il, l'exemple de la soumission la plus profonde à l'autorité légitime ; mais sur des objets d'un ordre supérieur et qui me paraissent intéresser ma religion, je n'irai pas, en me séparant de l'autorité visible de l'Eglise, que les éléments les plus familiers de ma croyance m'ont appris à reconnaître dans le corps des pasteurs unis à leur chef, m'exposer à des doutes cruels, à des remords déchirants pour celui qui a confié à ces consolantes vérités le bonheur de son existence.

« L'Assemblée nationale a décrété des changements dans la discipline ecclésiastique et la constitution du clergé ; elle a imposé aux pasteurs le serment de s'y conformer. Le roi, sur des instances réitérées, a donné sa sanction à ces décrets : mais le chef de l'Eglise garde le silence ; mais les premiers pasteurs rejettent unanimement ces innovations ; mais les pasteurs secondaires, unis partout à leurs évêques, annoncent la plus invincible résistance. Et j'irais prévenir la décision du chef de l'Eglise, braver l'opinion unanime de mes pasteurs, déshonorer ma religion en plaçant les prêtres entre la conscience et l'intérêt, le parjure et l'avilissement ! Non, l'humanité, autant que la religion, se révolte à cette pensée. »

Cette lettre qui restera toujours comme un des principaux titres de gloire de son auteur, attirait sur M. de Bonald l'attention publique et il ne dut pas tarder à émigrer. Tant que l'armée des princes demeura unie, il fut à son rang sous leur drapeau ;

puis, après le licenciement, il se réfugia avec ses fils Henri et Victor à Heidelberg.

En entrant dans la ville, le chrétien pénétra dans la première église qu'il aperçut; il put y lire au-dessus du maître-autel cette inscription latine : *Solatori Deo* (1). Se tournant vers ses fils, il leur dit :

« — Mes enfants, voilà des paroles qui s'appliquent particulièrement à des émigrés ! »

Ce fut à Heidelberg, dans la solitude de l'exil que M. de Bonald commença son premier ouvrage qui avait pour titre : *Théorie du pouvoir politique et religieux*. Les seules sources qu'il pouvait consulter étaient l'*Histoire universelle* de Bossuet et quelques volumes de Tacite qui fut toujours un de ses auteurs de prédilection.

« C'est dans l'obscure chaumière d'un paysan d'Allemagne, a dit Chateaubriand, au fond d'une terre étrangère, que de Bonald composa sa *Théorie du pouvoir politique et religieux*. »

Comme les *Considérations sur la France* de Joseph de Maistre, le premier ouvrage de M. de Bonald fut imprimé à Constance, en Suisse, par des prêtres émigrés qui y avaient établi une imprimerie. L'ouvrage, envoyé en France, fut saisi sur l'ordre du gouvernement, et il n'en échappa qu'un petit nombre d'exemplaires. Mais parmi les exemplaires sauvés se trouvait celui que l'auteur avait cru devoir offrir au général Bonaparte.

Sur la terre étrangère, l'émigré gardait le culte de la patrie, il aspirait au moment de la revoir. Au printemps de 1797, il crut l'heure favorable et essaya de rentrer en France avec ses deux fils en passant par la Suisse. « Quand ils approchèrent de la frontière, comme ils n'avaient point de passe-port, ils voyagèrent de nuit et à pied : car, en leur qualité d'émigrés, ils ne pouvaient rentrer que clandestinement dans leur patrie. Après deux nuits de marche dans les montagnes du Jura, ils traversèrent, à la faveur des ténèbres et au milieu d'un orage, un torrent rapide gonflé par la fonte des neiges, et, évitant les postes

(1) Au Dieu consolateur.

militaires, ils se trouvèrent en France, près de Pont-d'Ain, et bientôt à Lyon. Après trois semaines de séjour dans cette ville, sur les murs de laquelle on lisait encore ces mots : *Commune affranchie*, et où ils attendirent les secours nécessaires pour continuer leur route, car la pauvreté, cette triste et fidèle compagne des émigrés, aggravait les périls et les difficultés de leur voyage, ils s'embarquèrent sur le Rhône et arrivèrent heureusement à Nîmes, puis à Montpellier, où Madame de Bonald, accompagnée de ses deux plus jeunes enfants (1), était venue au-devant de son mari et de ses deux fils aînés (2). »

Mais la France n'était pas un lieu sûr pour les émigrés ; de Bonald, poursuivi, dut chercher un asile à Paris, « où le crime dans les temps réguliers, la vertu dans les temps de révolution, trouvent un abri plus impénétrable et plus sûr. »

Pendant son séjour dans la capitale, l'auteur de la *Théorie du pouvoir* eut les loisirs de rechercher ce que la police avait fait de son ouvrage. Il se présenta sous un nom supposé, et fut introduit dans une salle immense où se trouvaient entassés les débris de tous les livres saisis. M. de Bonald cherche et aperçoit enfin un exemplaire de la *Théorie du pouvoir* qui coudoie un ouvrage obscène ; il ne peut réprimer une exclamation : « — Ah, dit-il, je péris ici en bien mauvaise compagnie ! » Cette parole imprudente pouvait avoir des conséquences ; mais l'employé était honnête et il promit la discrétion.

A quelques jours de là, le 18 brumaire (9 novembre 1799) rendait au proscrit sa liberté et Bonaparte qui avait lu l'exemplaire de la *Théorie du pouvoir* que l'auteur lui avait envoyé, le raya de la liste des émigrés. M. de Bonald repartit pour Milhau où il se retira dans sa terre du Monna, seule épave échappée au naufrage général de ses biens.

Il y attendit la Restauration dont il salua l'avènement avec l'effusion de son âme, car comme Chateaubriand et Joseph de Maistre, M. de Bonald était resté fidèle à son roi. Napoléon

(1) Le plus jeune était Maurice de Bonald, plus tard cardinal et archevêque de Lyon.

(2) NETTEMENT, *Hist. de la Littér.*, p. 49.

M. de BONALD.

n'avait pu le décider à accepter un emploi ; en vain le roi de Hollande, Louis Bonaparte, lui avait envoyé un exprès pour lui offrir le préceptorat de son fils, le futur Napoléon III, le vicomte avait repoussé toutes les avances.

Le gouvernement de Louis XVIII ne le laissa même pas sans inquiétude sur l'avenir de la monarchie traditionnelle et il manifestait peu d'enthousiasme pour la charte. Après les Cent-Jours il fit partie de la Chambre *introuvable*, fut créé pair de France et ministre d'Etat; mais quand se précipitèrent les évènements de 1830, M. de Bonald renonça à la pairie et à la dotation qu'il tenait de Louis XVIII ; il se retira de nouveau dans le Rouergue où il passa les dernières années de sa vie dans la méditation des grandes vérités sociales et religieuses. Il mourut le 24 novembre 1840, à l'âge de quatre-vingt-six ans.

C'est dans le secret de la solitude où il s'était caché à Paris que M. de Bonald composa l'*Essai analytique*, le *Divorce considéré au* XIXe *siècle* et enfin son principal ouvrage de la *Législation primitive* qui ne fut publié qu'en 1802. C'est en ce dernier livre surtout que M. de Bonald, attaquant la philosophie du XVIIIe siècle, travaille à la défense religieuse et conquiert son titre d'apologiste. A l'homme qui confond l'esprit et le corps, à la société qui confond le souverain et les sujets, à l'univers qui confond Dieu et la nature, il oppose une restauration universelle où dans l'ordre logique il va de l'homme à la société et de la société à Dieu.

Le vicomte de Bonald n'a « ni la puissance d'imagination unie à l'éclat de style de Chateaubriand, ni la marche rapide et pour ainsi dire elliptique de Joseph de Maistre, dont les intuitions ont un merveilleux caractère de spontanéité. C'est, pour employer la comparaison dont il se sert lui-même, un général d'armée qui n'avance qu'en se gardant. Tout se déduit, tout s'enchaîne dans son système d'idées, et son raisonnement a quelque chose de si méthodique, qu'il en devient quelquefois trop lent. Ce tacticien de la logique ne craint pas de répéter sans cesse ses principes, afin de fortifier ses déductions et d'assurer le terrain sur lequel il marche ; mais il arrive souvent ainsi à de véritables découvertes en philosophie, et en politique à des prévisions qui pourraient passer pour des prophéties, tant elles sont circonstanciées, et tant l'évènement a pris soin de les justifier (1). »

Si donc on cherche à assigner une place à ce défenseur de la vérité près de ses deux illustres devanciers, ce n'est pas dans la compagnie de Chateaubriand que nous le trouverons, mais aux côtés de son ami de Maistre dont il reproduit avec un éclat adouci les qualités brillantes. Au reste l'auteur de la *Législation primitive* semble nous avoir révélé ses préférences dans cette courte appréciation du *Génie du Christianisme* : « Les personnes qui aiment les preuves de sentiment, dit-il, en trouveront en abondance, ornées de toutes les pompes et de toutes les grâces du style, dans le *Génie du Christianisme* : La vérité, dans les ouvrages de raisonnement, est un roi à la tête de son armée un jour de combat ; dans l'ouvrage de M. de Chateaubriand, elle est comme une reine au jour de son couronnement, entourée de tout ce qu'il y a de magnifique et de gracieux. » On voit ici la préférence de l'auteur pour les armes du raisonnement plutôt que pour l'influence du sentiment.

M. de Bonald cherche plus à convaincre qu'à toucher, et on a pu dire avec raison que parfois il manque de grâce et de charme. M. de Maistre a des ailes, M. de Bonald n'en a pas : mais tous les deux ils puisent leurs pensées à la même source et c'est en toute vérité que l'écrivain des *Soirées de Saint-Pétersbourg* peut écrire à l'auteur de la *Législation* : « *Je n'ai rien pensé que vous ne l'ayez écrit ; je n'ai rien écrit que vous ne l'ayez pensé.* »

Le vicomte de Bonald expose ses idées dans une langue élevée, claire et brillante, mais brillante de cette lumière intellectuelle qui n'est que le reflet des clartés sublimes dont l'entendement s'illumine. En un mot, ce n'est peut-être pas un écrivain, mais à coup sûr c'est un philosophe et un penseur.

Sa vie toute de dignité et de vertu forme avec ses œuvres

(1) NETTEMENT.

« un faisceau qu'il ne sera jamais donné à personne de « diviser (1) » : et la postérité en jetant sur cette austère figure un regard de respect la saluera comme celle d'un champion qui n'a jamais cédé une ligne de terrain et a défendu par ses actes et ses écrits la religion et l'Eglise de France à laquelle il devait donner dans l'un de ses fils un de ses illustres princes.

(1) J. des Aperts. *Le Vicomte de Bonald.*

LAMENNAIS

La Jeunesse. – L'Essai sur l'indifférence et la lutte glorieuse pour l'Eglise. – Le vertige et la chute.

(1782-1854)

Les trois illustres défenseurs qui inaugurent le mouvement catholique au XIXe siècle appartiennent donc tous les trois à la noblesse, à cette aristocratie qui avait eu tant à souffrir et peut-être à expier dans les horreurs de la Révolution ; il convenait à cette classe immolée, retrempée dans son sang, de prendre sa revanche en se plaçant au premier rang dans la défense de la foi. Le vicomte de Chateaubriand, le comte de Maistre, le vicomte de Bonald le comprirent ; tous les trois, croyant à la monarchie, mais plus encore au catholicisme, combattirent comme des preux. Jusque-là le clergé, occupé à réparer les brèches faites en ses rangs, avait gardé le silence, mais on aspirait au moment où sa voix se ferait entendre.

Quand parut le premier volume de l'*Essai sur l'Indifférence en matière de religion*, ce fut un évènement. Il y avait en France un prêtre grand écrivain. Lamennais rappelait Bossuet.

I

Le 19 juin 1782, dans cette même ville de Saint-Malo qui avait donné le jour à Chateaubriand, dans cette même rue des Juifs, presque dans la même maison, venait au monde, treize ans après l'auteur du *Génie du Christianisme,* Hugues-Félicité Robert de Lamennais.

Les Robert étaient de vieille race bourgeoise. Le père du nouveau-né, armateur considéré et fort riche, avait fait honorablement de brillantes affaires, et avait reçu de Louis XVI, en récompense de plusieurs actes de patriotisme, des lettres de noblesse. Au nom de Robert s'était donc ajouté celui de la Mennais, nom d'une métairie, située dans la commune de Trigavou, arrondissement de Dinan (1).

L'enfant qui devait illustrer ce nom, n'apportait, en venant au monde, aucune de ces qualités qui présagent un brillant avenir. D'une constitution débile, Félicité — ou par abréviation Féli — était d'une irritabilité nerveuse dont les accès mirent plusieurs fois ses jours en péril. Miné par une fièvre continuelle, il était toujours d'humeur chagrine et fantasque (2).

A pareille nature, il eût fallu jusque bien avant dans la vie les tendresses d'une mère. Bien faite pour ce rôle, Madame de Lamennais était une femme douce, pieuse et d'une haute intelligence; son action eût été précieuse sur l'âme de son enfant, mais Féli n'avait pas encore achevé sa cinquième année qu'elle n'était déjà plus.

Un historien anglais prétend que chez tous les grands hommes « il y a quelque chose de sauvage. » L'enfance de Lamennais pourrait justifier sa thèse. Un jour, il se promenait avec la bonne chargée de veiller sur lui, et il marchait lentement sur les remparts de Saint-Malo. La mer était furieuse. Soulevée par une violente tempête, elle venait déferler en rugissant aux pieds des murs de granit. « Je crus voir l'infini, dit Lamennais, et sentir Dieu. » Etonné de ce qui se passait dans son âme, une immense complaisance en lui-même s'empara de lui, il se retourna fièrement vers la foule des promeneurs vulgaires, et se dit : « Ils regardent ce que je regarde, mais

(1) V. Mgr Ricard, *l'Ecole menaisienne : Lamennais.*

(2) F. Courchinoux, *Félicité-Robert de La Mennais : Les Contemporains,* n° 26.

ils ne voient pas ce que je vois ! » Il avait huit ans (1) ! Quand plus tard il racontait cette anecdote, le grand homme ajoutait : « Toutes les fois que mes souvenirs se reportent vers ces temps éloignés, une telle pensée d'orgueil dans un enfant de huit ans me fait encore frémir. »

Le maître auquel fut confiée l'éducation de cet enfant si extraordinaire n'était pas capable de redresser des instincts aussi violents. Livré à l'un de ses oncles, M. Robert des Sandrais, gentilhomme quelque peu ami des lettres, mais malheureusement aussi de la philosophie sceptique de l'époque, le jeune Féli passait sa vie à la Chesnaie, paisible maison de campagne, assise sur la lisière de la forêt de Coëtquen, à quelques kilomètres de Dinan.

Réfractaire à toute espèce de discipline et d'étude, Féli ne rêvait qu'une chose : échapper à la surveillance de son mentor. Aussi on le trouvait plus souvent en train de courir la campagne qu'occupé à ses devoirs. Souvent quand le maître réclamait son élève, il fallait envoyer à sa recherche et parfois bien loin. Pour couper court à ses escapades, l'oncle avisa d'enfermer son neveu sous clef.

La prison qu'il lui donna était sa bibliothèque. Au début la punition fut dure pour l'écolier; s'ennuyant mortellement, il n'eut d'autre ressource que de jeter les yeux sur des livres, qui ne lui inspiraient pourtant que peu de sympathie. Il commença par les écrivains modernes, mais il les trouva peu à peu si attrayants que bientôt la lecture devint pour lui une passion. Sa sentimentalité maladive, son imagination déréglée lui firent choisir J.-J. Rousseau comme auteur favori. Il est facile de comprendre quelle triste influence les œuvres du philosophe de Genève durent avoir sur l'esprit de l'enfant.

Féli de Lamennais y perdit la foi : aussi quand arriva l'âge de la première communion, le prêtre qui voulait l'y préparer, dut renoncer à sa tâche devant les objections que lui opposait l'enfant armé des perfides sophismes de tous les encyclopédistes. Il fallut abandonner à elle-même cette nature rebelle,

(1) Ricard, p. 7.

et lui laisser le soin de revenir de son plein gré à de plus justes sentiments. Féli avait vingt-deux ans quand il approcha pour la première fois de la table eucharistique du Dieu qu'il devait si brillamment défendre. Mais comme il ignorait les demi-mesures, on peut dire que son élan vers Dieu, à cette heure tardive, eut quelque chose d'effrayant. Par une de ces contradictions dont sa vie abonde, à l'âge où d'ordinaire les jeunes gens se laissent entraîner aux séductions de la vie (1), Lamennais se roidit contre lui-même et s'écrie :

« Oh! j'ai trop aimé les joies amères du monde, les consolations du monde, les espérances du monde. Maintenant je ne veux que la croix, la croix seule, la croix de Jésus et encore la croix. Je vivrai sur le Calvaire en esprit d'amour, de renoncement et de sacrifice absolu. Oh ! quelle vie ! quelle douce, quelle heureuse vie ! C'est le ravissement de mon cœur d'être crucifié avec Jésus par les souffrances, les contradictions, les mépris, les rebuts, les ingratitudes, les haines, les outrages, les persécutions et tout ce qui peut le plus crucifier mon cœur et ma chair!... Je veux m'abreuver à longs traits des saintes délices de l'humiliation. Mon Dieu! mon Dieu ! encore une fois, la croix, la croix, et rien que la croix ! »

Ce retour si ardent au Dieu de son baptême, Féli le devait à la droiture de son esprit sans doute, mais encore plus à la douce influence de son pieux frère, Jean-Marie de Lamennais. De deux ans plus âgé que Féli, le futur fondateur de l'Institut des Frères de Ploërmel était une âme d'une exquise douceur : il avait résolu de consacrer sa vie au service de l'Eglise et gardait la secrète espérance d'attirer à sa suite son jeune frère.

En attendant l'un et l'autre orientaient leurs études du côté de la question religieuse, ils s'essayaient à la défense de la foi et dès 1808, les deux frères s'engageaient dans la mêlée en publiant un opuscule ayant pour titre : *Réflexions sur l'état de l'Eglise en France pendant le* XVIIIe *siècle et sur sa situation actuelle.*

(1) De Ladoue, *Vie de Mgr Gerbet.*

Ecrit « au milieu des bois, dans cette solitude de la Chesnaie si inconnue alors, aujourd'hui si célèbre, ce livre annonçait à l'Eglise des champions dignes d'elle... Devançant leur époque, comme il arrive souvent au génie, les deux auteurs y réclament une foule de réformes que tout le XIXe siècle ne devait pas suffire à réaliser (1). »

L'ouvrage ne reculait devant aucune vérité ; quelques-unes déplurent à Napoléon et le livre fut supprimé.

En collaborant ainsi aux *Réflexions sur l'état de l'Eglise*, Féli comprit toute la joie qu'on éprouve à défendre la cause de Dieu et à se faire parmi les hommes le porte-voix de la vérité. A l'exemple de son aîné, il songea à demander pour ces luttes glorieuses une consécration qui lui manquait et s'achemina vers le sacerdoce.

C'est en 1809, à l'âge de vingt-sept ans, qu'il en franchit les premiers degrés en recevant la tonsure, puis les ordres mineurs. Alors les pieux sentiments se partageaient son âme et les élans de ferveur du jour de la première communion semblèrent de nouveau le ravir à la terre.

Mais bientôt, à l'enthousiasme et à l'amour du sacrifice succédèrent l'affaissement, la sécheresse et l'amertume, et il résolut de s'arrêter dans la voie où il entrait. Son esprit inquiet n'eut plus d'autre contrepoids que le travail. C'est alors qu'il entreprit avec la même collaboration un second ouvrage intitulé : *La tradition de l'institution des évêques*.

Entre plusieurs autres ce livre avait le mérite de combattre les derniers vestiges du gallicanisme, mais il attaquait l'Empire et Féli de Lamennais qui se trouvait à Paris pour l'impression de l'ouvrage crut pressentir la colère de Napoléon. Ne se jugeant pas en sûreté, il quitta brusquement la capitale et gagna l'Angleterre où, comme Chateaubriand, il connut l'amertume des jours d'exil.

A l'exemple de son illustre compatriote, il lui fallut demander au travail le pain de chaque jour et il se présenta chez lady Jernighan, sœur de lord Stafford, pour solliciter l'emploi

(1) RICARD, p. 46.

de précepteur de ses jeunes enfants. La grande dame fut très mal impressionnée de l'extérieur misérable de Lamennais; elle le renvoya en disant à ceux qui le lui avaient adressé: « Non, bien sûr, je n'en veux pas, il a l'air trop bête. »

Lamennais en effet, sans mériter l'injure qu'on lui décernait, n'a jamais beaucoup brillé par les qualités extérieures. « Le grand homme est petit, dira plus tard un des habitués de la Chesnaie, grêle, pâle, yeux gris, tête oblongue, gros nez et long, le front profondément sillonné de rides qui descendent entre les deux sourcils jusqu'à l'origine du nez. » Il était avec cela d'une timidité de petit campagnard, osant à peine se présenter et parler en public (1).

L'exil et ses rigueurs durèrent sept mois, au bout desquels Lamennais revint à Paris avec le désir bien arrêté de franchir promptement les degrés qui le séparaient du sacerdoce. Les conseils d'amis prudents et dévoués l'encouragèrent dans cette voie. Il se mit donc à l'étude de la théologie, mais sans y consacrer tout le loisir que réclame cette science divine.

Après avoir reçu à Saint-Sulpice la grâce du sous-diaconat, le 21 décembre 1815, il repartait pour sa Bretagne emportant dans son cœur le désir de se donner réellement tout à Dieu et à l'Eglise. Il eut même à cet instant la velléité d'aller mettre sa volonté sous le joug de la règle austère de saint Ignace, en entrant dans la Compagnie de Jésus. S'il eût suivi cette inspiration, sa nature se serait sans doute transformée au contact de cette discipline inflexible et l'Eglise de France n'aurait pas eu à déplorer la perte de l'un de ses plus illustres enfants.

Lamennais recula devant la perspective de deux années de noviciat... il resta à la Chesnaie et fut ordonné prêtre, le 9 mars 1816 : il avait alors trente-quatre ans.

Le lendemain il montait à l'autel pour sa première messe et tandis que dans ses mains tremblantes il tenait l'hostie nouvellement consacrée, il lui sembla entendre une voix qui disait

(1) V. Courchinoux et Ch. Sainte-Foi.

très distinctement : « Je t'appelle à porter ma croix, rien que la croix, ne l'oublie pas (1) ! »

A partir de cet instant le jeune prêtre sentit renaître les idées de découragement et d'amertume qui avaient accomgné ses premiers pas dans la carrière et il écrivit à l'abbé Jean-Marie ces lignes qui aujourd'hui font trembler :

« Je ne suis et ne puis qu'être désormais extraordinairement malheureux... tout ce qui me reste à faire est de m'arranger de mon mieux, et, s'il se peut, de m'endormir au pied du poteau où l'on a rivé ma chaîne. »

Ces lignes présageaient sans doute la terrible chute où devait s'ensevelir le grand homme, mais pour l'instant elles étaient arrachées à un accès de mélancolie ; pendant dix-sept longues années, l'abbé Félicité de Lamennais devait combattre glorieusement pour la défense de la foi.

II

La flamme sacerdotale pénétrant dans l'âme du solitaire de la Chesnaie y alluma l'éloquence ; moins d'un an après son ordination, paraissait le premier volume de l'*Essai sur l'Indifférence* (1817).

Le succès qui accueillit l'ouvrage fut quelque chose de prodigieux ; rien n'en donne une idée plus exacte que cette page de Lacordaire :

« Cent quatorze ans avaient passé sur la tombe de Bossuet, cent trois ans sur celle de Fénelon, soixante-seize ans sur celle de Massillon, le seul des hommes célèbres que Louis XIV eût oublié derrière lui, lorsqu'il jeta sur son règne ce regard dont a parlé M. de Chateaubriand, pour s'assurer qu'il emportait le reste des « splendeurs de la monarchie. » Massillon

(1) De Ladoue, *loc. cit.* et Ricard.

fut laissé au siècle incrédule qui allait s'ouvrir comme un reproche doux et ingénieux, afin qu'il fût dit un jour que les derniers sons éloquents de l'ancienne Eglise de France étaient sortis d'une bouche qui avait annoncé la parole de Dieu à Louis XIV. Après que la mort eut fait taire cette bouche harmonieuse, l'Eglise de France eut encore des hommes distingués, des savants, des controversistes, des prédicateurs ; elle n'eut plus de ces noms qui vont loin dans la postérité. Au moment même de sa ruine, l'abbé Maury manqua d'une gloire élevée, parce qu'il n'avait qu'infiniment d'esprit, et que la gloire vient du cœur comme « les grandes pensées. » — Il y avait donc soixante-seize ans qu'aucun prêtre catholique n'avait obtenu en France le renom d'écrivain et d'homme supérieur, lorsque apparut M. de Lamennais, avec d'autant plus d'à-propos que le XVIIIe siècle avait tout récemment repris les armes. Son livre, destiné à le combattre, était une résurrection admirable des raisonnements antiques et éternels qui prouvent aux hommes la nécessité de la foi, raisonnements rendus nouveaux par leur application à des erreurs plus vastes qu'elles n'avaient été dans les siècles antérieurs. Sauf quelques phrases où le luxe de l'imagination annonçait une sorte de jeunesse qui rehaussait encore la profondeur de l'ouvrage, tout était simple, vrai, énergique, entraînant ; c'était de la vieille éloquence chrétienne, un peu dure quelquefois. Mais l'erreur avait fait tant de mal, elle se reproduisait de nouveau avec tant d'insolence, malgré ses crimes et sa nullité, qu'on prenait plaisir à la voir châtiée par une logique de fer. L'enthousiasme et la reconnaissance n'eurent pas de bornes ; il y avait si longtemps que la vérité attendait un vengeur ! En un seul jour, M. de Lamennais se trouva investi de la puissance de Bossuet (1). »

Il est certain « qu'un Lamennais jusqu'alors inconnu — le vrai Lamennais — se révélait dans cette œuvre extraordinaire dont le premier volume paraissait, avant même que les grandes

(1) LACORDAIRE, *Considérations sur le système philosophique de M. de Lamennais*. Œuvres complètes, t. VII.

lignes de l'ensemble fussent nettement arrêtées dans l'esprit de l'auteur (1). »

Ce fut, selon le mot du comte de Maistre, « un tremblement de terre sous un ciel de plomb » et chacun redisait avec Mgr de Frayssinous : « Cet homme-là possède un genre d'éloquence qui réveillerait un mort. » L'auteur des *Conférences* se sentait en effet dépassé et avait la grandeur d'avouer : « En voilà un qui va nécessairement grandir, pendant que moi je diminuerai : *Illum necesse est crescere, me autem minui.* »

« Depuis Origène et saint Augustin, on n'a rien écrit de plus beau. Cet homme a la taille d'un apologiste de génie, dit Mgr Ricard, appréciant le rôle de Lamennais, et les vieux docteurs catholiques durent tressaillir dans leur tombe, devant ce coup de maître qui s'intitulait un *Essai.* »

L'habileté du solitaire de la Chesnaie, disons plutôt son génie, fut de comprendre son temps et de mettre son doigt sur une des plaies de l'époque, mais « en appuyant jusqu'à la faire saigner. Avec cette fermeté impitoyable de pensée qui était le caractère de son esprit, avec cette véhémence de sentiments qui remuait les intelligences les plus immobiles, et réchauffait les cœurs les plus glacés, il alla droit au mal dont souffrait le siècle, l'indifférence.

« D'autres temps avaient été passionnément sceptiques, d'autres systématiquement irréligieux; celui-là, après tant de discussions et de débats, était indifférent : non pas indifférent d'une manière incurable, indifférent jusqu'à la paralysie de l'âme, car il aurait été impossible de le réveiller de sa torpeur. C'était, chez les uns, l'insouciance du plaisir ; chez les autres, les préoccupations des travaux temporels ou des affaires ; chez un grand nombre, la routine d'une vie qui coulait comme un ruisseau, qui suit sa pente sans savoir d'où il vient et où il va ; chez la plupart, cette terrible sécurité de l'ignorance qui marche au précipice, le sourire sur les lèvres et un bandeau sur les yeux, qui ne sait rien du monde parce qu'elle

(1) Courchinoux.

n'a rien étudié, et qui ne soupçonne point la possibilité de l'existence de ce qu'elle ne sait pas (1). »

Lamennais ayant posé « hardiment la main sur le cœur de son siècle, en compta les pulsations ; soudain il tressaillit... il avait compris de quelle maladie profonde le siècle était malade (2) » et il jeta aux échos ce cri hardi et presque brutal, qui forme la première page de l'*Essai sur l'Indifférence* :

« Le siècle le plus malade n'est pas celui qui se passionne pour l'erreur, mais le siècle qui néglige, qui dédaigne la vérité. Il y a encore de la force, et par conséquent de l'espoir, là où l'on aperçoit de violents transports, mais lorsque tout mouvement est éteint, lorsque le pouls a cessé de battre, que le froid a gagné le cœur, qu'attendre alors ? qu'une prochaine et inévitable dissolution. »

C'était la première fois qu'on parlait à notre époque avec autant de franchise. Le *Génie du Christianisme*, les *Considérations sur la France* et la *Législation primitive* avaient fait le procès de la philosophie du XVIIIe siècle ; Chateaubriand, de Maistre et de Bonald y avaient mis des formes et du style ; mais voilà qu'on venait dire que le siècle de Voltaire valait encore mieux que le nôtre, que l'ère des persécutions sanglantes de Robespierre attestait au moins la vie, tandis que maintenant passait sur les esprits un souffle de mort. Et avec quels accents tout cela était proclamé !

« En vain, continue Lamennais, l'on essaierait de se le dissimuler, la société en Europe s'avance rapidement vers ce terme fatal. Les bruits qui grondent dans son sein, les secousses qui l'ébranlent, ne sont pas le plus effrayant symptôme qu'elle offre à l'observateur : mais cette indifférence léthargique où nous la voyons tomber, ce profond assoupissement, qui l'en tirera ? qui soufflera sur ces ossements arides pour les ranimer ?

(1) NETTEMENT, *Hist. de la littérature sous la Rest.*, t. II, p. 218.
(2) RICARD, p. 69.

« Le bien, le mal, l'arbre qui donne la vie et celui qui produit la mort, nourris par le même sol, croissent au milieu des

La Chesnaye.

peuples qui, sans lever la tête, passent, étendent la main, et saisissent leurs fruits au hasard.

« Religion, morale, honneur, devoirs, les principes les plus sacrés comme les plus nobles sentiments, ne sont plus qu'une espèce de rêve, de brillants et légers fantômes qui se jouent un moment dans le lointain de la pensée, pour disparaître bientôt sans retour.

« Non, jamais rien de semblable ne s'était ou n'aurait pu même s'imaginer. Il a fallu de longs et persévérants efforts, une lutte infatigable de l'homme contre sa conscience et sa raison, pour parvenir enfin à cette brutale insouciance. Arrêtez un moment vos regards sur ce roi de la création : quel avilissement incompréhensible, son esprit affaissé n'est à l'aise que dans les ténèbres. Ignorer est sa joie, sa paix, sa félicité ; il a perdu jusqu'au désir de connaître ce qui l'intéresse le plus. Contemplant, avec un égal dégoût, la vérité et l'erreur, il affecte de croire qu'on ne les saurait discerner, afin de les confondre dans un commun mépris ; dernier degré de dépravation intellectuelle, où il lui soit donné d'arriver : *impius, cum in profundum venerit contemnit.* Quand l'impie est descendu dans les profondeurs du mal, il méprise (1). »

Après ce lugubre et éloquent tableau, Lamennais entreprenait hardiment de réveiller son siècle de cet assoupissement léthargique, « d'aller le forcer dans les indolences de sa conscience amollie et de reconstituer sur des bases solides la foi religieuse dépouillée des prestiges de la poésie. »

Aux grands maux les grands remèdes. La cause unique du désordre social est la négation du principe d'autorité : négation de l'autorité de l'Eglise dans l'ordre surnaturel, négation de l'autorité de la révélation dans l'ordre philosophique et scientifique, négation de la loi divine interprétée par l'Eglise dans l'ordre politique, négation enfin de la loi de charité dans l'ordre social. Le remède consiste donc dans la restauration du principe d'autorité ainsi établie :

1° Restauration du principe surnaturel par la soumission de tous les dissidents qui, en présence des ruines accumulées par leurs principes, doivent comprendre qu'il n'y a de salut pour eux que dans le bercail ;

2° Restauration du principe d'autorité dans la philosophie par la reconnaissance des droits qui appartiennent à l'Eglise,

(1) LAMENNAIS, *Essai sur l'indifférence en matière de religion*, t. 1er, p. 1.

dépositaire et interprète de la révélation divine, de diriger et de préserver la raison humaine ;

3° Restauration du principe d'autorité dans la société politique, par la reconnaissance des droits qui appartiennent à l'Eglise d'interpréter la loi et de résoudre les cas de conscience politiques comme les cas de conscience individuels ;

4° Enfin, restauration du principe d'autorité dans l'ordre social, ou reconnaissance du droit de l'Eglise de continuer à exercer son action charitable, en servant d'intermédiaire entre les différentes classes sociales (1).

Tel était le programme présenté avec une dialectique vive et pressante, une vigueur et un éclat de style, oubliés depuis longtemps. « Il parlait d'en haut à l'erreur, à laquelle on s'était habitué à parler avec ménagement, presque avec respect, et traitait comme une faiblesse d'esprit cette cécité intellectuelle dont s'étaient parés les aveugles du XVIIIe siècle, en se décernant à eux-mêmes le titre d'esprits forts. Il les frappait sans ménagement, à coups redoublés, de ses véhémentes invectives et de ses railleries éloquentes ; de sorte que ces moqueurs de toutes choses, qui avaient fait de l'ironie pour ainsi dire leur patrimoine, s'étonnaient de voir tourner contre eux l'arme dont ils s'étaient si longtemps et si souvent servis, et de devenir les jouets du monde. Les rôles se trouvaient ainsi intervertis. Le catholicisme, après s'être défendu dans les conférences de M. de Frayssinous, prenait avec M. de Lamennais l'offensive ; il transportait la guerre dans les foyers de l'ennemi et le menait tambour battant devant lui (2). »

Aussi quelle commotion électrique s'empara du public à la lecture de cet ouvrage. « On en vendit rapidement quarante mille exemplaires, et pas un esprit, tant soit peu lettré, n'eût voulu avouer qu'il ne s'était point encore nourri de cette lecture dont tout le monde parlait. La mode s'en mêla, les salons de l'époque se seraient crus déshonorés si l'on n'y avait vu le

(1) V. Mgr Ricard, p. 78.
(2) Nettement.

volume en belle place (1). » On se réunissait pour y lire des pages comme celle-ci où Lamennais veut démontrer qu'on ne peut mettre le pied dans le sentier du mal en se disant : Je m'arrêterai là ! On s'arrête mieux sur la terre ferme que dans la boue.

« Il faisait une chaleur pesante. Un homme aperçut, au bas d'un coteau, une vigne surchargée de grappes, et cet homme avait soif, et le désir lui vint de se désaltérer avec le fruit de la vigne.

« Mais entre elle et lui s'étendait un marais fangeux qu'il fallait traverser pour atteindre le côteau, et il ne pouvait s'y résoudre.

« Cependant, la soif le pressant, il se dit : « Peut-être que le marais n'est pas profond ; qui empêche que je n'essaye, comme tant d'autres ? Je ne salirai que ma chaussure, et le mal, après tout, ne sera pas grand. »

« Là-dessus, il entre dans le marais, son pied enfonce dans la boue infecte, bientôt il en a jusqu'au genou.

« Il s'arrête, il hésite, il se demande s'il ne ferait pas mieux de retourner en arrière. Mais la vigne et ses grappes sont là devant lui, et il sent sa soif qui augmente.

« Puisque j'ai tant fait, pourquoi, dit-il, reviendrais-je sur mes pas ? Pourquoi perdrais-je ma peine ? Un peu plus de fange ou un peu moins, cela ne vaut guère désormais que j'y regarde. J'en serai quitte, d'ailleurs, pour me laver au premier ruisseau. »

« Cette pensée le décide ; il avance, il avance encore, enfonçant toujours plus dans la boue : il en a jusqu'à la poitrine, puis jusqu'au cou, puis jusqu'aux lèvres ; elle passe enfin par-dessus la tête. Etouffant et pantelant, un dernier effort le soulève et le porte au pied du coteau.

« Tout couvert d'une vase noire qui découle de ses membres, il cueille le fruit tant convoité, il s'en gorge. Après quoi, mal à l'aise, honteux de lui-même, il cherche de tous côtés une eau limpide pour s'y nettoyer. Mais il a beau faire, l'odeur reste ; la vapeur du marais a pénétré sa chair et ses os, elle s'en exhale

(1) Mgr Ricard, *Lamennais*, p. 80.

incessamment, et forme autour de lui une atmosphère fétide. S'approche-t-il, on s'éloigne. Les hommes le fuient. Il s'est fait reptile ; qu'il aille vivre parmi les reptiles. »

C'est par des allégories aussi frappantes que Lamennais s'emparait de l'attention de ses lecteurs. Aussi son livre ne se contenta-t-il pas d'être lu par toute la France, il passa les monts et les mers et fut traduit dans toutes les langues européennes. « Les rois, dit Mgr Ricard, se faisaient inscrire chez l'auteur, et plus d'un grand prince fit le voyage de France pour le connaître. »

Le Pape voulut le voir ; Lamennais se rendit à ce désir et reçut de Léon XII la réception la plus flatteuse. Après l'avoir tendrement embrassé, le Pontife le fit entrer dans son appartement privé où, à sa grande surprise, le jeune écrivain put se convaincre qu'il n'y avait pour tout ornement, qu'un Christ, une belle image représentant la Mère de Dieu et le portrait de l'auteur de l'*Essai sur l'Indifférence* (1). Le même accueil l'attendait chez les cardinaux et chez les chefs d'ordre : partout on prédit au prêtre français qu'il ne tarderait pas à être élevé aux honneurs du cardinalat.

Lamennais était donc alors à l'apogée de toute sa gloire ; aussi ses amis la publiaient à tous les vents du monde. Montalembert l'appelait « le plus célèbre et le plus vénéré des prêtres français. » D'autres plus enthousiastes encore le proclamaient prématurément « le dernier des Pères de l'Eglise. »

C'était aller trop vite : le volume paru n'était que le premier d'un ouvrage qui devait en compter quatre ; on attendait le second avec impatience, comme le dit Lacordaire en son style toujours grandiose :

« L'Europe attendait la continuation de son ouvrage. Il n'avait encore établi que l'importance et la nécessité de la foi. Mais, où était la foi véritable ? Comment parvenir à la discerner ? Quelle était l'autorité régulatrice de la raison humaine ? Voilà les questions qui restaient à résoudre, et dont la solution, impa-

(1) *Correspondance de Lamennais*, t. II, p. 49. Cité par Mgr Ricard.

tiemment désirée, devait causer plus tard de si profonds dissentiments. »

Après deux ans d'attente, le second volume fut publié, mais « des hauteurs de la défense antique de la foi, du sein de l'éloquence qu'il avait répandue par flots contre les ennemis de la vérité, Lamennais était descendu aux discussions arides de la philosophie, à la question de la certitude, tout à la fois la plus claire et la plus obscure de l'esprit humain. » C'était donner prise à la discussion.

Elle ne manqua pas de surgir, incisive et violente. Autant le premier volume avait rallié les suffrages, autant le second divisa les esprits. La philosophie de Lamennais était loin de valoir son éloquence ; plusieurs de ses propositions prêtaient le flanc à une critique sévère et l'ensemble de sa doctrine ne reposait pas sur un fondement solide. Les juges compétents le blâmèrent, mais ses admirateurs qui ne pouvaient brûler si tôt ce qu'ils avaient adoré, continuèrent à le défendre avec enthousiasme.

Lacordaire était des premiers et plus tard il confessait ainsi la fascination exercée sur lui par l'auteur de l'*Essai* :

« Je me suis demandé, comment une philosophie, dont j'aperçois si clairement le vice aujourd'hui, avait pu si longtemps tenir ma raison en suspens ; et j'ai compris que, luttant contre une intelligence supérieure à la mienne, et voulant lutter seul contre elle, il était impossible que je ne fusse pas vaincu. Car la vérité n'est pas un auxiliaire suffisant pour rétablir l'équilibre des forces ; autrement, jamais l'erreur ne triompherait de la vérité. Il faut donc qu'il y ait dans le monde une puissance qui soutienne les intelligences faibles contre les intelligences fortes, et qui les délivre de l'oppression la plus terrible de toutes, celle de l'esprit. Cette puissance en effet est venue à mon secours ; ce n'est pas moi qui me suis délivré, c'est elle. Arrivé à Rome, au tombeau des saints apôtres Pierre et Paul, je me suis agenouillé, j'ai dit à Dieu : « Seigneur, je commence à sentir ma faiblesse ; ma vue se couvre ; l'erreur et la vérité m'échappent également ; ayez pitié de votre serviteur qui vient à vous avec un cœur sincère ; écoutez la prière du pauvre. » Je ne sais ni le jour ni l'heure ; mais j'ai vu ce que je ne voyais pas, je suis sorti de Rome libre et victorieux. J'ai appris de ma propre expérience que l'Eglise est la libératrice de l'esprit humain ; et, comme de la liberté de l'intelligence découlent nécessairement toutes les autres, j'ai aperçu sous leur véritable jour les questions qui divisent le monde aujourd'hui (1)! »

Lacordaire ne fut pas le seul à subir l'ascendant fascinateur de l'écrivain de l'*Essai sur l'Indifférence*. Lamennais avait en lui un charme séducteur qui peupla bientôt la Chesnaie d'une élite de disciples qui suffiraient à immortaliser le nom du maître. Ils s'appelaient Lacordaire, Gerbet, de Salinis, Rorbacher, Gaume, Blanc, Combalot, de Caux, Cazalès, Montalembert, Jules Morel, Boré, La Morvonnais, La Provostaye, d'Ortigue, Elie Jourdain, Sainte-Beuve et Maurice de Guérin. Tous portaient en eux la flamme de l'intelligence, mais encore plus tous étaient dévorés par des aspirations secrètes vers un but supérieur qui pour l'instant se résumait dans le fait d'être les satellites du grand homme.

Certes il était beau le spectacle de ces jeunes hommes groupés autour d'un prêtre de quarante-quatre ans pour une croisade de plume sans précédents. Leurs illusions étaient grandes, mais du moins étaient-ce des illusions généreuses (2).

« C'est ici que se place, écrit M. de Pontmartin, l'admirable épisode de la Chesnaie, de cette ruche chrétienne qui sut rendre si doux le miel de ses abeilles. Un demi-siècle n'a pas effacé le souvenir de cette hospitalité où le maître donnait aux disciples l'exemple du travail, où les disciples, groupés autour du maître, rivalisaient d'enthousiasme, d'illusions généreuses, de ferveur studieuse et de talent ; où leur ambition n'était pas de gouverner le monde, mais de le convertir. Quel tableau et quel cadre ! Quelle grandeur dans ces horizons! quelle élévation dans ces âmes ! S'il vaut mieux, comme je le crois, être amoureux d'une erreur qu'indifférent à une vérité, que ne devait-on pas attendre

(1) LACORDAIRE, *Considérations sur le système philosophique de M. de Lamennais*. Œuvres complètes, t. VII.
(2) F. COURCHINOUX.

de ce cénacle, mille fois plus pur, plus convaincu, plus désintéressé, plus tendrement uni que le cénacle romantique? Ces noms, même en ne donnant pas tout ce qu'ils promettaient, restent comme l'honneur de notre siècle, la revanche antidatée de nos punitions et de nos douleurs... Quelle harmonie entre ces paysages bretons, ce ciel mélancolique, ces jardins dépouillés par l'automne, ces bois où la rouille d'octobre attend, pour tomber, le *renouveau* d'avril, ces nuages où passent, avec un sifflement d'ailes, des bandes d'oiseaux sauvages, ces étangs surmontés d'une brume où les hôtes de la Chesnaie peuvent voir tout ce qu'ils veulent, — et les beaux songes juvéniles où s'unissent la religion, la liberté et la poésie! Comme on se plait à contempler, à deviner ces nobles intelligences, étrangères aux vulgaires intérêts, aux mesquins égoïsmes de ce monde! Et comme on les aurait étonnés, ces chevaliers du cygne, si on leur avait prédit qu'ils allaient être remplacés par une génération sans idéal, sans ressort, déshéritée volontaire de leurs enthousiasmes, de leurs amours, de leurs espérances, n'ayant plus d'autre paradis que la hausse et d'autre purgatoire que la baisse (1)! »

On travaillait avec ardeur à la Chesnaie. Dès cinq heures, tout le monde était sur pied. Chacun lisait, méditait, écrivait, selon l'inspiration du moment: le point essentiel était qu'on s'occupât (2). Mais le plus grand charme pour les disciples était les communications avec le maître qui, en dépit de son extérieur, exerçait sur chacun une séduction infinie.

« Ce petit homme malingre, perdu dans son costume de gros drap et son vieux chapeau de paille usé, était encore le plus ingambe de la maisonnée. Il ne pouvait tenir en place. On le voyait, jusque dans le travail de la composition, se promener fiévreusement, fouillant et rognant ses ongles à coups de canif. A peine avait-il équilibré sa période, qu'il la jetait sur son éternel petit papier doré sur tranches, de son écriture menue, régulière, nerveuse, pour aussitôt se remettre à courir devant lui (3). »

(1) *Gazette de France*, 19 fév. 1882.
(2) *Les Contemporains*, loc. cit.
(3) *Id.*

Bien que causant avec un accent breton très marqué, c'est par sa conversation qu'il exerçait une influence si grande. « Il était d'un aspect et d'une mine peu propres à commander le respect, a écrit le cardinal Wiseman, dépourvu de dignité dans le maintien, de supériorité dans le regard, et n'ayant aucune grâce extérieure. Plusieurs fois, à différentes époques, j'ai eu avec lui des entretiens prolongés ; il était toujours le même. La tête penchée, tenant les mains jointes devant lui ou les frottant doucement l'une dans l'autre ; il savait, en répondant à ma question, se répandre en un flot de pensées coulant spontanément et sans rides. Il embrassait en une fois le sujet entier et le divisait en ses différents points, aussi symétriquement que l'eussent fait Fléchier ou Massillon. Tout cela se faisait d'un ton monotone, mais doux, et son raisonnement était si serré, et pourtant si poli et si élégant que, si vous eussiez fermé les yeux, vous auriez pu croire que vous assistiez à la lecture d'un livre accompli. »

Et cependant cette conversation n'avait « nul apprêt, nulle emphase, nulle pose (1) » ; c'était la simplicité, la douceur, l'abandon et par là il s'emparait sans le chercher, ou du moins sans paraître le chercher de ceux qui l'abordaient.

Ecoutons l'un des disciples qui a le plus subi l'ascendant du maître :

« J'éprouvais, dit-il, en abordant M. Féli (c'est ainsi que nous l'appelons en famille), ce tremblement mystérieux dont on est toujours saisi à l'approche des choses divines et des grands hommes ; mais bientôt ce tremblement se changea en abandon et confiance, et je trouvais que l'imagination nous donne une idée bien fausse des grandes âmes, nous les représentant comme inaccessibles et en quelque sorte redoutables pour le vulgaire ; bien loin de là ! la gloire, vue de près, est simple et douce comme un enfant, et nul n'est d'un plus facile accès qu'un grand homme. M. Féli m'a, pour ainsi dire, forcé à oublier toute sa renommée, par sa douceur paternelle et la tendre familiarité de son entretien. Tout son génie s'épanche en bonté. Me voilà entre ses mains,

(1) Mgr Ricard, p. 117.

corps et âme, espérant que ce grand artiste fera sortir la statue du bloc informe (1). »

Avec le travail, la prière était aussi en honneur à la Chesnaie; donnant l'exemple comme en tout le reste, le maître « fréquentait assidûment le petit oratoire qu'il avait fait construire au fond du jardin, derrière le rideau de verts tilleuls (2). »

« Il était pieux, dit un autre disciple, Charles Sainte-Foi, il aimait Dieu, il le priait avec ferveur, le servait avec fidélité. Il suffisait pour s'en convaincre d'assister à sa messe et d'être témoin du recueillement avec lequel il la disait. »

Parmi les livres où il cherchait à alimenter sa piété, il en est un qu'il affectionnait singulièrement et dont il savourait la paix inexprimable. C'est l'*Imitation de Jésus-Christ.* Quand on ouvre ce livre, a-t-il écrit, « il semble que les bruits de la terre s'éteignent autour de nous. Alors, au milieu d'un grand silence, on n'entend plus qu'une seule voix qui parle du Sauveur Jésus, et nous attire à lui comme par un charme irrésistible. L'âme transportée aspire au moment où se consommera son union avec le céleste Epoux. Et l'esprit et l'Epoux disent : Venez ! Et que celui qui écoute dise : Venez ! Oui, je viens, je me hâte de venir. Ainsi soit-il. Venez, Seigneur Jésus (3) ! »

Lamennais lisait donc et relisait ces pages du livre de l'*Imitation*, les plus belles tombées des lèvres humaines, il les méditait à loisir ; et « un jour, irrité par l'infidélité et l'insuffisance de tous ceux qui avaient eu la prétention de faire passer dans notre langue ce style si pénétrant et si plein d'onction que l'original lui présentait, il prit son cœur à deux mains, et de ce cœur pénétré par une longue étude du sublime chef-d'œuvre, il le traduisit en français, ou plutôt, en conservant ce qu'il y avait de bon dans les traductions anciennes, il essaya, comme il le disait modestement dans sa Préface, de reproduire plus fidèlement quelques-unes des beautés de l'*Imitation* (4). »

(1) Maurice de Guérin. *Lettres*, passim...
(2) F. Courchinoux.
(3) Lamennais, *Imitation de Jésus-Christ.* Préface.
(4) Mgr Ricard. *Lamennais*, p. 148.

Cette œuvre porte le cachet du maître : en lisant les *Réflexions* qui terminent chaque chapitre, on croirait lire de nouveaux chapitres « oubliés par l'auteur et retrouvés par le traducteur. »

Le livre de l'*Imitation* admiré par les plus beaux génies, a dit Mgr de Salinis, attendait encore quelqu'un pour le traduire. « M. de Lamennais a fait disparaître la différence qui existait entre l'original et les traductions antérieures. Il a joint à chaque chapitre des réflexions qui semblent des *post-scriptum* de l'auteur. »

Les *Réflexions* de Lamennais ont servi une fois de plus à rapprocher le grand homme du génie de Bossuet : elles méritent d'aller de pair avec les *Elévations sur les mystères*. Au reste le solitaire de la Chesnaie garda toujours pour ces pages ses préférences intimes. Quand, au soir de sa vie, on lui demandait quel était le meilleur de ses livres, il répondait sans hésiter : « C'est l'*Imitation*. »

En effet, « le temps, dit M. de Sacy, a déjà terni le reste des *Œuvres de Lamennais*, malgré le talent de l'écrivain. Ce qui est écrit pour la circonstance passe avec la circonstance. Le temps emporte ce que le temps seul a fait naître. M. de Lamennais n'a peut-être imprimé son génie d'une manière durable que sur ces modestes réflexions qu'on lira toujours, parce que le cœur y parle au cœur. Le talent même de l'auteur y a je ne sais quoi de plus parfait et de plus attrayant. C'est le chef-d'œuvre de l'écrivain, non moins que le chef-d'œuvre du prêtre. »

Dieu sut gré à l'auteur des *Réflexions sur l'Imitation* de l'onction et de la piété qu'il y avait versées ; lorsque, sur la fin de sa vie, Lamennais tomba dans la pauvreté, alors que ses ouvrages ne se vendaient plus, un seul gardait l'écoulement des premières heures et « par les produits de cette vente ininterrompue, donnait le pain matériel à cet homme, qui avait nourri du pain de l'esprit trois générations humaines (1). »

Lamennais fut une âme religieuse, ce fut un prêtre pieux ; mais à sa piété il manqua quelque chose, il manqua l'humilité

(1) Mgr Ricard, *Lamennais*, p. 150.

qui garde la vertu sacerdotale. L'humilité est le contrepoids nécessaire au génie : or le maître ne l'eut pas en un degré suffisant.

Le second volume de l'*Essai sur l'Indifférence* avait soulevé plus d'une clameur, plus d'une discussion dont les échos arrivaient jusqu'à la Chesnaie. Aux critiques sévères mais justes, émanées quelques-unes des membres du clergé, s'en joignaient d'autres, amères, excessives, imméritées qui révoltaient l'écrivain.

Le prêtre eut dû se rappeler son maître, dont les actes et la parole s'étaient si souvent heurtés à la contradiction ; son regard ne se reporta pas si haut, il se replia sur lui-même comme pour mieux sentir toute l'amertume du ver qui le rongeait. A la gaieté des premiers jours de la Chesnaie succédèrent des heures tristes et sombres, sur lesquelles planait un lugubre silence.

« Alors, dit Charles Sainte-Foi, tout notre petit Olympe était dans la gêne et dans l'émoi, comme lorsqu'un nuage fronçait les sourcils du grand Jupiter... »

Les attaques devinrent plus fréquentes encore : aux mauvais procédés, aux basses intrigues, aux dénigrements systématiques s'ajouta l'injustice flagrante. Lamennais ne put supporter la croix ; au lieu de s'humilier dans la prière, il se laissa abattre dans le découragement.

Il se dégoûta de la vie et affecta devant ses disciples de ne songer qu'au terme qui devait la finir. « Ce qui ressemblera le plus à la mort, disait-il, me semblera le plus doux. » — Puis encore : « Nous n'avons point ici-bas notre patrie définitive, nous cherchons la patrie future, *futuram inquirimus* » et il ajoutait avec un accent qui broyait l'âme de ses auditeurs : « *Futuram, o quando ?* La patrie à venir, oh ! quand viendra-t-elle ? »

Un jour, raconte Maurice de Guérin à sa sœur, « il était assis derrière la chapelle, sous les deux pins d'Ecosse ; il a pris son bâton, a dessiné une tombe sur le gazon et m'a dit : « C'est là que je veux me reposer ; mais point de pierre tumulaire, un simple banc de gazon. Oh ! que je serai bien là ! » Une autre fois, c'était le soir de la fête de la Toussaint, le 1er novembre 1829, tout le cénacle de la Chesnaie était réuni au salon. « Le vent d'automne emportait dans ses tourbillons les feuilles jaunies des vieux chênes qui ont vu passer tant de générations, et faisait vibrer les lances harmonieuses des branches de sapins, qui dans l'ombre se dressaient comme de noirs fantômes. Que de voix aimées, se mêlant au bruit de la nuit, nous criaient de la tombe: Souvenez-vous ! M. de Lamennais descendit au salon et nous lut son hymne des morts (1). »

Le voici, cet hymne ; et on s'imagine aisément l'effet qu'il dut produire, lu à cette heure, en ces circonstances, par la voix grave et rhythmée du maître :

LE CHANT DES MORTS

« Ils ont aussi passé sur cette terre, ils ont descendu le fleuve du temps ; on entendit leur voix sur ses bords, et puis on n'entendit plus rien. Où sont-ils ? Qui nous le dira ? Heureux les morts qui meurent dans le Seigneur !

« Pendant qu'ils passaient, mille ombres vaines se présentèrent à leurs regards : le monde que le Christ a maudit leur montra ses grandeurs, ses richesses, ses voluptés ; ils le virent, et soudain ils ne virent plus que l'éternité. Où sont-ils ? Qui nous le dira ? Heureux les morts qui meurent dans le Seigneur !

« Semblable à un rayon d'En Haut, une voix, dans le lointain, apparaissait pour guider leur course : mais tous ne la regardaient pas. Où sont-ils ? Qui nous le dira ? Heureux les morts qui meurent dans le Seigneur !

« Il y en avait qui disaient : Qu'est-ce que ces flots qui nous emportent ? Y a-t-il quelque chose après ce voyage rapide ? Nous ne le savons pas, nul ne le sait. Et, comme ils disaient cela, les rives s'évanouissaient. Où sont-ils ? Qui nous le dira ? Heureux les morts qui meurent dans le Seigneur !

« Il y en avait aussi qui semblaient, dans un recueillement profond, écouter une parole secrète, et puis, l'œil fixé sur le couchant, tout à coup ils chantaient une aurore invisible et un

(1) *Blaize*. Cité par M. Ricard.

jour qui ne finit jamais. Où sont-ils ? Qui nous le dira ? Heureux les morts qui meurent dans le Seigneur !

« Entraînés pêle-mêle, jeunes et vieux, tous disparaissaient, tels que le vaisseau que chasse la tempête. On compterait plutôt les sables de la mer que le nombre de ceux qui se hâtaient de passer. Où sont-ils? Qui nous le dira? Heureux les morts qui meurent dans le Seigneur !

« Ceux qui les virent ont raconté qu'une grande tristesse était dans leur cœur : l'angoisse soulevait leur poitrine, et, comme fatigués du travail de vivre, levant les yeux au ciel, ils pleuraient. Où sont-ils? Qui nous le dira? Heureux les morts qui meurent dans le Seigneur !

« Des lieux inconnus où le fleuve se perd, deux voix s'élèvent incessamment :

« L'une dit : Du fond de l'abîme, j'ai crié vers vous, Seigneur : Seigneur, écoutez mes gémissements, prêtez l'oreille à ma prière. Si vous scrutez nos iniquités, qui soutiendra votre regard ? Mais près de vous est la miséricorde et une rédemption immense.

« Et l'autre : Nous vous louons, ô Dieu ! nous vous bénissons: Saint, saint, saint est le Seigneur Dieu des armées ! La terre et les cieux sont remplis de votre gloire.

« Et nous aussi, nous irons là d'où partent ces plaintes ou ces chants de triomphe. Où serons-nous? Qui nous le dira? Heureux les morts qui meurent dans le Seigneur. »

III

Hélas ! plût au ciel que cette tristesse, cette désespérance du grand homme, cette aspiration vers l'autre vie, eussent marqué le terme de son existence ici-bas ; Lamennais en se couchant alors dans la tombe se fut enseveli dans une gloire immortelle... Dieu avait d'autres desseins !...

En une brochure intitulée : *La Religion considérée dans ses rapports avec l'ordre politique et civil*, le solitaire de la Chesnaie épuisa toutes les ressources d'un style acerbe, agressif et méprisant pour reprocher à Charles X et à son gouvernement leur lâcheté à défendre la cause religieuse. La thèse, vraie en elle-même, était défigurée par un langage entièrement dépourvu de mesure, et le gouvernement qui jusqu'à présent avait rendu justice à l'auteur de l'*Essai sur l'Indifférence*, se crut obligé de le déférer devant les tribunaux.

L'affaire était mal engagée : Lamennais avait encore tant de prestige qu'il n'était pas aisé de lui faire subir une condamnation, à la face d'un pays qui n'avait pour lui que de l'admiration.

Défendu par Berryer, le prêtre voulut paraître devant ses juges au milieu d'un public qui lui fit une ovation. Après la plaidoirie de son avocat, il se leva et, d'un ton dédaigneux, laissa tomber cette seule phrase :

« — Je dois à ma conscience et au caractère sacré dont je suis revêtu, de déclarer au tribunal que je demeure inébranlablement attaché au Chef légal de l'Eglise; que sa foi est ma foi ; que sa doctrine est ma doctrine, et que jusqu'à mon dernier soupir, je continuerai de les professer et de les défendre. »

Les juges se retirèrent alors pour délibérer et revinrent avec une condamnation dérisoire qui équivalait à un acquittement. Le prévenu était condamné à trente francs d'amende. C'était un triomphe et tout le pays en jugea ainsi.

Seul Lamennais crut son amour-propre froissé ; il ne considéra que la condamnation et ne pardonna jamais à la royauté... Cet homme, « fanatique d'autorité et de monarchie avant cette date, se retourna brusquement vers la démocratie et la liberté (1). »

Ce fut le point de partage de la vie de Lamennais. Ses nouvelles convictions ne tardèrent pas à se manifester; les ordonnances de 1828 ayant tenté d'étouffer l'enseignement religieux,

(1) *Les Contemporains*, loc. cit.

il publia son livre *Des progrès de la Révolution et de la guerre contre l'Eglise.* Il s'y faisait l'apologiste de la démocratrie dont il jugeait l'avènement nécessaire, et de la liberté, qu'il voulait « immense. »

Sous prétexte de hâter l'avènement d'une démocratie catholique, cet ouvrage porta un coup terrible à la royauté; les esprits s'alarmèrent et l'archevêque de Paris crut de son devoir d'avertir l'écrivain. Celui-ci, oubliant son rôle, répondit avec une hauteur et une amertume inqualifiables. Le scandale fut considérable; si Rome eut alors parlé, comme on l'en suppliait, elle n'eut pu que blâmer sévèrement la conduite du prêtre indocile (1). Chose étrange, Lamennais ne s'en rendit pas compte, il en voulut même au Saint-Siège. C'était le vertige.

Au reste l'époque elle-même y prêtait; le trouble était en haut, comme en bas; les journées de juin se déroulaient, on n'entendait que le fracas des trônes qui s'écroulaient et la montée houleuse d'un peuple qui cherchait à imposer sa volonté par l'émeute. Louis-Philippe succédait à Charles X.

Pour Lamennais, ce gouvernement représentait « la république de fait », mais ce n'était pas assez ; il voulait une république franchement déclarée, « une république de droit. » Au service de cette idée il fonda un journal ; ce journal, c'était l'*Avenir*.

Nous redirons plus tard tout ce que ce seul titre a lancé sur la France d'idées neuves et fécondes, les unes justes, les autres hasardées, les autres enfin vraiment excessives. Qu'il suffise de savoir ici, que la responsabilité du bien comme du mal qu'a pu produire l'*Avenir*, incombe à Lamennais. S'il laissa à Lacordaire, à Montalembert, à de Caux et à bien d'autres, le soin de rédiger la plupart des articles, il en fut le fondateur et le directeur.

Ce fut lui qui, le 16 octobre 1830, expliquait dans le premier numéro du journal la devise qu'il avait choisie : *Dieu et la*

(1) *Les Contemporains*, loc. cit.

LAMENNAIS.

Liberté ! Après une rapide énumération des évènements récents, Lamennais disait :

« Tout cela se passait hier, et aujourd'hui on chercherait en vain quelques traces de ce qu'on disait affermi pour jamais : le temps roule ses flots sur ces vastes ruines... Qu'est-ce donc qui demeure?... Deux choses, seulement deux choses : *Dieu et la Liberté...* »

Cette devise, inscrite en caractères flamboyants, au-dessous d'une croix lumineuse, dominant le livre saint et les clefs de saint Pierre, faisait rougir les uns, mais fascinait les autres. L'effet produit fut immense.

« Chaque matin, sous l'influence de ce principe que « la liberté ne se donne pas, mais se prend, » chaque matin on sonnait la charge, chaque matin on enregistrait les faits d'armes de la veille et on disait l'ordre de la journée. On parlait au clergé comme à une armée rangée en bataille ; on lançait en éclaireurs les plus ardents ; on stimulait le zèle des retardataires ; on attachait au pilori les déserteurs. Les chefs étaient harangués, les plans de campagne indiqués d'avance sans rien craindre des espions, car l'ennemi était loyalement prévenu, mais en même temps signalé et poursuivi à outrance. Oh ! la grande lutte !... Les ennemis passaient devant le camp des vaillants de l'Eglise, et, forcés d'admirer, ils inclinaient leur drapeau et saluaient de l'épée.

« Et pourtant on ne les ménageait pas. Philosophes, briseurs de croix, ministres, ombres de proconsuls, doctrinaires, bourgeois, gallicans, tous étaient attaqués à la fois. Les résistances irritaient la fougue des combattants : il semblait que le soleil se coucherait toujours trop tôt sur leur belliqueuse ardeur. La patience et les ménagements étaient peu en faveur dans cette stratégie. On voulait non pas demain, mais tout de suite ; on arracherait de vive force et à la pointe de l'épée ce qu'on refusait d'accorder de bonne grâce (1). »

Rien n'arrêtait l'audacieuse parole des nouveaux apôtres ; aussi on se disputait les numéros et on se passionnait pour les

(1) P. Chocarne, *Vie du P. Lacordaire* et Mgr Ricard, *Lamennais.*

idées émises. Grand nombre de laïques et presque tout le jeune clergé se déclaraient enthousiastes du journal. Par bonheur, les évêques restaient défiants ; le jour vint où, après avoir gardé un prudent silence, ils crurent devoir déclarer qu'ils ne pouvaient accepter la ligne de conduite tracée par l'*Avenir* et plusieurs l'interdirent dans leur diocèse.

Peu à peu le flot des opposants monta et Lamennais, retiré de nouveau à la Chesnaie, retomba dans ses idées sombres ; l'orage l'accablait encore. Un soir qu'il se croyait seul en méditation dans la petite chapelle, deux de ses disciples le surprirent à épancher son âme rêveuse et attristée :

« Mon âme, disait-il, pourquoi es-tu triste ? Est-ce que le soleil n'est pas beau ? Est-ce que sa lumière n'est pas douce, à présent que l'on voit et les feuilles et les fleurs, avec leurs mille nuances, éclore sous ses rayons, et la nature entière se ranimer d'une vie nouvelle ? Tout ce qui respire a une voix pour bénir Celui qui prodigue à tous ses largesses. Le petit oiseau chante ses louanges dans le buisson, l'insecte les bourdonne dans l'herbe. Mon âme, pourquoi es-tu triste, lorsqu'il n'est pas une seule créature qui ne se dilate dans la joie, dans la volupté d'être, qui ne se perde dans l'amour ? Le soleil est beau, sa lumière est douce ; le petit oiseau, l'insecte, la plante, la nature entière a retrouvé la vie, et s'en imprègne, et s'en abreuve ; et je soupire parce que cette vie n'est pas venue jusqu'à moi, parce que le soleil ne s'est pas levé sur la région des âmes, qu'elle est demeurée obscure et froide. Lorsque des flots de lumière et des torrents de feu inondent un autre monde, le mien reste noir et glacé. L'hiver l'enveloppe de ses frimas comme d'un suaire éternel. Laissez pleurer ceux qui n'ont point de printemps... »

A ces tristesses, à cet abattement succède le trouble ; l'imagination du grand homme est hantée par des visions nocturnes qu'il raconte à ses disciples en un style qui semble emprunté à l'Apocalypse. Ecoutons plutôt :

« Des siècles et des siècles avaient passé ; c'était sur le soir d'un de ces longs jours qui sont les jours de Dieu ; le soleil, enveloppé d'un linceul de nuages blafards, était descendu sous l'horizon, la nuit se faisait, une atmosphère lourde, étouffante, pesait sur la terre ; troupeaux fatigués, les peuples gisaient dans ces vastes parcs qu'on appelle empires, royaumes, et de temps en temps soulevaient avec effort leur col meurtri du joug, pour trouver un peu d'air et rafraîchir leur poitrine brûlante : et ces parcs étaient gardés par des gens armés ; et toutes les fois qu'il s'y faisait le moindre mouvement, on entendait un cliquetis de chaînes. Et je regardais cela, et mon âme absorbée dans une profonde stupeur se troublait en elle-même, lorsqu'une voix : Fils d'Adam, que vois-tu? et comme je ne répondis point : Tu vois, dit-elle, les nations rachetées par le Christ !...

« Je pénétrai plus avant dans le temple, je parcourus de longues nefs désertes ; les voûtes se perdaient dans l'obscurité ; une horreur silencieuse l'environnait, et le frisson courait dans mes veines. Au fond du sanctuaire, sur un autel éclairé d'une lampe mourante, j'aperçus comme une grande ombre, je ne sais quoi d'inexprimable, une forme divine qui semblait plier sous des chaînes. Et je regardais cela, et ma chair tremblait, et mon front se mouillait d'une sueur froide, lorsqu'une voix : Fils d'Adam, que vois-tu? et comme je ne répondais point : Tu vois, dit-elle, le Christ, rédempteur du monde !...

« Alors, je tombai la face contre terre ; ma vie du temps fut comme suspendue, et ce qui se passa en moi n'a point de nom dans les langues humaines. Revenu à moi-même, je me retrouvai au milieu de la foule, et c'était un mélange inouï de pleurs et de joies insensées, de prières et de blasphèmes, des danses dans un tombeau, une orgie dans un lieu saint.

« Tout à coup, une sorte de tonnerre lointain, une rumeur sourde, confuse, horrible, ébranla les airs ; d'instant en instant, elle croissait ; les peuples effrayés demandèrent : Qu'est-ce que ce bruit? Et il leur fut dit : C'est le vent du Seigneur qui passe ! et les forêts s'inclinaient comme l'herbe ; et les colonnes des temples fracassés se heurtaient comme les genoux d'un homme pris de vin ; et les combles des palais, emportés tels que des brins de paille, disparaissaient dans la poussière, et les murs croulaient, et les trônes craquaient commme un morceau de bois sec sur le genou d'un enfant. Repoussés par la tempête, les fleuves débordaient, la mer surmontait les rivages, et toutes ses eaux, se mêlant, s'agitant, poussaient et repoussaient les débris; et on les voyait, roulés par les tourbillons, s'entasser, monter peu à peu du sein de l'abîme, et puis, dans le flux et le reflux des ondes, cette énorme montagne de ruines élevait au-dessus des flots sa tête fangeuse et ceinte de cadavres flottants comme d'une couronne. »

Hélas ! cette tempête, ce naufrage, ce désordre des éléments, ils ont un sens significatif dans la bouche de Lamennais : l'infortuné grand homme le prévoyait-il ? L'orage commençait à gronder, bientôt la foudre éclatera.

Elle commença par la voix des évêques : en certains diocèses l'*Avenir* fut signalé comme dangereux et sa lecture interdite. A ce coup direct, qui se répéta trop souvent, comment répondre ? Le silence eut été plus prudent ; tant que Rome ne parlait pas, on pouvait continuer en sûreté de conscience. Mais la prudence n'était pas la qualité maîtresse des rédacteurs du journal : guidés par l'enthousiasme et la sincérité, plutôt que par l'esprit pratique, ils résolurent d'aller demander à Grégoire XVI ce qu'il pensait de leur doctrine et de leur attitude.

Ils partirent trois — Lamennais, Lacordaire et Montalembert, — tous trois se proclamant « pèlerins de Dieu et de la liberté. » Ils traversèrent la France en triomphateurs, et se dirigèrent vers la Ville éternelle.

Ils allaient le cœur plein d'espérance et il semble que la brise des pays enchanteurs qu'ils parcouraient commençât de déposer sur leur front le souffle rafraîchissant qu'ils cherchaient. Jamais la plume de Lamennais n'a été plus gracieuse et plus riante :

« Après nous être arrêtés un peu dans la vieille colonie des Phocéens, toujours florissante par son commerce, toujours hospitalière, nous continuâmes notre route, retrouvant à chaque pas quelque grave ou touchant souvenir d'histoire. Ici Toulon, où commença, sous les plis d'un drapeau sanglant, la fortune merveilleuse du plus grand homme des temps modernes; au delà le golfe de Cannes, où elle parut se relever un moment, pour aller bientôt expirer solitaire sur un rocher de l'Atlantique ; et tout auprès, par un doux contraste avec les turbulents soucis et les rêves agités de l'ambition humaine, Lérins, cet asile de paix où, lorsque l'épée des Barbares démembrait pièce à pièce l'empire romain, s'abritèrent, comme l'alcyon sous une fleur marine, la science, l'amour, la foi, tout ce qui console, enchante et régénère l'humanité.

« D'Antibes à Gênes, la route côtoie presque toujours la mer, au sein de laquelle ses bords charmants découpent leurs formes sinueuses et variées, comme nos vies d'un instant dessinent leurs fragiles contours dans la durée immense, éternelle. Aucune parole ne saurait peindre la ravissante beauté de ces rivages toujours attiédis par une molle haleine de printemps. D'un côté, la plaine à la fois mobile et uniforme, où apparaissent çà et là quelques voiles blanches qui la sillonnent en sens divers. Sur la pente opposée, des montagnes qui coupent de fertiles vallées ou de profonds ravins, les inépuisables richesses d'une nature tour à tour imposante, gracieuse, qui s'empare de l'âme, y apaise les tumultueuses pensées, les amers ressouvenirs, les prévoyances inquiètes, et peu à peu l'endort dans la vague contemplation de je ne sais quoi d'insaisissable comme le son fugitif, de mystérieux comme l'univers et d'infini comme son auteur... »

Nous nous attardons à citer ces pages, parce que plus que nulle autre elles révèlent l'âme artistique de Lamennais ; mais le charme des côtes italiennes ne peut faire oublier au solitaire de la Chesnaie sa Bretagne chérie :

« Telle est, s'écrie-t-il, la puissance des premières impressions que, dans ces riantes et magnifiques scènes, rien pour moi n'égalait celles qui frappèrent mes jeunes regards : les côtes âpres et nues de ma vieille Armorique, ses tempêtes, ses rocs de granit battus par des flots verdâtres, ses écueils blanchis de leur écume, ses longues grèves désertes, où l'oreille n'entend que le mugissement sourd de la vague, le cri aigu de la mouette tournoyant sous la nue, et la voix triste et douce de l'hirondelle de mer.

« Ainsi s'en allaient vers la cité, pendant si longtemps dominatrice et reine, trois obscurs chrétiens, vrais représentants d'un autre âge pour la simplicité naïve de leur foi, à laquelle aussi peut-être se joignait quelque intelligence de la société présente, de son esprit, de ses besoins et de ses vœux, dont nulles résistances n'empêcheront l'accomplissement. »

Le 28 décembre 1831, les trois pèlerins entraient dans Rome; et Lamennais s'empressait de solliciter une audience de Grégoire XVI. A la grande surprise des fondateurs de l'*Avenir*, la réponse se fit longtemps attendre; ce fut un coup de foudre pour l'âme de ce prêtre si sûr de son droit.

Et quoi ? allait-il rencontrer une résistance de la part du Pontife suprême, de la part du successeur de Léon XII qui jadis avait réservé un accueil si flatteur à l'auteur de l'*Essai sur l'Indifférence ?*... Lamennais réfléchit à sa situation; il la trouva si grave, au cas où le Pape l'abandonnerait, qu'il refusa d'y croire : alors seulement il comprit la faute qu'il avait faite en venant à Rome.

Il était trop tard pour reculer ; des natures moins violentes que celles du prêtre breton auraient cédé et se seraient retirées devant cette froideur de la cour de Rome. Lacordaire le lui conseilla et sa parole ne suffisant pas, il lui donna l'exemple. Il s'éloigna, emportant, avec les plus tristes adieux à celui qu'il appelait son maître, les plus tristes pressentiments.

Lamennais resta, déclarant qu'il voulait une réponse claire, quelle qu'elle fût... La sentence se faisait toujours attendre : le Père hésitait à frapper ce fils qui avait jadis si noblement mérité du Saint-Siège. Mais ne comprenant rien à tant de longanimité, Lamennais se lassa et s'écria :

« Puisqu'on ne veut pas me juger, je me tiens pour acquitté, » et il annonça au monde l'intention de reprendre la publication de l'*Avenir*.

C'en était fait : la rupture était complète. Ainsi défié, le Souverain Pontife ne pouvait se taire.

Lamennais avait quitté Rome et rentrait en France par l'Allemagne ; il se trouvait à Munich où Lacordaire et Montalembert l'avaient rejoint. Aux trois illustres voyageurs, les écrivains et les artistes les plus éminents de la ville avaient offert un banquet.

« La réunion était animée, cordiale. L'un des présidents de la table venait de boire à l'union des catholiques de France et d'Allemagne... Un domestique s'approche de Lamennais, lui dit quelques mots à voix basse. Lamennais quitte la table; on fait silence.

« Peu d'instants s'écoulent. Lamennais revient, la figure bouleversée, l'œil en feu, tenant à la main un pli, dont le large sceau avait dû être brisé fiévreusement. On se regardait, il se tut.

« Les conversations essayèrent de se renouer, mais en vain. On sortit de table. En quittant la salle du festin, le maître, d'une voix saccadée, basse, mais résolue, avait dit à ses deux compagnons :

« — Je viens de recevoir une Encyclique du Pape contre nous... Nous ne devons pas hésiter à nous soumettre (1) !... »

Tel fut le premier élan chez le prêtre dont la foi n'était pas morte encore ; sa conscience parla d'abord plus haut que son orgueil, pourtant si douloureusement blessé. Il eut la force de rentrer dans sa chambre d'hôtel et là de rédiger un acte de soumission au Saint-Siège qui eut été sa gloire, s'il fut resté définitif.

Puis tandis que Rome se réjouissait déjà de cette déclaration, et comparait le fondateur de l'*Avenir* à Fénelon, Lamennais rentrait à la Chesnaie avec ses disciples.

Cette maison reprit son caractère accoutumé, mélange de solitude et d'animation ; mais, a écrit Lacordaire, « si les bois avaient leurs mêmes silences et leurs mêmes tempêtes, si le ciel de l'Armorique n'était pas changé, il n'en était pas de même du cœur du maître. La blessure y était vivante, et le glaive s'y retournait chaque jour par la main même de celui qui aurait dû l'en arracher, et y mettre à la place le baume de Dieu. Des

(1) Mgr Ricard, p. 238.

nuages terribles passaient et repassaient sur ce front déshérité de la paix. Des paroles entrecoupées et menaçantes sortaient de cette bouche qui avait exprimé l'onction de l'Evangile ; il me semblait parfois que je voyais Saül ; mais nul de nous n'avait la harpe de David pour calmer ces soudaines irruptions de l'esprit mauvais, et la terreur des plus sinistres prévisions s'accroissait de jour en jour dans mon esprit abattu. »

Un soir vint où le disciple crut ne pouvoir suivre le maître plus longtemps dans la voie dangereuse où il s'engageait. Le 11 décembre 1832, Lacordaire brusquait son départ, en confiant à la plume des adieux entrecoupés de larmes :

« Je quitterai la Chesnaie ce soir. Je le quitte pour un motif d'honneur, ayant la conviction que ma vie vous serait désormais inutile, à cause de la différence de nos pensées sur l'Eglise et la société... Ma conscience m'y oblige non moins que l'honneur, car il faut bien que je fasse de ma vie quelque chose pour Dieu ; et, ne pouvant vous suivre, que ferais-je autre chose que vous fatiguer, vous décourager, mettre des entraves à vos projets et m'anéantir moi-même?... Jamais vous ne saurez que dans le ciel combien j'ai souffert depuis un an par la seule crainte de vous causer de la peine... »

Lacordaire s'en allait le cœur déchiré, mais sa foi imposait silence à son cœur. Après avoir fermé sa lettre, il se leva et partit. « A un certain point de la route, raconta-il plus tard, je l'aperçus à travers les taillis avec ses jeunes disciples ; je m'arrêtai et regardai une dernière fois ce malheureux grand homme... »

En apprenant cette fuite, Lamennais eut un cri de suprême douleur, mais au lieu d'être éclairé, il ne fit que s'endurcir dans son obstination, et il rédigea le livre fatal qui a pour titre : *Les Paroles d'un Croyant*.

Œuvre étrange que lui seul pouvait écrire. « On y trouve à la fois le verbe sublime et farouche des prophètes, et la langue indulgente de l'Evangile ; on y trouve la grâce et la force, une résignation céleste et d'infernales révoltes ; on y trouve une tendresse de cœur sans exemple et des haines atroces, implacables, poussées jusqu'à la plus noire fureur (1). » C'est au nom du Dieu du ciel, que Lamennais porte la hache au pied des trônes et la torche sous les autels.

« L'effet fut prodigieux. L'opuscule traduit dans toutes les langues de l'Europe ébranla le vieux monde. Le peuple surtout le dévora avec d'immenses clameurs et de sauvages menaces... Même dans le camp républicain, les *Paroles d'un Croyant* furent jugées sévèrement. Raspail les déclara conçues dans un moment de délire et ne fut pas le seul de son avis. Mais surtout les hommes modérés les stigmatisèrent comme elles le méritaient. Ils virent dans ces pages l'apocalypse de Satan, « une apocalypse toute bariolée de prières et de blasphèmes, » ajoute Nettement (2). »

C'est alors que Grégoire XVI fulmina l'Encyclique *Singulari nos*, réprouvant le livre et condamnant le système philosophique de l'écrivain.

Ce fut le dernier coup porté à l'école menaisienne : pour la dernière fois le prêtre monta à l'autel; pour la dernière fois il ouvrit la porte du tabernacle et en retira le Dieu de l'Eucharistie qu'il distribua encore à ses disciples ; puis cette porte se referma, le prêtre descendit les degrés de l'autel... il ne devait jamais plus les gravir.

Serrant pour la dernière fois la main d'Elie de Kertangui, d'Eugène Boré, de François du Beil, de Maurice de Guérin, l'infortuné solitaire « vit s'évanouir l'une après l'autre ses vieilles affections, il dépouilla la pourpre de ses divines croyances, et, roi pour toujours découronné, seul, honteux, chancelant dans son ivresse d'orgueil et de haine, au seuil de sa cinquante-troisième année, brisé par des infirmités précoces, il ferma les yeux à la lumière catholique et se laissa glisser dans la démagogie (3). »

A son tour Lamennais quitta la Chesnaie n'emportant que sa triste devise, ces paroles fatidiques : *Je romps et ne plie pas*, écrites sous un chêne brisé par l'orage. Alors commença à Paris

(1) F. Courchinoux.
(2) *Id.*
(3) *Les Contemporains*, n° 26.

cette vie de misère et d'humiliation où l'infortuné prêtre consuma son existence. Dans ce ciel noir, il n'y eut qu'une lueur ; c'est quand, en 1848, à l'heure de l'avènement de cette république qu'il appelait de ses vœux, le département de la Seine l'envoya siéger à l'extrême gauche de la Chambre des députés. Il n'y fit cependant que triste figure : là encore tout lui rappelait le passé.

Un jour à la tribune, il débitait de cette voix sombre et caverneuse qui faisait tressaillir, une de ces harangues enfiellées où la haine de l'Eglise qu'il avait si glorieusement servie, débordait en une sorte de torrent de rage et de fureur mal concentrée. Tout à coup il s'interrompt et, enveloppant la Chambre entière d'un regard enflammé, il s'écrie d'une voix stridente comme un sarcasme :

« Quand j'étais prêtre !...

« — Monsieur, cria aussitôt un interrupteur, prêtre, on l'est toujours !... »

C'est ainsi qu'en vain le maître de la Chesnaie cherchait l'oubli ; ses amis comme ses ennemis dressaient devant lui le spectre de son ordination sacerdotale. Enfin, dans les premiers jours de 1854, la mort vint frapper à sa porte. Etait-ce la fin, était-ce la délivrance ?...

Hélas ! le malheureux eut voulu pouvoir le croire... Son orgueil ne put céder ; six semaines durant, il lutta contre ses remords, contre les sollicitations de ses anciens amis, de ses anciens disciples, et si son cœur, dans l'instant final, se rapprocha de Dieu, le monde n'en sut rien !...

Quand, le 1er mars, on porta son corps directement au cimetière sans passer par aucune église, comme il l'avait désiré, le fossoyeur demanda :

« — Y a-t-il une croix ?

« — Non, » fut-il répondu, et la terre tomba lourde et pesante sur la dépouille de celui que l'Eglise un moment avait rêvé d'honorer de la pourpre.

Une des plus tristes pages de notre histoire religieuse au XIXe siècle venait de se clore !...

Aujourd'hui qu'un demi-siècle a passé sur sa tombe, et que le temps a voilé l'impression de cette désastreuse défection suprême, nous devons rendre justice à l'auteur de l'*Essai sur l'Indifférence*. Nous redirons donc avec Louis Veuillot :

« Nous ne pouvons oublier que M. de Lamennais a rendu à la religion d'immenses services ; il a eu le premier toutes les idées que nous défendons, il a fait la brèche par où nous essayons de passer, et, tout en détestant ses fautes, il nous appartient bien plus de le plaindre et de prier pour lui que de l'invectiver. »

Monseigneur GERBET

**Le Disciple de Lamennais. — Le Chantre de Rome.
Le Défenseur de l'Eglise.**

(1798-1864)

Le premier titre de gloire de Lamennais devant la postérité ne sera peut-être pas d'avoir écrit l'*Essai sur l'Indifférence*, mais plutôt d'avoir été le fondateur et le chef écouté de l'Ecole menaisienne, de cette école dont le mérite fut de comprendre les besoins de son temps. Si le maître prévariqua et oublia ses serments, les disciples eurent la gloire de rester tous fidèles et de garder l'honneur de combattre aux premiers rangs dans la lutte religieuse.

En cette mêlée héroïque, après Lacordaire et Montalembert, que nous retrouverons ailleurs (1), le premier rang appartient à Mgr Gerbet.

I

Si la Bretagne vit naître Chateaubriand et Lamennais, la Savoie Joseph de Maistre, le Rouergue le vicomte de Bonald, il était réservé à la Franche-Comté de donner le jour à Mgr Gerbet.

Philippe Gerbet naquit à Poligny (Jura), le 5 février 1798, d'une famille riche et honorée, mais surtout chrétienne. Aussi,

(1) Ce livre aura pour suite un second ouvrage, qui aura pour titre *Par la Parole*, où trouveront place tous nos grands orateurs.

dès sa première communion, il forma la résolution bien arrêtée de se consacrer tout entier au Dieu qu'il recevait pour la première fois; ses études littéraires terminées, il alla donc frapper à la porte du séminaire de Besançon.

A cette heure l'élan ne portait guère de ce côté. « Je me figure, dit son biographe, qu'au moment où il quittait sa famille, il eût été rencontré par quelque haut dignitaire de l'Empire, un général, — il y en avait alors un peu sur tous les grands chemins, recrutant des hommes pour combler les vides de la Grande-Armée. — En voyant ce jeune homme à la taille élancée, à la physionomie ouverte, il s'approche, espérant peut-être faire une heureuse recrue :

— Où allez-vous ainsi, jeune homme ?

— Monsieur, je vais me faire prêtre.

— Prêtre ! Il n'y en a donc pas assez ? Mais pourquoi voulez-vous faire prêtre?

— Pour enseigner la religion et pour la défendre.

— Vous allez défendre là une cause perdue. Ne savez-vous pas que le Pape est en prison ? L'Empereur vient de le faire venir à Fontainebleau, et après celui-ci il n'y en aura plus d'autre.

— En êtes-vous bien sûr?

— Vous feriez bien mieux de vous enrôler dans les armées de l'Empereur : d'ici à quelques années, il sera le maître du monde.

— Vous ignorez sans doute, Monsieur, que celui à qui Dieu a donné le monde est Jésus-Christ, dont le Pape est le vicaire ?

— Vieilleries que cela !... Mais enfin, mon ami, pourquoi voulez-vous vous faire prêtre ? Est-ce que vos parents n'ont pas de fortune?

— Mes parents sont riches, et j'aurais pu, en continuant leur honorable profession, vivre dans l'aisance.

— Est-ce qu'on ne vous a pas trouvé assez d'esprit pour faire autre chose?

— Je viens de terminer mes études, et mes maîtres ne m'ont pas trouvé plus bête qu'un autre.

Ne comprenant rien à ce langage, le général s'éloigne, en murmurant assez haut pour être entendu :

— Fanatisme (1) !

Il disait plus vrai qu'il ne pensait ; à cette époque il fallait en effet une foi bien robuste pour entraîner vers la milice sacerdotale une âme jeune, intelligente, devant qui s'ouvraient toutes les carrières conduisant à la fortune et aux honneurs ; il fallait, en un mot, la main de Dieu qui se choisissait ses défenseurs.

A Besançon, Philippe Gerbet eut pour professeur de philosophie l'un des hommes les plus singuliers et les plus habiles de son temps ; il s'appelait l'abbé Astier. On vantait ses distractions, mais aussi sa science, son esprit vif, son cœur d'or et cette influence qui lui gagnait l'affection de tous ses élèves.

Philippe Gerbet subit l'ascendant comme tous, mais « à la différence des élèves qui ne copient que les défauts de leur maître, il ne prit de M. Astier qu'un goût passionné pour les études philosophiques, avec quelques habitudes familières aux esprits distraits. On se figure difficilement aujourd'hui, avec le discrédit qui a frappé les hautes spéculations et la méthode actuelle des professeurs de nos facultés, quels étaient l'avide empressement et les préoccupations studieuses des cent vingt élèves de l'abbé Astier. Ils allaient le chercher à sa demeure, lui faisaient escorte le long des rues et le ramenaient chez lui, non sans s'arrêter autour d'une borne ou sous une porte cochère, pendant des heures entières, pour prolonger, quelques-uns par malice, la plupart par envie de s'instruire, la leçon que le professeur finissait trop tôt à leur gré. Les élèves discutaient, l'abbé Astier s'emportait parfois, le jeune Gerbet écoutait surtout. Les promenades du jeudi n'étaient pour le maître, amoureux de la vérité, que de nouvelles occasions de voir plus familièrement et d'intéresser plus longuement la jeunesse bisontine. Partout M. Gerbet était au premier rang. On l'appelait le bras droit de M. Astier, son élève chéri, l'espoir de la science (2). »

(1) Mgr de Ladoue, *Gerbet et l'École menaisienne.*
(2) Mgr Besson, *Étude sur Mgr Gerbet.*

Pendant ses vacances le jeune philosophe rencontra Jouffroy, l'un des plus brillants élèves de l'Ecole normale supérieure, qui, « dans le premier orgueil de la jeunesse et de la science et avec l'auréole au front, » ne dédaigna point de discuter avec l'élève de l'abbé Astier. Celui-ci sut défendre ses positions et se placer sur un terrain où il put attendre de pied ferme son adversaire, plus âgé et plus rompu à la discussion.

De la philosophie, Philippe Gerbet passa à l'étude de la théologie et s'assura encore la première place parmi des émules qui s'appelaient Gousset, Doney, Blanc, Receveur et Gaume ; puis, pour compléter ses études et aussi sa formation ecclésiastique, il se rendit à Paris, au séminaire Saint-Sulpice.

C'est là qu'il rencontra pour la première fois l'abbé de Salinis ; entre ces deux âmes douées d'aspirations communes, il se forma une de ces amitiés précieuses que la mort seule peut rompre. Nature tendre, rêveuse, moins faite pour les réalités pratiques de la vie que pour les spéculations de l'esprit, l'abbé Gerbet « avait, plus qu'un autre, besoin d'un ami qui suppléât à ce qui lui manquait, tout en étant en communion d'idées avec les siennes. Or, il se trouva que Salinis avait, des besoins de son temps, des aspirations du prêtre au XIXe siècle, de la sainte Eglise et de Rome, les mêmes intuitions que Gerbet. Dès lors, entre les deux séminaristes, que Dieu destinait à être un jour les princes de son peuple, s'établit une amitié, ou mieux une union si complète de l'esprit, du cœur, de l'âme, que l'on eût dit Jonathas et David. Quarante années durant, ces deux grands hommes marcheront dans les sentiers les plus glorieux de l'Eglise de France, la main dans la main, sans que rien vienne jamais ternir ce pur et doux attachement (1). »

Quand la mort vint les séparer, ce fut Gerbet qui, sur la tombe de son ami, fit entendre l'adieu suprême :

« Mes frères, dit-il, je suis appelé, par une vieille et sainte amitié, à vous adresser quelques paroles dans cette heure si tristement solennelle. On a désiré que celui qui a si bien connu

(1) DE LADOUE, *Notice sur Mgr de Salinis* et RICARD, *Gerbet, Salinis et Rorbacher*. Voir pour ce chapitre ces deux ouvrages intéressants auxquels nous ferons plus d'un emprunt.

votre grand archevêque, vous laissât, pour consolation dernière, une image de sa vie, telle qu'on peut le faire à la hâte, dans ces instants troublés que nous venons de passer près de son lit de mort. Je vous apporte des souvenirs de quarante ans. Nos affections, nos travaux ont été, durant ce long espace de temps, tellement entremêlés qu'il fallait, ce semble, que ce mélange se produisît jusqu'à la fin, et qu'à la voix qui sort de cette tombe pour vous prêcher encore vos devoirs, vînt se joindre la mienne pour proclamer vos regrets. Ma douleur eut mieux aimé garder le silence; mais un autre sentiment m'invite à parler. Nous avons besoin, moi, de lui offrir, vous, de recueillir pour lui ce suprême hommage, par lequel on fait ses adieux non plus à l'âme qui part, mais au corps qui s'en va. Nous avons besoin de nous représenter quelques traits impérissables de cette grande âme, au moment où ce cercueil, qui déjà nous cache ses traits mortels, est sur le point de disparaître aussi. »

L'amitié de l'abbé de Salinis décida de la vie de Gerbet, car ce fut lui qui le conduisit et le présenta à Lamennais. Les deux amis venaient d'être ordonnés prêtres et l'abbé Gerbet se trouvait alors dans tout l'épanouissement de son talent de jeunesse. « Il avait naturellement les fleurs du discours, a dit Sainte-Beuve, le mouvement et le rhythme de la phrase, la mesure et le choix de l'expression, même l'image, ce qui, en un mot, deviendra le talent d'écrire. Il y joignait une faculté de dialectique élevée, déliée, fertile en distinctions, les multipliant parfois et s'y complaisant, mais ne s'y perdant jamais. »

Ces qualités l'avaient fait choisir comme professeur suppléant à la chaire de théologie morale, à la Sorbonne; mais l'abbé de Salinis qui occupait les fonctions d'aumônier au lycée Henri IV, ayant besoin d'un collaborateur, obtint d'avoir près de lui son ami, l'abbé Gerbet.

Comprenant la disposition d'esprit des jeunes gens auprès desquels ils étaient appelés à exercer leur apostolat, les deux aumôniers leur distribuaient un enseignement en rapport avec leurs aspirations. Cette parole pleine de doctrine et de charme littéraire avait plein succès et attirait non seulement au pied de leur chaire, mais aussi dans leurs appartements, une jeunesse avide de vérité et d'idéal (1).

Là se tenaient des conversations élevées sur l'état social de la France, sur ses besoins et sur les harmonies de la religion catholique avec le cœur humain. L'auteur de l'*Essai sur l'Indifférence* venait souvent mêler sa voix à ces graves entretiens ; et c'est de l'un d'entre eux que naquit un jour le projet de s'unir pour travailler à une œuvre commune, belle et grande entre toutes : celle de la réconciliation de la société moderne avec le catholicisme.

L'école de la Chesnaie était fondée et les deux premiers disciples étaient les deux aumôniers d'Henri IV.

Nous avons dit déjà ce qu'était cette oasis au milieu des landes de la Bretagne, cette vie de prière et d'étude, guidée par la haute direction du génie ; il nous reste à définir quel fut dans ce concert d'efforts le rôle de Gerbet. Gerbet compléta et modéra Lamennais.

Le maître avait au degré suprême les qualités brillantes du chef d'école ; son esprit hardi et vigoureux lui ouvrait comme de vive force les vues et les perspectives les plus reculées, et il pouvait contraindre toute raison à s'incliner devant l'autorité divine, mais pour parler le langage qui touche les cœurs, qui fait aimer l'Eglise et sa doctrine, sa voix était impuissante.

Il avait donc besoin d'avoir à son service une plume auxiliaire, plus retenue, plus douce, plus fine, qui ôtât l'aspect d'une menace et d'une révolution à ce qui ne prétendait être qu'une expansion plus ouverte et un développement plus accessible du christianisme. Ce fut l'abbé Gerbet qui donna au système de Lamennais son caractère de persuasion et de conciliation ; « il en adoucit et en gradua les pentes, » tel fut à proprement parler son rôle en cette période de sa jeunesse.

Ceci ne veut pas dire que l'abbé Gerbet n'occupât dans la lutte qu'un poste effacé ; non, il combattait aux premiers rangs. C'est dans le *Mémorial catholique*, revue mensuelle fondée par son ami de Salinis, qu'il donna les premiers coups.

(1) L. DE LA SAVE, *Les Contemporains*, nº 87.

L'ennemi était alors le gallicanisme : « Gerbet y développa ses idées avec modération et modestie, mais en même temps avec ce feu et cette confiance que donne la jeunesse. Les anciens théologiens formalistes ou rationalistes résistèrent et se scandalisèrent au nom des traditions scolaires et classiques. Mais ils avaient affaire, dans l'abbé Gerbet, à un homme qui connaissait les Pères, qui les lisait et les possédait à fond (1). » Tout en maintenant l'immutabilité de la doctrine, il se plaisait à remarquer que l'ordre d'explication scientifique, malgré les déviations passagères, avait suivi une loi de progrès dans l'Eglise et s'était développé successivement ; il le démontrait par l'histoire même du christianisme.

Du *Mémorial catholique*, l'abbé Gerbet transporta à l'*Avenir* les ressources de sa dialectique vive et serrée, sa verve satirique, ses reparties spirituelles et enjouées, ses saillies caustiques qui étonnaient ses amis et déroutaient ses adversaires.

« Quand nous étions, racontait-il plus tard, réunis le soir dans les bureaux de la rédaction, de Caux, Lacordaire et moi, nous sentions comme un feu qui circulait dans nos veines et qui faisait marcher notre plume presque à notre insu. »

Ce feu, c'était celui de la fièvre, et le tempérament maladif de l'abbé Gerbet ne pouvait que se consumer promptement à ce labeur hâtif du journalisme. Il dut quitter pour un temps le champ de bataille et revenir à la Chesnaie.

Cette vie de prière et d'étude dans la méditation, le grand air et la liberté, convenait mieux à sa nature suave et aimante ; il était là véritablement dans son milieu et ses qualités y brillaient à l'aise. Aussi sa présence a-t-elle laissé une impression très vive dans les souvenirs des hôtes de la Chesnaie. Disciple du grand homme, il est pour les autres un maître, un maître doux et respecté.

Voici comment Maurice de Guérin le présente à sa sœur :

« Le soir après souper nous passons au salon... M. de Lamennais se jette dans un immense sofa, vieux meuble en velours cramoisi râpé. C'est l'heure de la causerie. Alors si vous entriez

(1) L. de la Save.

dans le salon, vous verriez là-bas, dans un coin, une petite tête, rien que la tête, le reste du corps étant absorbé par le sofa, avec des yeux luisants comme des escarboucles, et pivotant sans cesse sur son cou ; vous entendriez une voix tantôt grave, tantôt moqueuse, et parfois de longs éclats de rire aigus : c'est notre homme. Un peu plus loin, c'est une figure pâle, à large front, cheveux noirs, beaux yeux, portant une expression de tristesse et de souffrance habituelle, et parlant peu : c'est M. Gerbet, le plus doux et le plus endolori des hommes. »

Aussi l'intimité s'établit bien vite entre le prêtre et le jeune gentilhomme. Nous le trouvons qui pose à l'abbé Gerbet jusqu'aux cas de conscience de sa sœur, l'aimable poète du Cayla :

« Je sors à l'instant de chez M. Gerbet ; je lui ai proposé ton cas de conscience, qui l'a d'abord fait sourire ; puis il m'a dit : Mademoiselle votre sœur peut s'occuper, en toute sûreté de conscience, de littérature et de poésie. Il n'y aurait de mal à faire des vers qu'autant que ce travail entraînerait la négligence des devoirs et des soins de famille. Il faut aussi prendre garde à ne pas se laisser emporter par l'imagination si loin dans l'ordre idéal, qu'on se prenne de dégoût pour l'ordre réel et que la vie imaginative nuise à la vie pratique. Il n'y a pas d'autre danger à cela, et je suis bien persuadé que Mademoiselle votre sœur saura s'en garder. Il n'y a pas au monde de délassement plus innocent que la poésie. Si l'on défend la poésie aux femmes, il faut aussi leur proscrire la musique : la poésie et la musique, c'est tout un, elles conviennent également aux femmes. Encore un coup, rassurez-la (1)... »

Charmée de la décision, Eugénie de Guérin exprimait à son frère un vœu qui nous révèle la perspicacité de son jugement sur l'abbé Gerbet :

« Quels torrents de foi et d'amour t'inondent dans ta solitude de la Chesnaie ! tu me représentes un religieux à Clairvaux, du temps de saint Bernard. Seulement M. de Lamennais me semble un peu moins doux que cet aimable saint ; mais M. Ger-

(1) Maurice DE GUÉRIN, *Journal et lettres*, p. 54.

bet a la suavité d'un ange. Je te préfèrerais sous sa direction toute d'amour et d'humilité. Recueille bien les conférences qu'il vous fait, et que tu destines à tes sœurs, les anachorètes du Cayla. Je suis au reste fort satisfaite de sa décision ; veuille bien lui en témoigner mes remerciements et combien je serais charmée de l'avoir toujours pour mon casuiste (1). »

Les appréciations d'un autre disciple de la Chesnaie complètent cette esquisse de la physionomie de Gerbet :

« L'aimable et platonique abbé Gerbet occupait toujours, à mes yeux du moins, la première place dans ce *Portique* chrétien, dont il était la lumière pure en même temps que le charme. Mais il y avait dans son esprit des inquiétudes et de la rêverie. Ce visage, habituellement si calme, laissait voir par moments des signes de préoccupations pénibles, qui le faisaient ressembler à celui d'un ange commis à la garde d'un temple dont il pressentait la ruine prochaine et peut-être la profanation. »

Plus loin, il ajoute que si l'abbé Gerbet parlait peu habituellement, il avait « une manière originale, et toute à lui d'effectuer, au cœur même de la conversation, des rentrées ou charges imprévues, succédant alternativement à certaines pauses ou absences demi-rêveuses, illuminées tout à coup par un éclair charmant, qui faisait tout aimer et apprécier en cet homme, même les distractions (2). »

Puis c'est le tour de Charles Sainte-Foi qui, aux heures de tristesse et de mélancolie sombre, nous représente Gerbet, comme le consolateur du maître attristé, et le David d'un nouveau Saül :

« Le baromètre de son humeur (à M. de Lamennais) était sujet à bien des variations, et souvent dans l'espace d'un jour, il descendait de beau fixe à tempête... Dans ces circonstances, c'était l'abbé Gerbet qui faisait les frais de la conversation et qui, avec une grâce charmante, cherchait à voiler à nos yeux les tristesses de son maître, et à interposer entre son humeur chagrine et notre curiosité inquiète les saillies douces et aimables de cet esprit toujours si placide et si serein. »

(1) Eugénie de Guérin, *Lettres*.
(2) Du Breuil de Marzan, *Impressions et souvenirs*.

Lamennais aimait la musique et goûtait les œuvres d'art ; mais c'était la simplicité qui le charmait davantage :

« Les chants de l'Eglise, dit le même narrateur, et les vieux cantiques le touchaient quelquefois jusqu'aux larmes. Jamais je n'oublierai les extases de cet homme lorsqu'il faisait chanter à l'abbé Gerbet une mélodie que Choron avait découverte et qu'il avait adaptée à l'hymne de la Toussaint : *Cœlo quos eadem.* Mais il fallait qu'elle fût chantée par l'abbé Gerbet ; car lui seul savait donner à sa voix ces inflexions qui sont comme les notes intérieures et immatérielles du chant, et qui sont aux notes invisibles ce que l'esprit est au corps. Vous auriez vu alors sa figure longue et sévère s'épanouir et comme se dissoudre dans un sourire triste et doux, et le feu de son regard se voiler sous un nuage humide (1). »

C'est ainsi que Gerbet était le trait d'union entre le maître et les disciples. Tout en sauvegardant son indépendance d'esprit, dans la même mesure que Lacordaire, il n'abandonna pas Lamennais et lui garda la consolation de sa présence aussi longtemps qu'elle fut possible.

« Sa liaison avec Lamennais auquel il s'était prêté et comme donné durant tant d'années, n'eut pour limite et pour terme, a dit Sainte-Beuve, que la révolte finale de ce grand esprit immodéré. L'abbé Gerbet, après avoir rempli tous les devoirs d'une religieuse amitié, avoir attendu, avoir patienté et espéré, se retira en silence. »

La séparation n'était pas une rupture, c'était un éloignement, triste et plein d'inquiètes prévisions. En effet, pendant que Gerbet allait frapper à la porte de Juilly pour y rejoindre son ami l'abbé de Salinis, Lamennais s'enfermait dans sa solitude et y poussait tout à coup ce cri de révolte qui fit tressaillir l'Europe entière.

A la vue de l'Eglise souffletée par les *Paroles d'un Croyant*, tous les yeux se tournèrent vers Gerbet, et le cœur meurtri, le disciple, après bien des hésitations, dut prendre la plume

(1) Charles SAINTE-FOI, *M. de Lamennais.*

pour réfuter celui qu'il aimait tant, mais aussi pour venger sa mère :

« Grand Dieu ! s'écrie-t-il en commençant, pourquoi faut-il que ce soit moi qui sois chargé de montrer le fond de ce précipice ?... On sent tout ce que ces paroles me coûtent. Celui qui déclare une guerre ouverte à l'Eglise, qui prophétise sa chute, qui n'a pas craint d'outrager l'auguste vieillard que la chrétienté salue du nom de Père, a en moi un ancien ami qui l'aime d'une amitié née au pied des autels, et qui avait pour lui, je le crois, autant de dévouement qu'aucun des nouveaux amis qui sont venus courtiser sa révolte. A ce souvenir, je tombe à genoux, offrant pour lui à Dieu des prières dans lesquelles il n'a plus foi, et je ne me relève que pour combattre, dans l'ami de ma jeunesse, l'ennemi de tout ce que j'aime d'un éternel amour. »

Depuis, le nom de Lamennais ne se trouva plus sur les lèvres de Gerbet ; il se contenta d'en porter le souvenir dans ses entretiens solitaires au pied des tabernacles :

« O Dieu, s'écriait-il alors, j'unis ma pauvre prière à ces gémissements infinis des saintes âmes qui s'élèvent vers vous de tous les coins du monde où son nom est parvenu, afin que la vraie vie lui revienne avec abondance et surabondance, afin qu'il porte le repentir si haut que les anges du ciel aient bien peu à descendre pour se réjouir près de lui, afin que le Père commun, de ses bras toujours ouverts, le pressant enfin contre son cœur, le bénisse de ces bénédictions que saint Ambroise fit descendre sur Augustin repentant, que ses amis, dans la vivacité de leur joie, doutent de leur douleur passée comme d'un songe, et que son frère oublie même qu'il l'a pleuré. »

Vingt ans durant, ce souvenir pénible oppressa le cœur de l'abbé Gerbet, jusqu'à ce qu'un jour vint où la nouvelle de la triste fin de l'apostat arriva aux oreilles du disciple des jours heureux.

Quel coup de foudre ! « Je vois encore, dit M. de Ladoue, la figure atterrée de l'abbé Gerbet. Trop affecté pour pouvoir parler, il se contenta de dire à Dieu : « Seigneur, grâce et miséricorde !... »

II

Après le naufrage de ses plus chères affections, l'abbé Gerbet avait trouvé au collège de Juilly, dirigé par M. de Salinis, un port de refuge, un abri tutélaire. Il y rencontrait tout « ce qui convenait à sa nature : des affections tendres et fortes, une bibliothèque richement pourvue, une existence exempte de soucis temporels (1). »

Gerbet en profita pour recommencer le combat avec plus d'ardeur que jamais : de concert avec l'abbé de Salinis et Montalembert, il fonda l'*Université catholique*, revue mensuelle qui dans la pensée de ses fondateurs n'était autre chose qu'une chaire de professeur, dont l'enseignement s'adressait à des élèves disséminés par tout l'univers.

Comme dans une université, les *Cours* étaient divisés en *Facultés*. Au début, ces Facultés étaient au nombre de cinq :

1° Faculté des sciences religieuses et philosophiques, avec les abbés Gerbet, de Salinis et Juste pour titulaires ;

2° Faculté des sciences morales, où professaient le comte de Coux et le vicomte de Villeneuve-Barganon ;

3° Faculté des lettres et arts, dirigée par l'abbé de Cazalis et par Rio ;

4° Faculté des sciences physiologiques, physiques et mathématiques, inaugurée par le brillant enseignement d'un saint-simonien converti, Margerin ;

5° Faculté des sciences historiques, avec des professeurs comme Edouard Dumont, Charles de Montalembert, Foisset, Douhaire, etc (2)....

Cette revue d'un genre tout nouveau avait pour but de faire

(1) *Les Contemporains*, loc. cit.

(2) Mgr Ricard : *L'Ecole menaisienne : Gerbet, Salinis et Rorbacher*, p. 65.

pénétrer l'esprit catholique jusque dans les rangs ennemis. Le succès fut inouï ; il était mérité.

« Jamais, dit un critique compétent, revue mieux rédigée n'eut de plus brillants commencements. On lisait au bas de chaque article ces noms illustres : l'abbé de Salinis, l'abbé Gerbet, Montalembert et vingt autres encore. Tous ces écrivain étaient jeunes et avaient un entrain de zouaves contre l'erreur qu'ils vainquirent à la française, avec un emportement discipliné. Dans chaque livraison de cette jeune et substantielle revue se trouvaient des cours *écrits* de théologie, de droit, d'histoire. Mais rien ne méritait l'attention au même degré que les pages dues à la plume de l'abbé Gerbet. On ne pouvait les lire sans se passionner pour les études théologiques. Le théologien de l'*Université catholique* était méthodique, clair, élevé. Il aimait la symétrie dans le raisonnement, et cette symétrie, tout à la fois réfléchie et spontanée, faisait que ses lecteurs retenaient aisément les doctrines les plus ardues (1). »

La revue continuée par M. Bonnetty devait vivre trente ans, et l'abbé Gerbet put suivre d'un œil satisfait les progrès de l'œuvre qui lui était chère.

Mais si l'esprit était toujours actif chez l'ancien disciple de Lamennais, le cœur restait sa faculté maîtresse, et mieux que personne il connaissait le langage qui atteint les âmes.

Alexandrine Alopens, la fiancée d'Albert de la Ferronnays, immortalisée par le *Récit d'une sœur* de Madame Craven, avait lu dans l'*Université catholique* plusieurs articles de l'abbé Gerbet, alors que, schismatique russe, elle préparait son retour à la vraie foi. L'impression causée par cette lecture avait été si vive qu'elle s'était écriée :

« Si je me fais catholique, je n'aurai pas d'autre confesseur que ce prêtre !... »

Le 31 mai 1836, elle se présentait pour la première fois au saint tribunal et, avant d'en franchir la mystérieuse entrée, elle hésitait, prise de peur. Mais quand elle en sortit, raconte Madame Craven, elle dit à Dieu :

(1) Léon GAUTIER, *Portraits littéraires.*

« O mon Père céleste ! quel prêtre tu m'as envoyé, surpassant tout ce que j'avais désiré trouver dans un confesseur ! »

L'abbé Gerbet, continue-t-elle, avait en effet l'âme essentiellement poétique et l'oreille ouverte à toutes les harmonies de la nature. « Il croyait aux harmonies des heures en faveur de certaines âmes, il croyait que le temps, si fantasque, si souvent rebelle à nos arrangements profanes, est, sous la main de Dieu, un rhythme souple et docile, qui obéit mieux que nous ne pensons aux convenances divines. »

Albert de la Ferronnays ne devait pas jouir longtemps de la conversion de celle qu'il aimait ; la mort, jalouse de son bonheur, l'épiait à quelques jours de son mariage.

L'abbé Gerbet « imagina pour Albert mourant une consolation suprême, et pour Alexandrine nouvellement convertie une émotion impérissable, en confondant dans un seul et même acte ce que Mgr de la Bouillerie a si admirablement nommé « le plus doux souvenir et la meilleure espérance, » une première communion et une communion dernière en viatique (1). »

Comme le malade ne pouvait, dit Madame Craven, aller à l'église, assister au saint sacrifice, le sacrifice vint à lui et, par une dispense miséricordieuse, sa chambre presque funèbre fut transformée en sanctuaire. En face de ce lit qui était déjà comme une espèce d'autel, où l'ami mourant du Christ offrait à Dieu sa propre mort, on éleva un crucifix et un autel où le mystère du Christ mourant allait se renouveler. La jeune épouse y suspendit des ornements et des fleurs, car une première communion est toujours une fête. Mais les broderies que sa main attacha au devant de l'autel rappelaient une autre fête : elles avaient été portées dans une autre cérémonie, et, après avoir été depuis lors mises à l'écart, elles sortaient de nouveau ; elles reparaissaient là comme pour nous dire que la joie de ce monde n'est qu'un tissu à jour, bien frêle, et que nos espérances ne sont guère qu'une parure qui se déchire.

(1) Mgr Ricard, *Gerbet*, p. 70.

Le sacrifice commença, il était minuit, mais l'épouse a raconté elle-même cette scène si impressionnante :

« Albert était au lit, il n'avait pu rester levé. Je me mis à genoux près de lui, je pris sa main, et c'est ainsi que commença la messe de l'abbé Gerbet. Je ne savais où j'étais, ce qui m'arrivait, lorsque, la messe s'avançant, Albert me fit quitter cette main, que je regardais comme si sacrée que, dans le moment le plus saint de ma vie, je ne croyais pas manquer à Dieu en la tenant. Albert me la fit quitter, en me disant : « Va, va, sois toute à Dieu. »

« L'abbé Gerbet m'adressa quelques paroles avant de me donner la communion, ensuite il la donna à Albert, en partageant l'hostie entre l'époux et l'épouse, — double viatique, pour lui de la mort, pour elle de la douleur, — puis je repris sa main. Je m'attendais à le voir mourir cette nuit (1). »

Quelques jours plus tard, Gerbet recevait à Juilly la fatale nouvelle avec les lignes suivantes de la veuve désolée :

« Monsieur, il a quelques heures qu'Albert m'a quittée. Sa mort a été douce, il est mort appuyé sur moi... »

Et huit jours plus tard elle reprend :

« Monsieur, il y a huit jours aujourd'hui qu'il n'est plus. Comme c'est long déjà ! et comme je déteste m'éloigner davantage du moment où il m'a parlé, où je l'ai vu encore, à moins que ce ne soit pour le rejoindre ! Quelquefois, j'espère que Dieu me fera cette grâce... Oh ! Monsieur, daignez m'assurer que je reverrai Albert. Vous, si bon, vous que Dieu doit tant aimer ; votre conviction m'y fera croire... »

A ces accents désolés, l'abbé Gerbet répondit par cet incomparable *Credo de la Douleur* où passent toute la tendresse de son âme et toute l'énergie de sa foi :

« Je crois, ô mon Dieu, qu'en souffrant avec résignation, j'achève en moi la passion du Christ.

« Je crois que toute créature en ce monde est gémissante et

(1) *Récit d'une sœur*, t. 1er, p. 400.

comme dans les douleurs de l'enfantement... et qu'elle attend le jour de la manifestation de Dieu.

« Je crois que nous n'avons pas ici de demeure stable et que nous en cherchons une autre dans l'avenir.

« Je crois que toutes choses coopèrent au bien de ceux qui aiment Dieu.

« Je crois que, s'ils sèment dans les larmes, ils moissonneront dans la joie.

« Je crois que bienheureux sont ceux qui meurent dans le Seigneur.

« Je crois que nos tribulations forment un poids éternel de gloire, si nous contemplons non ce qui se voit, mais ce qui ne se voit point; car les choses que nous voyons sont passagères, celles que nous ne voyons pas sont éternelles.

« Je crois qu'il faut que notre corps corruptible revête l'incorruptibilité, que notre corps mortel revête l'immortalité, et que la mort soit absorbée dans la victoire.

« Je crois que Dieu essuiera toute larme dans les yeux des justes, que la mort ne sera plus en eux, ni le deuil ni les gémissements, et que leur douleur s'arrêtera enfin, car tout le premier monde aura passé.

« Je crois que nous verrons Dieu face à face. »

C'est par ce langage si élevé et si chrétien que le prêtre offre ses consolations à la veuve éplorée, qui a perdu son époux mais a trouvé la vraie foi. Un autre jour, il parle un langage moins austère en apparence mais qui se termine par une leçon non moins sublime. C'était le jour anniversaire de la mort d'Albert :

« Minuit va bientôt sonner, et avec cette heure commence pour vous, ma pauvre enfant, la semaine des douleurs.

« Je viens d'écrire ces deux lignes, et j'ai interrompu quelques instants ma lettre pour une petite chose qu'il faut pourtant que je vous dise tout d'abord, parce qu'elle a une signification consolante et douce.

« Pendant que j'écrivais, un papillon de nuit qui était entré par ma fenêtre entr'ouverte, s'est abattu sur les briques de ma chambre. Il s'était probablement fait mal et il voltigeait par terre, faisant un petit bruit par ses efforts pour se relever.

« Son bruit m'a fait penser à lui. Moi, qui dans ce moment ne pensais qu'à vous, je me suis dit que, s'il parvenait à voler comme de coutume, il viendrait bien vite brûler ses ailes à la lumière et mourir, et qu'il valait bien mieux le mettre dehors, en liberté, sous les étoiles. Je l'ai poursuivi avec un cornet de papier pour le prendre ; je l'ai pris et je l'ai mis en liberté.

« Pauvre papillon, nous sommes comme toi ; blessés par la douleur, nous nous agitons terre à terre, mais en même temps nous battons des ailes, des ailes que Dieu nous a faites, l'espérance et la prière, et c'est alors que Dieu pense particulièrement à nous. Quand je te poursuivais tout à l'heure, tu avais bien peur de moi : tu croyais que je voulais augmenter ton mal ! Et je ne te poursuivais que pour te sauver ! Et c'est comme cela que Dieu nous poursuit ! Mais, quand je t'ai jeté dehors par la sombre nuit, c'est alors surtout que tu as accusé ma cruauté ! Pauvre ignorant ! Cette grossière lumière que tu regrettais t'eût fait mourir, et, au lieu de cela, tu auras demain un air pur et doux au soleil levant. Cette sombre nuit est l'image de la mort ; quand Dieu nous y jette, c'est pour nous faire retrouver, et la liberté, et la vie, et la joie, au lever de l'éternelle aurore. Voilà ce que je te dis, petit papillon, et voilà ce que vous nous dites, ô mon Dieu ! »

Les relations établies entre la famille de La Ferronnays et l'abbé Gerbet permirent à celui-ci de satisfaire un désir qu'il nourrissait depuis plusieurs années : celui de voir Rome et d'y faire un séjour. Frappé comme son maître, le disciple plus soumis voulait aller s'humilier sous la main qui condamne et qui pardonne en même temps ; il voulait retremper son âme aux sources vives du christianisme.

Le comte de la Ferronnays, le père d'Albert, habitait Rome et ce fut une joie pour lui d'offrir l'hospitalité à celui qui avait rendu les derniers devoirs à son fils ; en cette famille chrétienne l'abbé Gerbet goûta si doucement les loisirs d'une vie partagée entre l'étude de Rome et l'exercice des œuvres de piété, que comptant n'y rester que quelques semaines, il différa son départ de mois en mois, et finit par y passer dix ans.

Ces dix années de son existence furent loin d'être stériles ; nous pouvons dire qu'elles opérèrent chez lui une orientation nouvelle et inaugurèrent ce qu'on pourrait appeler la seconde manière de Gerbet.

Mgr de la Bouillerie a analysé finement cette période de la vie de son futur collègue :

« L'abbé Gerbet et moi, a-t-il dit, nous entrâmes à Rome ensemble. Il me dit à son arrivée qu'il devait y passer trois semaines ; il y demeura dix ans... Je n'en suis pas étonné. Un séjour à Rome ressemble beaucoup à l'éternité bienheureuse. Les jours s'y écoulent, et on ne les compte plus... Ils s'écoulèrent pour Gerbet dans une contemplation et une étude constantes. Rome était tout à la fois pour lui et un admirable symbole et la réalité vivante de l'Eglise. A Rome il étudia tout, il interpréta tout, depuis l'eau des fontaines qui coule si abondamment dans les rues et dans les places publiques, et qui lui semble l'image de la grâce, jusqu'aux majestueux secrets des catacombes qui lui ouvrirent leurs trésors. »

De ce séjour prolongé dans la Ville éternelle sortit un livre, « chef-d'œuvre d'amour, de pensée et de style » et que Gerbet appela modestement : *Esquisse de Rome chrétienne.*

Son but, en écrivant ces trois volumes, était de faire comprendre à toutes les âmes élevées le sens et l'idée de la Ville des Papes. « La pensée fondamentale de ce livre, dit-il lui-même, est de recueillir dans les réalités visibles de Rome chrétienne l'empreinte et, pour ainsi dire, le portrait de son essence spirituelle. »

C'est donc une œuvre d'érudition mais de poésie et de piété en même temps. « Interprète excellent dans cette voie qu'il s'est choisie, il se met à considérer les monuments, non avec

MONSEIGNEUR GERBET.

la science sèche de l'antiquaire moderne, non avec l'enthousiasme naïf d'un fidèle du moyen-âge, mais avec une admiration réfléchie, qui unit la philosophie et la piété (1). »

L'étude de Rome dans Rome, dit en effet l'auteur au seuil de son ouvrage, fait pénétrer jusqu'aux sources vives du christianisme. Elle rafraîchit tous les bons sentiments du cœur et, dans ce siècle de tempêtes, elle répand une merveilleuse sérénité dans l'âme.

Ce sont d'abord les tombeaux qui attirent l'abbé Gerbet, ces catacombes qui ont été le berceau et l'asile du christianisme pendant les trois premiers siècles. Il y puise l'inspiration de pensées élevées qu'il commence par exposer en vers dans la pièce si souvent citée :

Le chant des Catacombes (2)

Hier j'ai visité les grandes Catacombes
Des temps anciens ;
J'ai touché de mon front les immortelles tombes
Des vieux chrétiens :
Et ni l'astre du jour ni les célestes sphères,
Lettres de feu,
Ne m'avaient mieux fait lire en profonds caractères,
Le nom de Dieu.

Un ermite au froc noir, à la tête blanchie,
Marchait d'abord,
Vieux concierge du temps, vieux portier de la vie
Et de la mort ;
Et nous l'interrogions sur les saintes reliques
Du grand combat,
Comme on aime écouter sur les exploits antiques
Un vieux soldat.

Un roc sert de portique à la funèbre voûte.
Sur ce fronton,
Un artiste martyr, dont les anges, sans doute,
Savent le nom,
Peignit les traits du Christ, sa chevelure blonde,
Et ses grands yeux,
D'où s'échappe un regard d'une douceur profonde
Comme les cieux.

(1) SAINTE-BEUVE, *Causeries du lundi.*
(2) Ces vers se chantent sur l'air de Scudo : *Le fil de la Vierge.*

Plus loin sur les tombeaux j'ai baisé maint symbole
Du saint adieu.
Et la palme, et le phare, et l'oiseau qui s'envole
Au sein de Dieu;
Jonas, après trois jours sortant de la baleine
Avec des chants,
Comme on sort de ce monde, après trois jours de peine
Nommés le temps.

C'est là que chacun d'eux, près de sa fosse prête,
Spectre vivant,
S'exerçait à la lutte, ou reposait sa tête
En attendant.
Pour se faire d'avance, au jour des grands supplices,
Un cœur plus fort,
Ils essayaient leur tombe et voulaient par prémices
Goûter la mort!

La vierge, destinée aux fleurs que l'hymen donne,
Ces fleurs d'un jour,
Au tombeau d'une sœur méditait la couronne
D'un autre amour.
Près d'un enfant sans pain, une mère intrépide
Rêvait d'Abel,
Et ses pleurs, qui semblaient joncher le sol humide,
Montaient au ciel.

Et quand l'enfant disait : Le soleil, ô ma mère,
Astre si beau,
Reviendra-t-il bientôt chauffer de sa lumière
Mon froid berceau ?
La mère répondait qu'une aurore inconnue
Bientôt luirait,
Et qu'un ange du ciel sur son aile étendue
Le bercerait.

Lieux sacrés, où l'amour pour les seuls biens de l'âme
Sut tant souffrir,
En vous interrogeant, j'ai senti que sa flamme
Ne peut périr ;
Qu'à chaque être d'un jour, qui mourut pour défendre
La vérité,
L'Etre éternel et vrai, pour prix du temps, doit rendre
L'éternité.

J'ai sondé du regard la poussière bénie,
Et j'ai compris
Que leur âme a laissé comme un souffle de vie
Dans ces débris ;
Que, dans ce sable humain qui, dans nos mains débiles,
Pèse si peu,
Germent, pour le grand jour, les formes éternelles
De presque un Dieu.

C'est là qu'à chaque pas on croit voir apparaître
Un trône d'or,
Et qu'en foulant du pied des tombeaux, je crus être
Sur le Thabor !
Descendez, descendez, au pied des Catacombes,
Aux plus bas lieux ;
Descendez, le cœur monte, et, du haut de ces tombes,
On voit les cieux !

Les catacombes restèrent, pour l'abbé Gerbet, le but de prédilection de ses promenades, pendant son long séjour à Rome. « C'est là qu'il aimait à mener, nous dit son biographe, ses bons amis de Juilly quand ils venaient le visiter, l'abbé de Salinis et l'abbé Combalot ; c'est là qu'il conduisit l'ami des jours difficiles, Lacordaire, quand il revint à Rome, sous la blanche robe des Frères Prêcheurs (1). »

Ozanam lui aussi profita de ce guide précieux : « Nous allons aux catacombes avec l'abbé Gerbet, qui en fait un pèlerinage aussi édifiant qu'instructif, écrit-il en France... Rien n'est plus admirable que ce digne M. Gerbet, avec sa belle figure éclairée par les cierges, expliquant les peintures et les rites sacrés du temps des martyrs, ou bien s'asseyant sur des vieilles chaires épiscopales taillées dans le tuf, pour y lire une homélie de saint Grégoire le Grand sur les désirs du ciel, ou encore nous faisant réciter les litanies devant l'image de la Vierge, découverte ,il y a quelques années au-dessus d'un tombeau du IIIe siècle (2). »

Les catacombes ont fourni le sujet de plus d'une page magnifique en ce livre qui restera l'œuvre la plus connue de Mgr Gerbet.

Voici comment s'annonce la portée de l'ouvrage :

« Supposons qu'il existe encore au pied du Vésuve une population dont les usages, les mœurs, les croyances s'ajusteraient parfaitement aux monuments de Pompéï : vous en concluriez qu'elle a conservé les idées du peuple qui circulait dans les rues de la ville, lorsqu'elle a été recouverte par les

(1) RICARD, *Gerbet*, p. 86.
(2) OZANAM, *Correspondance*, t. II, p. 160.

torrents de cendre du volcan. Le christianisme a aussi sa ville souterraine qui a échappé aux ravages du temps : les dogmes primitifs restent pétrifiés sur les murs; mais il faut, pour s'y reconnaître, le fil conducteur du catholicisme...

« Toutes les nations chrétiennes doivent une pieuse reconnaissance à Rome, qui nous a conservé les plus vieilles archives de la foi. Cette ville est le grand bibliothécaire de la chrétienté. Telle devait être, en effet, une des plus éminentes fonctions d'une ville destinée à être le centre du christianisme. Il fallait qu'elle gardât plus qu'aucune autre la vive empreinte des clartés primitives de la révélation, qu'elle les réfléchît dans ses antiquités les plus hautes, voisines du temps où l'astre divin s'est levé; pareille à une montagne qui, laissant les élégances humaines aux villas de la prairie, couronne chaque jour son austère sommet des premiers rayons du soleil de Dieu. »

Plus loin, c'est un tableau original et profond sur la destruction graduelle et lente des corps humains dans les catacombes. On sait le mot de Bossuet, d'après Tertullien, lorsque parlant du cadavre de l'homme : « Il devient un je ne sais quoi, s'écrie-t-il, qui n'a plus de nom dans aucune langue. » L'admirable page qu'on va lire est comme le développement et le commentaire du mot de Bossuet :

« En parcourant les catacombes, vous passez en revue les phases de la destruction, comme on observe dans un jardin botanique les développements de la végétation, depuis la fleur imperceptible jusqu'aux grands arbres pleins de sève et couronnés de larges fleurs. Dans un certain nombre de niches sépulcrales qui ont été ouvertes à diverses époques, on peut suivre, en quelque sorte pas à pas, les formes successives, de plus en plus éloignées de la vie, par lesquelles ce qui est là arrive à toucher d'aussi près qu'il est possible au pur néant. Regardez d'abord ce squelette : s'il est bien conservé, malgré tous ses siècles, c'est probablement parce que la niche, où il a été mis, est creusée dans un terrain qui n'est pas sec. L'humidité qui dissout tant d'autres choses, durcit ces ossements en les recouvrant d'une croûte qui leur donne plus de consistance qu'ils n'en avaient lorsqu'ils étaient les membres d'un corps vivant. Mais cette consistance n'en est pas moins un progrès de la destruction : ces ossements d'homme tournent à la pierre.

« Un peu plus loin, voici une tombe dans laquelle il y a une lutte entre la force qui fait le squelette et la force qui fait la poussière : la première se défend, la seconde gagne, mais lentement. Le combat qui existe en vous et en moi entre la mort et la vie, sera fini, que ce combat entre une mort et une mort durera encore longtemps.

« Dans le sépulcre voisin, tout ce qui fut un corps humain n'est déjà plus, excepté une seule partie, une espèce de nappe de poussière, un peu chiffonnée et déployée comme un petit suaire blanchâtre, d'où sort une tête. Regardez enfin dans cette autre niche : là, il n'y a décidément plus rien que de la pure poussière, dont la couleur même est un peu douteuse, à raison d'une légère teinte de rousseur.

« Voilà donc, dites-vous, la destruction consommée ! Pas encore. En y regardant bien, vous reconnaîtrez des contours humains : ce petit tas, qui touche à une des extrémités longitudinales de la niche, c'est la tête ; ces deux autres tas, plus petits encore et plus déprimés, placés parallèlement un peu au-dessous, à droite et à gauche du premier, ce sont les épaules ; ces deux autres, les genoux. Les longs ossements sont représentés par ces faibles traînées, dans lesquelles vous remarquez quelques interruptions. Ce dernier calque de l'homme, cette forme si vague, si effacée, à peine empreinte sur une poussière à peu près impalpable, volatile, presque transparente, d'un blanc mat et incertain, est ce qui donne le mieux quelque idée de ce que les anciens appelaient une *ombre*.

« Si vous introduisez votre tête dans ce sépulcre pour mieux voir, prenez garde : ne remuez plus, ne parlez pas, retenez votre respiration. Cette forme est plus frêle que l'aile d'un papillon, plus prompte à s'évanouir que la goutte de rosée suspendue à un brin d'herbe au soleil ; un peu d'air agité par votre main, un souffle, un son deviennent ici des agents puissants qui peuvent anéantir en une seconde ce que dix-sept siècles, peut-être, de destruction ont épargné. Voyez, vous venez de respirer, et la forme a disparu. Voilà la fin de l'histoire de l'homme en ce monde. »

L'*Esquisse de Rome*, par ses dissertations sur la symbolique chrétienne et sur l'histoire de l'Eglise, par ses observations pleines de grâce et de grandeur, par ses beaux et touchants tableaux, a provoqué dans le monde de la science une double révolution. Elle a d'abord porté l'érudition du côté de nos antiquités sacrées, puis elle a prouvé ensuite que l'érudition ne doit pas être séparée de l'art.

« L'abbé Gerbet, dit Léon Gautier, apporta dans l'érudition cette méthode, cette clarté, cet amour de la symétrie, de l'ordre, de la transparence, qui était en philosophie le principal caractère de son beau talent. L'*Esquisse de Rome chrétienne* présente une parfaite harmonie, et le plan en est irréprochable. Quant à se servir des textes et à s'en bien servir, personne n'a su le faire avec plus de critique, avec autant de discrétion.

« Il a consulté avec fruit tous les ouvrages des grands archéologues romains et tous ceux de nos Bénédictins français; mais, écrivant au milieu de tant d'in-folios, il garde une charmante aisance, une facilité tout aimable. Les inscriptions des catacombes ont trouvé dans M. de Rossi un investigateur plus patient, plus érudit, plus profond, je le veux bien ; mais je ne pense pas qu'elles trouvent jamais un interprète plus habile, plus sincère, plus éloquent.

« Les chapitres que l'abbé Gerbet a consacrés à la tradition monumentale sont notamment fort remarquables. Il parcourt fiévreusement tous les souterrains sacrés de Rome et de ses environs; devant chaque peinture il s'arrête, devant chaque inscription il fait une halte ; puis, il s'écrie : Voyez et entendez; ces fresques, ces épitaphes sont des traités de théologie ; ils proclament que nos pères des premiers siècles avaient exactement les mêmes croyances que tous les catholiques de notre temps; voici les preuves visibles, palpables, irrécusables de l'invocation des saints dans la primitive Eglise, de l'eucharistie, de la pénitence, de tous nos dogmes enfin. Oh ! les beaux traités en couleurs et en marbre (1) ! »

Par son livre, l'abbé Gerbet a échauffé la science, il y a jeté de la poésie, il lui a donné du cœur. Prenons-en à témoin la page suivante qu'un critique proclame l'une des plus belles de la langue française :

L'Invocation des Saints.

« L'Eglise croyait alors comme aujourd'hui que les âmes justes, reçues dans le ciel, y continuent par leur intercession le ministère de charité qu'elles ont exercé par leurs prières en ce monde. Tout cœur chrétien prie pour ses frères et désire qu'ils prient pour lui : les apôtres nous ont appris à nous recommander à cet égard les uns aux autres. Ce don mutuel est, dans le monde des âmes, cette même loi de charité qui fait que nous nous entr'aidons pour les besoins matériels de cette vie. Les âmes d'élite sont les riches, dans cette communauté spirituelle ; elles se répandent continuellement en prières pour le salut des autres, et leur aumône est grande de toute la grandeur de leur amour pour Dieu.

« Lorsqu'une de ces âmes quitte la terre pour le ciel, croyez-vous que sa charité soit glacée à jamais parce que son cœur de chair et de sang est refroidi par la mort ? Croyez-vous qu'elle ait exhalé tous ses vœux pour vous dans le dernier souffle que vous avez recueilli sur ses lèvres ? Le glaive qui faisait tomber la tête des martyrs tranchait-il du même coup les liens de leur fraternité divine avec nous ? Vous figurez-vous que le ciel soit quelque chose qui étouffe dans un éternel égoïsme la piété de l'amour fraternel ? Ou bien vous semble-t-il qu'une âme est moins puissante parce qu'elle est transfigurée, que ses prières cessent d'être agréables à Dieu du moment qu'elle est fixée à jamais dans son amitié ! Si la prière est la toute-puissance de la créature, suffit-il de monter au ciel pour perdre ce pouvoir ? Est-on destitué parce qu'on est couronné ?

(1) Léon Gautier, *Portraits littéraires.*

Je vous tourmente de ces questions si votre cœur est étranger à cette consolante foi de la communion des âmes. J'oubliais que je dois me borner à vous faire lire cette foi sur les tombeaux du christianisme (1). »

Des pages comme celles-ci placent leur auteur parmi les meilleurs écrivains du XIXe siècle : elles ont arraché à Louis Veuillot ce suprême éloge :

« Mgr Gerbet a, au degré le plus éminent, le don de l'artiste, ce sens exquis et rare qui pénètre les choses, qui en saisit les secrètes beautés et qui les livre à nos regards. Il nous rend compte du charme mystérieux de Rome, il l'accroît en le divulguant. Sa langue est digne des majestueuses douceurs de la Ville sainte. C'est une langue sereine, mélodieuse, admirablement pure, dont le caractère fondamental est la grâce, mais qui atteint naturellement et sans effort toutes les hauteurs. »

Un jour, les méditations solitaires de l'auteur de l'*Esquisse* furent troublées par des cris, confus d'abord, mais qui devinrent bientôt des acclamations unanimes : c'étaient les ovations qui marquaient l'avènement de Pie IX. Le nouveau pape qui avait remarqué l'ouvrage du prêtre français, songeait à se l'attacher quand l'orage éclata et força le Pontife à quitter rapidement sa capitale. L'abbé Gerbet le suivit à Gaëte ; mais quelques semaines après la Providence le ramenait en France, cette patrie qu'il n'avait pas revue depuis dix ans.

III

Gerbet revenait précédé de sa brillante renommée, et déjà plusieurs évêques cherchaient à se le disputer : Mgr Donnet

(1) *Esquisse de Rome chrétienne*, ch. IX.

voulait en faire un professeur de théologie à sa Faculté de Bordeaux; l'archevêque de Paris lui offrait la chaire d'éloquence sacrée à la Sorbonne; enfin son amitié pour l'abbé de Salinis le pressait de se rendre à Amiens dont son ami était devenu le glorieux évêque.

Après quelques mois de séjour à Paris, Gerbet, toujours fidèle à l'inspiration du cœur, se fixait à l'évêché d'Amiens, comme il s'était fixé à Rome, sans arrière-pensée, sans se soucier du lendemain.

Tel est au moins le portrait humouristique que nous trace Mgr Ricard :

« En entrant dans cet évêché qui lui était inconnu la veille, il sembla à l'abbé Gerbet qu'il rentrait chez lui : il prit immédiatement possession de l'appartement modeste, mais commode qui lui avait été préparé, et il ne jeta pas un regard préoccupé, soit vers le passé, soit vers l'avenir. Ne lui demandez pas combien de temps il compte rester dans cet asile. Le sait-il? Etes-vous inquiet de ses moyens d'existence? Est-ce que la Providence ne veille pas? Mais quelle sera sa position? Est-ce qu'il n'est pas chez un ami? Si, quelques jours plus tard, vous étiez entré dans cette chambre, en supposant qu'elle ne fût pas fermée à l'intérieur, — ce qui arrivait souvent, — vous auriez vu, sur les fauteuils, sur le canapé, sur la commode, sur le poêle, des livres ouverts, des feuilles de papier, etc... par-dessus livres et papiers... une bonne et belle couche de tabac. A ne pas s'y tromper, c'est le cabinet d'un homme de travail. »

Dans cette solitude, défendue par l'amitié et l'exemption des soucis temporels, Gerbet se livra aux études aimées avec plus d'abandon que jamais. « Il avait des jours de réclusion complète, où il ne vivait qu'avec Dieu et avec lui-même. Enfermé dans son cabinet, on lui faisait passer, comme à la dérobée, la nourriture du jour; c'était tout le service qu'il souffrait autour de lui; puis, la porte, à peine entr'ouverte, se refermait sur le monde, et l'étude, mêlée de prière, reprenait avec une exigence impérieuse ses droits absolus sur son temps et sur son esprit. »

Dès sa jeunesse, l'abbé Gerbet s'était habitué à ce travail intense du cabinet et aux veilles prolongées de la nuit. Nous en trouvons les traces dans les *Souvenirs* du comte de Mérode qui lui aussi était venu demander à la Chesnaie un complément de formation intellectuelle. « M. Gerbet, dit-il, m'avait promis une leçon de philosophie tous les matins; mais très absorbé par les préoccupations du temps et les études chères à son esprit, il reculait la leçon d'heure en heure jusqu'à dix ou onze heures du soir. Je me rappelle que, lorsque tout le monde était retiré, il me faisait venir dans sa chambre et me dictait jusque fort avant dans la nuit un cahier de philosophie. Il excellait à développer l'histoire de cette science et oubliait de dormir pendant la nuit, comme il avait oublié de professer pendant le jour. Il me faisait rêver, debout et éveillé, de Zoroastre, de Confucius et de Bouddha. Plusieurs fois, le jour était venu que la leçon durait encore. Je pouvais m'appliquer le mot de Voiture, en le modifiant un peu : « Jamais leçon de philosophie ne commença si tard et ne finit si tôt. »

D'une si grande activité à l'étude étaient sortis de précieux travaux publiés dans le *Mémorial* et dans l'*Université catholique :* entr'autres l'*Introduction à l'étude des vérités chrétiennes.* Vinrent ensuite l'*Esquisse de Rome* et un ouvrage qui a pour titre : *Le Dogme générateur de la piété catholique* où il développa sur l'Eucharistie la plus magnifique doctrine.

Laissant loin derrière lui les livres de dévotion sans théologie et sans élévation, qui avaient traité le même sujet, l'abbé Gerbet rendait à l'Eglise le service d'exposer son dogme le plus cher sous le jour qui lui convenait :

« La foi à la présence réelle ou à l'incarnation permanente, disait l'auteur, nous rapproche du Christ, comme l'incarnation nous a rapprochés de Dieu. Ce n'est plus seulement à l'humanité, c'est à chaque être humain que le Verbe s'unit. Il entre, non pas seulement dans les limites de notre commune nature, mais encore dans les limites de notre personnalité; il divinise notre essence; il nous *christianise.* Son incarnation en nous a pour emblème l'union qui transforme l'aliment en la substance même du corps qui se nourrit. Ne demandez pas une autre union plus intime : vous demanderiez à être l'Homme-Dieu. »

Au milieu des digressions historiques et des distinctions dogmatiques fines ou profondes, l'abbé Gerbet mêle à tout moment de belles et douces paroles qui sortent de l'âme et qui sont l'effusion d'une foi aimante. En voici quelques-unes prises au hasard :

« La prière dans ce qu'elle a de fondamental, n'est que la reconnaissance sincère du besoin continuel de se réparer à la source de vie, et l'humble désir d'une continuelle assistance; elle est l'*aveu d'une indigence qui espère.* »

« Partout où Dieu place des intelligences capables de le servir, là se trouve la faiblesse, et là aussi l'espérance. »

Et encore :

« Le christianisme n'est dans son ensemble *qu'une grande aumône faite à une grande misère.* »

« Est-ce qu'il n'y a pas du divin dans chaque bienfait ? »

« La charité n'entre pas dans le cœur de l'homme sans combat : car elle y trouve un éternel adversaire, l'Orgueil, premier-né de l'Egoïsme et père de la Haine. »

« L'Evangile a fait, dans toute la force du terme, une révolution dans l'âme humaine, en changeant les rapports des deux sentiments qui la divisent : la crainte a cédé à l'amour l'empire du cœur. »

Le *Dogme générateur de la piété catholique* est rempli de ces paroles d'or; mais, quand on veut les détacher et les isoler, on s'aperçoit combien « elles tiennent étroitement au tissu. » « Il n'a manqué à ce livre, dit Sainte-Beuve, pour être encore plus répandu et plus goûté qu'il ne l'est, que de combiner un peu moins la dialectique avec le sentiment affectueux. En général, le tissu, chez l'abbé Gerbet, est un peu trop serré ; quand il a une belle chose, il ne lui fait pas assez de place. Son talent est comme un bois sacré, un peu touffu, et, même quand il y a un temple, un reposoir et un autel au milieu, il est entouré de toutes parts ; on n'y arrive que par des sentiers (1). »

Il y a un demi-siècle, les plus grands problèmes d'économie politique étaient à la mode, et rencontraient souvent des solutions où le christianisme ne trouvait pas son compte ; l'abbé Gerbet ne dédaigna pas de s'avancer sur ce terrain et écrivit successivement deux réfutations des idées erronées. L'une avait pour titre : *Conférences d'Albéric d'Assise* et l'autre : *Rapports du Rationalisme avec le Communisme*. Toutes les deux démontraient péremptoirement — ce qui est trop oublié — que la propriété doit avoir pour correctif la charité et qu'au droit de posséder correspond le devoir de donner.

La science théologique de l'abbé Gerbet le mit à même de rendre d'autres services à la cause de l'Eglise : un concile provincial tenu à Soissons s'aida des lumières de l'ami et commensal de Mgr de Salinis. Son nom vola alors dans toutes les bouches et on s'étonna qu'un prêtre si éminent ne fût pas appelé à faire partie de la haute assemblée des princes de l'Eglise.

Pie IX qui n'avait pas oublié le séjour de Gerbet à Rome et à Gaëte, Pie IX s'en émut et préconisa l'auteur de l'*Esquisse* au siège épiscopal de Perpignan.

Ce fut un véritable déchirement de cœur que cette séparation d'Amiens où le nouvel évêque laissait tout ce qu'il aimait dans le passé, pour se donner à une vie si différente et si active. Le prêtre sut se faire à sa mission nouvelle : son cœur déjà si vaste s'élargit encore pour embrasser d'un même amour tous les habitants d'un vaste diocèse, son esprit veilla avec plus de sollicitude encore sur les attaques de l'ennemi, et sa plume

(1) *Causeries du lundi*, t. VI.

continua à s'aiguiser pour réduire au silence les adversaires de l'Eglise.

En 1860, avec une logique inflexible, il démasque leurs machinations, » leurs sophismes dans l'*Instruction pastorale sur diverses erreurs du temps présent;* il dresse un catalogue de toutes les fausses idées mises en circulation par le libéralisme et la Révolution, et les étiquette comme des poisons dangereux.

Deux ans plus tard c'est contre Renan et son pamphlet de la *Vie de Jésus* que l'évêque dresse de formidables batteries sous ce titre :. *Stratégie de M. Renan.* Bien d'aures réfutations avaient paru quand Mgr Gerbet prit la plume, mais aucune n'avait attaqué l'ennemi corps à corps comme le prélat se proposait de l'entreprendre.

Son livre est une analyse intime, profonde, complète de tous les procédés littéraires et dialectiques à l'usage du sophiste. « C'est un livre, a-t-on dit, dont la renommée survivra à celle de l'œuvre qu'il attaque, fait pour durer, et pour durer longtemps ; c'est un manuel qu'il faudra mettre entre les mains des jeunes gens, en leur disant : « Voilà de quels vêtements se couvre l'erreur ; apprenez à vous défier d'elle, et à la reconnaître sous ses habits d'emprunt. »

Hélas ! ce livre fut le dernier du savant prélat; sa plume s'arrêta en transcrivant ces paroles : « Vous êtes le Christ, le Fils du Dieu vivant. » Ce fut le dernier cri de guerre de l'apologiste.

La mort le guettait, elle arriva comme un coup de foudre le 7 août 1864 et quatre jours plus tard, Mgr de la Bouillerie résumait ainsi, en face d'un cercueil, le rôle de Monseigneur Gerbet :

« De sourdes rumeurs se faisaient entendre ! Rome ! Rome ! les barbares sont aux portes de la Ville éternelle ! Et des quatre coins de l'Eglise, les catholiques poussaient vers nous le cri d'alarme de la république romaine : *Caveant consules :* Que les consuls prennent garde ! Nous, consuls, je le dis avec fierté, nous n'avons pas failli à notre devoir ; nous avons su monter à la brèche et nous avons prouvé que nous n'étions pas des chiens muets. Mais alors que nous nous portions au combat avec des armures légères, avec la fronde et la pierre de David, Mgr Gerbet semblait brandir dans ses mains l'épée céleste de Judas Macchabée... Ses magnifiques écrits furent alors un de nos soutiens les plus fermes et lorsque, après la mêlée, nous vînmes tous nous agenouiller aux pieds de notre chef, il était là, comme Jeanne d'Arc, digne d'assister au triomphe parce qu'il avait porté la bannière dans le combat. Et nous aimions à nous montrer du doigt celui qui avait si habilement manié le glaive — le grand évêque de Perpignan ! »

AUGUSTE NICOLAS

La jeunesse de l'Apologiste. – Les « Etudes philosophiques ». – Les autres Œuvres.

(1807-1888)

Si Gerbet procède d'un maître, s'il appartient à une école illustre et féconde, Auguste Nicolas ne relève que de lui-même. Pendant que l'un marche aux premiers rangs d'un bataillon entraîné et discipliné, l'autre n'est qu'un adversaire solidement armé pour les combats singuliers, mais qui pendant cinquante ans soutiendra sa tâche glorieuse.

Cet isolement a pu nuire à la gloire de l'athlète ; au reste son talent ne saurait soutenir l'éclat de celui d'un Chateaubriand, d'un J. de Maistre, d'un Lamennais ; mais si l'on juge de la valeur d'un homme par les services rendus et par le succès de ses efforts, Auguste Nicolas mérite de prendre place parmi ces apologistes de génie.

I

Né à Bordeaux en 1807, d'une famille de petits commerçants de parfaite honorabilité, Auguste Nicolas fit ses études au lycée de cette ville.

Elève médiocre, rien ne permettait de présager que ce serait par la plume qu'il servirait la bonne cause. Ses parents avaient même décidé de l'associer dès son bas âge à leur commerce ;

il fallut l'intervention d'un prêtre ami de la famille pour obtenir de ne pas interrompre brusquement les études scolaires.

L'abbé Dasoin ne pouvait pourtant guère se féliciter des succès de son protégé. Celui-ci n'attirait en rien l'attention de ses maîtres et passait complètement inaperçu dans la classe. « Je ne comptais pas,... dit-il lui-même en ses *Souvenirs;* d'une nature ardente sous l'aspect de la timidité et de la douceur, mais légère et inappliquée, il m'eût fallu pour réussir plus d'effort qu'à tout autre, à cause d'une sorte de *nouure* d'intelligence dont le cœur seul eût pu avoir extraordinairement raison; aussi le régime scolaire de l'internat ne m'allait pas; la grossièreté de la plupart des élèves, la rudesse des maîtres, la contrainte mécanique des classes, le fictif des sujets de devoirs, froissaient ma nature... »

Une seule fois le malheureux rhétoricien sortit de l'engourdissement qui semblait paralyser ses facultés. C'était en 1823; la duchesse d'Angoulême, de passage à Bordeaux, avait accepté de présider la distribution des prix. Auguste Nicolas dont le nom ne devait même pas figurer au *palmarès*, se donna la mission de la haranguer, et le fit en termes qui conquirent les suffrages de la princesse.

Soixante-six ans après, M. Nicolas, racontant ce souvenir glorieux de sa jeunesse, ajoute :

« Dans cette aventure... on reconnaît celui qui, par un même jeu de la Providence, sans titres non plus ni mandat que de sa foi, surgira un jour non moins inopinément de la plus modeste situation à la plus grande publicité, et s'emparera de l'attention de son siècle. »

Cependant, le diplôme de bachelier conquis vaille que vaille, Auguste Nicolas disait adieu au lycée et s'initiait aux opérations commerciales. Sa nouvelle situation eut pour étrange effet d'éveiller en lui le goût des études classiques : il hâtait la venue des moments de loisir pour reprendre ces mêmes livres qui jadis, au collège, étaient pour lui un instrument de supplice.

Il fut pris « d'une rage d'étude » et commença à lire de tout à la fois, sans but arrêté et par seule ardeur de s'instruire. Son Virgile sous le bras, il s'en allait par les bois à travers ces beaux coteaux de Cenon, de Floirac et de Bouillac, aux gorges ombreuses, aux sommets baignés de lumières, par delà ce « fleuve d'un cours si imposant dans ses vastes sinuosités que Saint-Simon, ravi, ne pouvait mieux le comparer qu'au golfe du Bosphore et au port de Constantinople ! »

Mais la lecture sans guide et sans mesure n'est pas non plus sans danger ; Auguste Nicolas, après les classiques, s'attaqua aux ouvrages modernes. Comme Lamennais il lut les philosophes du XVIIIe siècle et en particulier J.-J. Rousseau dont la parole fascinatrice eut pour lui le même charme que pour l'enfant de la Chesnaie.

Par bonheur, Nicolas trouva sur sa route une main sacerdotale, qui sut le détourner à temps du chemin qui conduit aux sources empoisonnées ; rentré dans la voie du devoir, le jeune homme n'en devait plus sortir.

Ayant obtenu de sa famille l'autorisation d'embrasser une carrière libérale, il choisit le droit et alla l'étudier successivement à Toulouse et à Paris. Là il rencontra des jeunes gens chrétiens avec lesquels il contracta ces relations d'amitié qui devaient durer toute sa vie :

« Ce fut une réunion vraiment charmante, a écrit l'un d'entr'eux, que celle de ces quatre amis, formée par les mêmes goûts et une réciproque estime. Je doute qu'il y ait eu à cette époque, à Toulouse, quatre étudiants réunis, d'une conduite aussi exemplaire, grâce à l'ascendant d'Auguste Nicolas qui nous était en tout supérieur, et dont la physionomie intelligente faisait présager la future grandeur...

« Nous passions nos soirées ensemble, auprès du feu pendant l'hiver, à la promenade pendant l'été. Nos soirées d'hiver étaient habituellement remplies par de bonnes et agréables lectures. Auguste Nicolas était un lecteur hors ligne, comme je n'en ai pas entendu beaucoup dans ma longue carrière. Il nous tenait sous le charme de son rare talent. De quelles délicieuses veillées nous avons joui en écoutant ses lectures !...

Le lecteur fatigué donnait le signal de la séparation; nous allions au lit, et lui, surmontant le sommeil, travaillait bien avant dans la nuit, écrivant des notes sur toutes ses lectures. C'est ainsi qu'il amassait peu à peu ces nombreux matériaux qui ont servi plus tard à édifier ses belles œuvres. »

L'année suivante, Auguste Nicolas était à Paris et préparait sa thèse de licence, lorsque éclata la révolution de 1830. En circulant dans la foule, il apprend qu'un complot se trame contre les Jésuites de Montrouge : il court aussitôt prévenir les Révérends Pères qui, profitant de l'avis, ont le temps de se retirer avant l'arrivée des émeutiers.

Quelques semaines plus tard, le jeune homme devenu avocat s'inscrivait au barreau de Bordeaux et préludait dans la carrière, sans enthousiasme il est vrai. Les dessous de la chicane lui laissaient entrevoir quelques déceptions, et il écrivait: « Sans ma mère, je vous assure que je ferais tout au monde plutôt que d'endosser cette robe d'avocat, robe d'amour-propre, de labeur, de veilles, véritable robe de Nessüs. »

On voit, à ces seules lignes, que ce n'était pas là que la Providence le voulait : encore un instant et une autre voie plus large, plus féconde va s'ouvrir devant lui.

II

Le 8 octobre 1835, le jeune avocat épousait Mademoiselle Angélique Duclos, appartenant à une famille de créoles, fixée en France depuis plusieurs années, mais qui comptait encore plusieurs membres en Amérique. L'un de ces derniers, un frère de Madame Nicolas, vint à perdre un fils qui était tout son espoir; sous le poids de sa douleur, il chercha des consolations dans la religion qui pouvait seule lui en fournir.

Malheureusement ce père infortuné avait négligé ses devoirs

de chrétien ; sa foi avait faibli : son âme, esclave du doute, avait besoin de lumière pour arriver à l'espérance qui console, et connaissant les sentiments de son beau-frère, c'est à lui qu'il exposa son état d'esprit, en le suppliant de le prendre en pitié.

Le cœur d'Auguste Nicolas était bien fait pour recevoir ces communications et en comprendre l'amertume ; y porter remède était plus délicat et plus difficile. Il eut la pensée de conseiller à son beau-frère la lecture de quelque ouvrage solide, capable d'éclairer ses doutes et d'aider son irrésolution, mais quand il chercha ce précieux conseiller parmi les ouvrages parus, il n'en trouva pas qui répondît à son désir.

En effet les œuvres de Chateaubriand, de Joseph de Maistre, de Bonald et de Lamennais, développaient le côté philosophique ou poétique de la question religieuse, mais ce point de vue était insuffisant pour ramener une âme aux convictions de la vraie foi. Il fallait aborder des considérations pratiques ; Auguste Nicolas se mit à en rédiger quelques-unes dans une lettre adressée à son beau-frère.

Mais comme les vérités religieuses s'appellent les unes les autres, s'appuient entr'elles ou se complètent, les pages se multiplièrent à mesure qu'il écrivait et la lettre devint un traité. Le traité lui-même allait se changer en un ouvrage en quatre volumes,... mais n'anticipons pas.

L'embarras de M. Nicolas s'augmentait du désir de présenter un remède réellement efficace à celui qu'il aimait ; non seulement l'amitié l'y invitait, mais sa foi chrétienne lui en faisait un devoir. « Je sentais, nous dit-il, tout ce qu'il y avait d'impérieux et de sacré dans cette prière d'un père désolé qui me demandait que je lui rendisse son enfant en espérance, dans cette confiance d'un ami qui frappait à la porte de la Vérité et me suppliait de la lui ouvrir. »

D'un autre côté, l'avocat sentait la difficulté de sa tâche ; lui laïque, nullement préparé à traiter ces matières, pouvait-il entreprendre une œuvre que personne n'avait tentée jusqu'alors? Le temps matériel lui manquait pour un ouvrage de longue haleine ; et puis tout ce travail aboutirait-il au résultat recherché ? ne se jetait-il pas dans une étude au-dessus de ses forces ?

« J'étais atterré, disent les *Souvenirs,* à la vue de tout ce que présentait de scabreux et de glissant pour moi une matière si délicate et si profonde. J'étais effrayé dans l'intérêt même de mon ami et de la Vérité, du danger qu'ils couraient tous deux à m'avoir pour interprète. »

L'étude du droit, même chez un chrétien éclairé, n'est pas une préparation suffisante pour tenter une œuvre d'apologétique. « Profondément convaincu de la vérité religieuse, je n'avais jamais rassemblé les raisons, éparses dans mon esprit, de ma croyance. J'en nourrissais intérieurement ma pensée, j'en ressentais intimement toute la force, mais je craignais de l'affaiblir en la communiquant. C'était pour moi l'arbre de la divine science, je n'osais en détacher le fruit. Tout au plus je me promettais comme un rêve lointain, quand l'âge aurait mûri mes pensées et m'aurait rapproché un peu plus de l'éternité, de léguer aux miens l'exposé de la croyance de toute ma vie, et d'ensevelir mes derniers jours dans ce saint travail, comme dans un beau et honorable suaire. Aujourd'hui j'étais appelé à m'expliquer tout à coup, et, tout étourdi encore des agitations du siècle, à parler la langue même de Dieu. »

Armé de sa foi et du désir de guérir une blessure qui excitait sa pitié, Nicolas se mit à l'œuvre ; il travailla un an, deux ans, sans interruption, tenant tête à un labeur effrayant. Tout en poursuivant le but spécial qui lui avait mis la plume à la main, il sentait que le nombre des âmes semblables à celle qu'il voulait convertir était immense. Les vérités qu'il apercevait et qu'il exposait dans un ordre lumineux pouvaient être utiles à bien d'autres esprits... et il se laissait aller au développement.

Il s'était promis d'être sobre « et de côtoyer son sujet. Mais, vaine résolution ! il m'en eût plus coûté d'efforts pour me contenir dans cette limite, qu'il ne m'en avait fallu pour y entrer ; mes réflexions naissaient les unes des autres, et se dilataient en quelque sorte sous ma plume au fur et à mesure que je les exposais; des souvenirs de lectures anciennes me revenaient de toutes parts; des lectures nouvelles que le hasard, mais un hasard intelligent, semblait choisir et diriger sous mes yeux; des conversations imprévues, un passage, un mot, un fait, tout enfin semblait concourir à mon œuvre, et se transformer autour de moi en aliment pour mon travail qui insensiblement grandit et atteignit le développement qu'il présente... »

Pendant deux ans Nicolas travailla dans le silence et le mystère ; il eut des heures de douce joie à la pensée que ses arguments pouvaient gagner des âmes à la vérité, mais il eut aussi des heures de tristesse et de découragement, dans l'incertitude de savoir si son travail remplissait le but qu'il se proposait. Plusieurs fois déjà, un sentiment de lassitude avait failli lui faire abandonner la tâche entreprise ; en terminant le second volume, l'auteur découragé fut tenté de livrer au feu le fruit de ses veilles.

Le ciel eut pitié de ses efforts et lui vint en aide. Au moment où Nicolas formait la résolution bien arrêtée de la destruction complète de son ouvrage, sa porte s'ouvre et un prêtre est introduit. L'ecclésiastique, ami de la famille, s'aperçoit du trouble qui bouleverse le visage de son hôte et naïvement lui en demande la raison. Celui-ci hésite, mais enfin lâche... le grand secret.

Naturellement l'abbé Buchon insiste pour avoir connaissance de l'ouvrage si terriblement condamné par son auteur et, bien que de mauvaise grâce, Nicolas doit s'exécuter. Le prêtre écoute les premières pages, encourage le lecteur qui poursuit jusqu'à la fin du premier chapitre sans se rendre compte de l'impression manifestée sur le visage de l'ecclésiastique. Soudain celui-ci, qui était devenu silencieux, se lève brusquement, prend la main de Nicolas, et lui exprime l'admiration sincère pour ce qu'il vient d'entendre :

— Et c'est là, continua-t-il, ce que voulez détruire ; non, jamais je ne le souffrirai, poursuivez votre œuvre ; elle est appelée à sauver bien des âmes; il faut l'achever, c'est le ciel qui vous l'ordonne.

Cet encouragement, venu à une heure si opportune, ranima l'ardeur du timide écrivain. A quelques jours de là un secours plus précieux encore lui arrivait d'une manière tout à fait inattendue. Le P. Lacordaire prêchait le carême à Bordeaux et Nicolas lui ayant communiqué le travail auquel il se livrait, l'illustre prédicateur en fit l'éloge du haut de la chaire et lança une souscription qui devait couvrir les frais d'impression des quatre volumes.

Le barreau, la magistrature, le public lettré répondirent à cet éloquent appel ; les *Etudes philosophiques sur le Christianisme* commencèrent à paraître par livraisons hebdomadaires. La publication, commencée en 1842, devait s'achever en 1845.

Le succès fut prodigieux : l'ouvrage se vendit non seulement à Bordeaux, à Paris, et dans la France entière ; mais on en demandait des exemplaires à Madrid, à Saint-Pétersbourg où il obtenait dans les salons une vogue considérable. « En quelques jours Auguste Nicolas devint célèbre et de tous les pays lui arrivèrent de chaleureuses félicitations (1). »

Le vicaire général de Bordeaux lui écrivait dès les premières livraisons :

« Je ne puis résister au besoin de vous dire combien j'en ai été satisfait. J'ai trouvé plus d'idées dans ces quatre feuilles d'impression que dans nombre de *bons* livres, de ces idées saisissantes, rendues souvent avec un rare bonheur d'expression, de ces idées profondes qui font réfléchir longtemps. Après un tel commencement, j'ose espérer un des ouvrages les plus remarquables de ce siècle. »

Le P. Lacordaire, non content des encouragements de la première heure, ne craignit pas d'écrire à l'auteur la lettre suivante :

« Votre livre me paraît le meilleur, le plus complet et le plus nouveau publié sur cette vaste matière de l'apologétique chrétienne depuis le commencement du siècle. Il contient avec ordre tous les points de vue qui se sont ouverts à nous dans les derniers

(1) *Etudes religieuses*, t. LXIX, p. 152.

temps, et un grand nombre de pensées qui vous sont propres, rendues souvent avec éloquence et originalité. C'est, je crois, un grand service dont la religion vous est redevable. »

A ce double suffrage déjà si précieux venait se joindre celui plus important encore de l'archevêque de Bordeaux. Le 23 mai 1845, Mgr Donnet écrivait :

« Nous ne saurions trop recommander ce beau livre, qui assure à son auteur, nous le croyons, une place distinguée parmi les apologistes les plus solides et les plus éloquents du christianisme. »

Le premier caractère de l'apologie des *Etudes* était de s'adresser à la généralité des intelligences et de s'adapter aux dispositions morales les plus diverses : c'est ce côté pratique qui assura son succès.

« M. Nicolas, dit son biographe, avait à parler à un siècle complètement dépourvu de notions métaphysiques ; tout au plus en restait-il de faibles traces chez les classes qui auraient dû en être les plus riches. C'est là pour un écrivain une situation ingrate, surtout pour un apologiste, qui a le plus grand besoin de trouver chez ses interlocuteurs une intelligence cultivée par la science des principes. Cela lui faisant défaut, il a dû reconstituer, dans la mesure du possible, cette métaphysique absente par des données de bon sens, des vérités non encore perdues dans le naufrage des croyances, des aveux échappés aux adversaires, les faits généraux de l'histoire et les mouvements les plus intimes, mais les plus incontestables du cœur humain. De tout cela, lié en faisceau, il a su faire un tout harmonieux, un majestueux édifice où la parfaite convenance des détails ne fait que mieux valoir l'unité du plan et la beauté de l'ensemble (1). »

Par cette méthode, non seulement M. Nicolas se fit lire mais il persuada, il toucha, il gagna les cœurs et les conversions opérées par son livre se comptent par centaines.

Les faits sont là qui parlent d'eux-mêmes, et qui vont donner à cet ouvrage une valeur très particulière.

(1) Paul LAPEYRE, *Auguste Nicolas, sa vie, ses œuvres.*

C'est d'abord un juge de paix de Paris qui écrit à l'auteur :

« Quand j'ai commencé la lecture de vos *Etudes philosophiques sur le Christianisme*, j'avais la foi et je pratiquais, mais ma foi aveugle comme celle de ma mère ne la valait pas, parce qu'elle était moins soutenue par la grâce et plus combattue par la raison. J'étais dans le temple de la vérité, mais sans lumières. Vos *Etudes* en ont dissipé pour moi les ténèbres. Vous avez entièrement découvert à mes yeux la vérité que j'entrevoyais à peine. »

Un acteur en vogue, après avoir achevé la lecture de l'ouvrage, s'écriait : « Je suis convaincu, je veux quitter la carrière théâtrale au plus tôt » et il commençait par aller se jeter aux pieds d'un confesseur.

Sa femme dont le nom est connu dans les lettres, Madame Desbordes-Valmore, exprimait sa reconnaissance à l'auteur dans son style poétique : « Soyez béni, Monsieur !... tous les soirs, à voix haute votre âme s'élève dans notre petite chambre et communique à la nôtre de l'espérance et de la lumière pour la nuit. Il fait quelquefois bien nuit, Monsieur, dans les pauvres âmes que le malheur a visitées... » Et la femme de lettres terminait en ajoutant : « J'ai presque écrit sous la dictée de mon mari, votre infatigable lecteur. »

Un médecin matérialiste que les conférences de Frayssinous ont laissé froid aussi bien que tous les cours de philosophie spiritualiste, lit les *Etudes sur le Christianisme* et reste atterré : « C'est pour lui un coup de massue. » Il se convertit aussitôt.

Plusieurs officiers de marine subissent la même influence et doivent à M. Nicolas l'orientation nouvelle de leur existence. Un membre de l'amirauté écrit : « D'un homme indifférent pour notre sainte religion, ou tout au plus respectueux envers elle, vous avez, Dieu aidant, fait en moins de quinze jours un chrétien fervent, sincèrement repentant de ses fautes passées, profondément décidé à sanctifier sa vie à venir, et qui, dans cette vie comme dans l'autre, où vous lui aurez ménagé une place moins mauvaise, n'oubliera jamais l'immense service que vous lui avez rendu. »

Un autre sans avoir le même courage rend la même justice à l'ouvrage; il ferme les *Etudes*, interrompt sa lecture en disant : « Ce livre est trop convaincant, je ne veux pas le lire, je crains qu'il ne me convertisse. »

Si les hommes réfléchis et d'âge mûr occupent le premier rang parmi les lecteurs de M. Nicolas, la jeunesse y est aussi représentée avec tout le charme et l'intérêt qui lui sont propres.

Deux jeunes gens de l'école forestière de Nancy ont perdu au milieu du monde la foi de leur première communion, et contracté les habitudes que la vie de plaisirs entraîne après elles. Au sortir d'une orgie prolongée, le livre des *Etudes* leur tombe sous la main et ils en lisent ensemble les premières pages. Cette lecture les fait rougir; elle leur rappelle les jours meilleurs et ils reviennent au Dieu de leur enfance. Reconnaissants pour celui qu'ils considèrent à bon droit comme l'inspirateur de leur changement de conduite, ils lui écrivent :

« Monsieur, nous avons lu et nous relirons toute notre vie avec un inexprimable bonheur les belles pages que vous avez consacrées à l'étude du christianisme.

« Encore jeunes, nous nous sommes trouvés au milieu du monde, abandonnés à nous-mêmes sur cet océan qui en a englouti tant d'autres; hélas! aurions-nous pu supporter le cynisme railleur des hommes et leur profonde corruption nourrie par une monstrueuse incrédulité? Dieu nous a regardés dans sa miséricorde; il a permis que vos paroles nobles et bienfaisantes aient retenti à nos oreilles. Nous nous sommes attachés à vous avec confiance; nous vous avons introduit dans le sanctuaire de nos âmes, et là nous vous avons écouté avec admiration et avec enthousiasme, dans cette magnifique exposition que vous avez faite des doctrines catholiques.

« ... Soyez béni, Monsieur, soyez béni mille fois pour nous avoir apporté à nous, jeunes gens inexpérimentés, combattants timides, une arme puissante et un baume bienfaisant pour les plaies de notre cœur, une lumière vive et pure pour nous guider dans les ténèbres qui se font autour de nous.

« Maintenant un lien d'attachement filial nous unit à vous et nous avons pensé que votre cœur de catholique recevrait avec bonheur des nouvelles des enfants qui vous sont nés dans la région illimitée de la lumière et du bien, et que vous accueilleriez avec bienveillance l'hommage qu'ils vous adressent dans leur reconnaissance comme à leur père vénéré. »

Un autre jeune homme, élevé dans ces maisons où on ne prononce le nom de la religion que pour la blasphémer, voit dans un journal l'annonce des *Etudes philosophiques*. L'éloge qui en est fait l'excite à l'acheter ; il le lit, et va trouver ensuite le curé de sa paroisse en lui disant :

« — Monsieur le Curé, connaissez-vous M. Nicolas ? Eh bien, c'est ce Monsieur qui m'amène près de vous : j'ai lu son ouvrage, il m'a éclairé, et aujourd'hui je sens le besoin de mettre ordre à ma conscience. »

Les âmes complètement séparées de Dieu ne sont pas les seules à profiter de la lecture des *Etudes philosophiques ;* ce livre qui convertit et ramène à la vérité, donne aussi une recrudescence d'énergie et des aspirations plus vives à celles qui ont eu le bonheur de rester toujours fidèles à leur baptême.

Mademoiselle Céline Renard, qui a conquis un nom dans les lettres, sous le pseudonyme charmant de Marie Jenna, écrivait de Bourbonne-les-Bains à M. Nicolas en lui offrant un de ses ouvrages :

« C'est une dette de reconnaissance que je viens payer en vous envoyant ce petit volume ; s'il renferme des accents vrais de foi et d'amour, soyez-en béni ! Il y a bien longtemps, Monsieur, que j'ai envie de vous dire cela. Beaucoup d'autres vous l'ont dit, sans doute, beaucoup d'âmes incrédules que vous avez amenées, dociles et heureuses, aux pieds du Sauveur. Je n'étais pas de celles-là, mais j'étais faible et profondément troublée par ce que Dieu a laissé d'ombres parmi les splendeurs de sa révélation. Ce qui me restait de foi était encore la vie de mon âme, mais la lutte était pénible à soutenir et parfois je désirais mourir, de peur que le dernier rayon ne vint à s'éteindre. C'est alors que j'ai lu vos *Etudes*, c'est alors que vous m'avez conduite aux plus douces extases de l'intelligence et du cœur : c'est alors que j'ai été vraiment chrétienne et vraiment heureuse. »

Marie Jenna achevait sa lettre en énonçant l'espoir que la lecture du même ouvrage ramènerait bientôt à la foi plusieurs de ses bien-aimés parents. Elle garda de M. Nicolas un si précieux souvenir qu'elle composa pour lui la pièce suivante, sous forme de souhaits :

Bénédiction.

Que le Seigneur désaltère
Sa lèvre au fleuve éternel !
Que ce qui manque à la terre
Sur son front vienne du Ciel !

Qu'en chacun de ses jours passe
Du bonheur à flots pressés,
Et sans effacer la trace
Du bonheur des jours passés !

Que les larmes inconnues,
Que les hymnes, que les vœux,
Que les prières émues
Des cœurs qu'il a faits heureux,

S'en aillent, suivant leur pente,
Vers son âme et vers les cieux,
Au Seigneur, voix suppliante,
A lui, chœur harmonieux !

Que le sentier solitaire
Fasse éclore sous ses pas
Cette paix, fleur du Calvaire,
Que le monde ne sait pas !

Qu'il goûte d'austères charmes
Jusqu'au fond de ses douleurs !
Qu'à la coupe de ses larmes
Dieu mêle encore des saveurs !

Qu'au jour où viendra le deuil
Tendre un voile à son foyer,
Il trouve autour du cercueil
Des amis pour s'appuyer !

Que cette miséricorde
Qui console et réjouit,
Le remplisse et le déborde
Ainsi que Jésus l'a dit !

Et qu'un ange, en sa demeure,
Venu des cieux étoilés,
Lui montre à sa dernière heure
Tous ceux qu'il a consolés !

Une autre femme de lettres éprouva les bienfaits des *Etudes sur le Christianisme* : c'est une Anglaise, Lady Georgiana Fullerton. Elle juge ce livre d'une si grande portée qu'elle en fait comme le héros d'un de ses romans ; c'est autour de lui que converge tout l'intérêt du livre qui a pour titre : l'*Oiseau du Bon Dieu*.

Gertrude, une jeune Anglaise, n'a lu jusqu'à présent que des ouvrages de vaine fiction qui ont livré son imagination à tous les caprices qui peuvent germer dans une tête de vingt ans. Soudain elle rencontre sous sa main un livre sérieux : c'est celui de M. Nicolas.

« Elle commença à lire ; c'était un style tout nouveau pour elle ; elle n'était pas au courant du genre de littérature auquel ce livre appartenait, quoiqu'elle fût versée dans les anciens écrits de la France et de l'Angleterre ; elle n'avait pas encore rencontré un ouvrage qui employât contre le vice et l'impiété toutes les fascinations du style, l'esprit critique et la sensibilité passionnée qui ne sont que trop souvent l'arme de l'irréligion. C'était pour elle une surprise. Nous avons tous connu au moins une fois dans notre vie, ce que c'est que de rencontrer un livre dans lequel, pour la première fois, une intelligence répond à notre intelligence, et qui remplit, comme avec la main d'un maître, les vagues esquisses qui flottent à la surface de notre âme. Nous adorons presque l'esprit qui nous parle ainsi dans ces pages...

« Gertrude lut et réfléchit, et les heures s'écoulèrent sans qu'elle y prît garde. De même que certains parfums ont plus d'influence selon la disposition des sens, ainsi les livres font parfois une impression sur l'esprit qu'ils n'auraient pu produire plus tôt ou après. »

La jeune fille, à partir de cette lecture, change ses habitudes et donne à sa vie l'occupation sérieuse dont elle a manqué jusqu'alors (1).

C'est ainsi que sur toutes les plages et sous toutes les formes les *Etudes philosophiques* obtenaient un succès dont bien peu d'ouvrages de ce genre avaient fourni l'exemple. Du vivant même de son auteur ces quatre gros volumes arrivaient à leur vingt-septième édition.

Ce succès suffit à la gloire d'Auguste Nicolas, et il explique cette parole précieuse entre toutes de Mgr Dupanloup :

« *Je ne connais pas, pour un homme, de plus grand honneur et de plus grand bonheur que d'avoir fait un pareil livre.* »

« Le nom de M. Nicolas, dit encore un critique, appartient à l'histoire de l'apologie du christianisme ; il prendra rang dans notre siècle à la suite des plus illustres. On ne citera jamais de Maistre et Chateaubriand, Lacordaire et Ravignan, Lamennais et Louis Veuillot sans y ajouter Auguste Nicolas. Il est de ceux qui ont pensé pour les autres, et dont les écrits et les discours serviront à perpétuité d'aliments aux intelligences. »

III

Avec l'apparition des *Etudes philosophiques* le nom de l'auteur était devenu célèbre ; la croix de chevalier de la Légion d'honneur vint briller sur sa poitrine et un ministre qui sut mettre en lumière le vrai talent, M. de Falloux, l'appela à Paris pour lui confier une division au ministère des cultes.

Ce ne fut pas sans une vive douleur que M. Nicolas s'arracha à cette ville de Bordeaux qui avait été témoin de

(1) V. M. Lapeyre.

toutes les émotions de sa vie. Une page intéressante de ses *Souvenirs* va nous permettre de juger de son trouble :

« Déraciner une existence de plus de quarante ans, vécus dans la maison patrimoniale où on est né et où l'on a déroulé laborieusement sa destinée parmi tant d'épreuves de la nature et de faveurs du ciel, se dépouiller de toutes ces choses et habitudes sacrées auxquelles on tient comme à sa propre chair, se déprendre de tant d'amitiés, de tant de souvenirs, de tant d'impressions natales et locales, dont le charme grandit et vous étreint plus que jamais quand on y dit adieu : toutes ces attaches indicibles rompues sont quelque chose sans doute ; mais enlever une vieille mère de quatre-vingt-deux ans, une femme et six enfants dont l'aîné n'a que douze ans, pour aller jeter tout cela, d'une vie calme, dans une fournaise en ébullition comme Paris en ces jours-là : quel coup de théâtre ! »

Peu à peu le chef de bureau se fait à ses nouvelles fonctions, mais il est obligé de disputer son temps à la vie fiévreuse et agitée de la capitale :

« J'ai peu de temps... la famille me dévore. Je ne peux guère aller dans le monde par le même motif : après toute une journée de tracas et de travaux, il me faut faire des efforts inouïs pour la recommencer à dix heures du soir en me remettant en course dans Paris pour aller dans les salons des grands. Rendu là, je suis surexcité par l'éclat et la curiosité, et je ne sens plus la fatigue ; mais le lendemain elle retombe sur moi de tout son poids. Le grand art à Paris, c'est de savoir distribuer et appliquer son temps pour atteindre à une multitude de choses diverses. C'est un véritable jeu de bague et de voltige où l'on manque souvent son coup et où on se casse souvent le nez. Heureux celui qui, en se couchant le soir, peut se dire : j'ai fait tout ce que je m'étais proposé de faire. »

L'existence de l'auteur des *Etudes* était en effet très remplie : il s'occupait de la publication d'un second ouvrage qui avait pour titre : *Du Protestantisme et de toutes les hérésies dans leurs rapports avec le socialisme.*

M. Guizot, qui venait de faire appel à tous les croyants contre

AUGUSTE NICOLAS.

les doctrines socialistes, tout en rendant justice au talent et aux intentions de l'auteur, lui reprocha de faire obstacle à cette union, en attaquant une société religieuse qui portait bien haut le drapeau du spiritualisme et des croyances chrétiennes ; mais les catholiques, les évêques surtout, adressèrent leurs chaleureuses félicitations à M. Nicolas.

Au *Protestantisme* succéda *la Vierge Marie et le Plan divin,* œuvre forte, doctrinale et philosophique qui suppose dans son auteur une étude approfondie des saints Pères et de la tradition catholique, de longues et sérieuses méditations, et une merveilleuse connaissance des dogmes de l'Eglise.

Le sujet était délicat, surtout pour un laïque ; aussi plusieurs membres du clergé s'effrayèrent de voir M. Nicolas s'avancer sur ce terrain. Ils crurent de leur conscience d'en prévenir l'archevêque de Paris qui manda l'auteur : celui-ci nous a laissé le récit de cette entrevue.

Mgr Sibour, de l'air un peu solennel qui était inhérent à sa personne, commença ainsi :

« — Vous venez de publier un livre de haute théologie sur le compte duquel il m'est revenu de personnages importants, grandes dames, évêques même, qu'il serait entaché de propositions plus ou moins excessives, de nature à mettre en jeu mon autorité... »

M. Nicolas répondit aussitôt :

« — Monseigneur, qu'à cela ne tienne ; que Votre Grandeur veuille bien me signaler ces propositions, et je m'empresserai par des cartons de les corriger ou de les faire disparaître de l'ouvrage... »

L'archevêque, qui s'attendait à plus de résistance, se radoucit aussitôt ; il parut même embarrassé pour signaler les passages incriminés. M. Nicolas reprit :

« — Je comprends du reste, Monseigneur, qu'à première vue je puisse être taxé de témérité, d'avoir entrepris un tel sujet, et que ceux qui y sont plus compétents que moi par état doivent difficilement croire que, quel que soit le long temps d'étude et d'application que j'y aie apporté, je m'en sois tiré sans reproche... Mais je suis heureux de faire à Votre Grandeur une révélation qui, j'ose le croire, va m'excuser. Entrepris sous l'inspiration d'un maître éminent de la science sacrée, pas une page de ce travail n'a été imprimée sans lui avoir été lue par moi au fur et à mesure de sa composition....

« — Et quel est donc celui-là ? demanda l'archevêque étonné.

« — Monseigneur, c'est M. l'abbé Baudry, de Saint-Sulpice; et si Votre Grandeur veut bien l'inviter elle-même à s'en expliquer, je ne doute pas qu'il ne s'empresse de venir ici prendre ma place. »

A ce seul nom de l'abbé Baudry, Mgr Sibour changea d'attitude et de physionomie et loua sans réserve le talent de l'apologiste des *Etudes* en lui disant que « s'il avait un reproche à lui adresser, c'était d'avoir rendu la foi si lumineuse qu'elle était moins méritoire. »

A partir de ce jour, les approbations et les félicitations saluèrent de toutes parts *la Vierge Marie et le Plan divin ;* en effet, dit un bon juge, c'est peut-être le plus beau monument qui ait été élevé dans notre siècle à la Mère de Dieu. C'est une œuvre magistrale et une sorte de *Somme* de la Sainte Vierge.

Pour être complet il faudrait citer encore bien d'autres ouvrages du vigoureux athlète qui resta sur la brèche pendant près de cinquante ans : c'est ainsi qu'il donna *l'Art de croire, l'Etat sans Dieu, la Révolution et l'Ordre chrétien, Jésus-Christ,* etc... Parmi tant d'œuvres, il n'en est qu'une à laquelle nous voulons nous arrêter parce qu'elle nous montrera M. Nicolas sous un nouveau jour.

Cet homme qui a servi la vérité par sa plume avec tant d'éloquence et de succès, l'a servie également par une dignité de vie qui mérite d'être révélée au grand jour.

Le ciel lui avait envoyé une famille très nombreuse qu'il voulut élever entièrement sous ses yeux : aussi sa maison était réglée comme le collège le mieux tenu.

« A cinq heures du matin, garçons et filles sont sur pied. Les uns et les autres font de suite chacun leur lit, et leur chambre ;

à cinq heures trois quarts on est ordonné, lavé, peigné ; on a dit tous ses oremus et on est au travail. Les heures des repas et des récréations sont parfaitement fixées et réglées. Il faut bien cela pour ne pas tomber dans le chaos. »

M. Nicolas, en une page charmante, va nous présenter tout son petit monde :

« *Damase* est bien, très bien de raison, de piété et d'application. Il fait des progrès dans le latin et le grec ; on est content de lui. Il a la voix plus forte que vous et moi, et sa lèvre supérieure s'ombrage. Il *cabeille*, comme on dit du blé quand il entre en épi.

« *Auguste* est toujours souffrant, ou plutôt, comme il dit, fatigué, et ne trouve de repos qu'en bondissant comme un jeune cerf. Impossible de lui faire rien faire. Heureusement qu'il n'est pas sot : c'est ma fiche de consolation.

« *Marie* a beaucoup grandi. *Etienne*, parfaitement guéri, est le plus gentil et le plus décidé de nos enfants. Ils préludent tous deux à l'étude sur les genoux de leur mère : Marie est studieuse, Etienne regarde au plafond.

« *André* est plus gros et plus doux que jamais. Il *parlotte*. Je l'aime tout plein, d'autant qu'on vient de me le passer pour faire place à M. *Flavien* qui s'asseoit à la table commune, et forme le septième fleuron de notre couronne d'aubépine. Il est fort et pétulant en diable. Le sourire doux et de tout petits yeux un peu grivois, relevés du coin, lui font une physionomie tout à fait particulière. C'est la consolation et la fatigue de Madame Nicolas. »

Deux autres enfants vinrent encore prendre place à ce foyer patriarcal. Ce fut avec bonheur que ce père chrétien donna l'aîné à l'Eglise. Damase entra chez les Dominicains. Quant au second, Auguste, c'est celui-là que Dieu se réservait d'enlever par une mort prompte et terrible, et c'est cette tragédie que M. Nicolas a racontée dans le livre intitulé : *Mémoires d'un Père*.

Pour consoler son cœur bien plus que dans l'intention de faire un livre, il jeta sur le papier les souvenirs de cette courte mais si édifiante existence. Quelques amis privilégiés, qui avaient été admis à les parcourir, supplièrent le père de ne pas garder pour lui seul ces trésors d'édification ; après bien des hésitations, M. Nicolas se rendit et publia le livre.

Les *Mémoires d'un Père* sont d'une belle simplicité ; on n'y trouve pas de rhétorique, pas de phrases ; on n'y voit que de vraies larmes et une sincérité profonde. Ce père a eu la force indicible de révéler les défauts de son fils.

« Auguste hésita longtemps entre le mariage et le cloître : il essaya tour à tour des austérités de la Trappe et des contemplations du Carmel, et il parut qu'il n'était point de force à porter le poids de ces austérités ni la hauteur de ces contemplations. Ce ne fut pas en vain toutefois qu'il fut saisi de cette ambition magnifique de servir Dieu sous la robe du religieux ; s'il ne dépouilla point les vêtements du siècle, il dépouilla cette personnalité qui, d'après le sincère aveu de son père, était à peu près sa seule imperfection. Il ne resta plus en lui qu'un ange, et déjà les ailes invisibles de son âme semblaient s'agiter pour l'emporter prématurément au ciel.

« Il faudrait citer tous ces *Mémoires* pour transporter réellement nos lecteurs dans cette famille antiquement chrétienne dont Auguste n'était pas la seule parure. Ce père, cette mère purent agenouiller un jour, dans la même chambre, leurs neuf enfants aux pieds de la Vierge corédemptrice. Il est vrai que le jour était solennel. Auguste allait mourir, et ces chrétiens composaient avec leur dix âmes une seule énergie pour l'arracher à Dieu par la prière.

« Oui, à vingt et un ans, dans la plus riche gloire de son adolescence, dans la plus vive blancheur de sa virginité, portant depuis peu de jours la robe du fiancé, sur le point d'épouser une chrétienne qui allait devenir, qui était déjà devenue le dixième enfant de sa mère, le jeune chrétien fut tout à coup réclamé au ciel. Au mois de janvier 1861, à l'improviste, comme un voleur, ou plutôt comme un soldat chargé d'exécuter la consigne céleste et l'exécutant brutalement, un mal horrible tomba sur lui. Ce fut en vain que sa famille se débattit sous l'étreinte de ce mal : sa famille, disons-nous, et non pas lui.

« Le mal faisait tous les jours des progrès effrayants. Mais comment un étranger raconterait-il ces choses ? La mort d'un fils, grand Dieu ! Un père, un père lui-même la sent trop fortement pour la raconter suffisamment. Suivre sur le visage de son fils les envahissements de la douleur dernière, les triomphes de l'agonie, les suprêmes résistances de la vie qui recule en s'éteignant ; voir ces yeux se ternir, se vitrifier peu à peu, ces lèvres se contracter, cette sueur froide s'étendre sur la peau horriblement blanche, tout cela ne se peut raconter.

« Mais l'auteur des *Mémoires d'un Père* est vigoureusement chrétien, et il a passé par-dessus ces *accidents* pour s'attacher à la *substance* de la dernière heure, c'est-à-dire à l'espérance de la bienheureuse immortalité. Cet écrivain qui dans ses livres a glorifié Jésus-Christ et la Vierge, a fait mieux encore que d'écrire ces livres : il a aidé son fils à mourir chrétiennement. Ecoutez-le dans le récit de la *dernière minute* : « Avec quelle ardeur je lui parlai de ce Dieu qu'il avait tant aimé, comme d'un Père, de son vrai Père, dont je n'avais été que l'ombre grossière et que l'indigne image ici-bas, et dans le sein duquel j'aimais à le remettre (1) ! »

Et cependant le coup fut épouvantable :

« La mort de mon fils est entrée dans mon âme, et elle n'en sortira que par la mienne, qu'elle commence et qu'elle acheminera. Elle m'est devenue personnelle. Je la porte en moi ; elle fait comme le fond sanctifiant de mon existence. »

« J'ai voué, dit encore l'admirable père, j'ai voué le reste de ma vie au culte de cette chère mémoire, j'ai noué, pour ainsi parler, mon existence au fil tranché de la sienne, et j'ai pris à tâche de le continuer pour mériter de le suivre. Toutes ses pieuses pratiques, toutes ses dévotions, toutes ses résolutions et ses intentions, je les exécute, je les acquitte et les accomplis religieusement, autant qu'il est en moi, comme il l'aurait fait lui-même. Je fais son interim sur la terre. Je trouve à cela tout à la fois consolation et douleur : car la même religion qui me fait accepter le sacrifice me le représente et me le renouvelle. Plus je suis les traces de mon fils, plus je me rapproche de Dieu, et

(1) L. Gautier, *Portraits littéraires.*

plus je me rapproche de Dieu, plus je retrouve mon fils, que tout le mouvement du siècle me dérobe ; plus je le vois dans sa lumière, plus je le sens dans le douloureux attrait de sa mort et de sa sainteté. »

La littérature chrétienne compte peu de pages aussi belles et aussi imprégnées du charme de la vertu héroïque.

A son tour ce père s'achemina vers la tombe ; mais si, sous le poids des ans, la tête se courba, l'âme resta toujours jeune et fière. En 1880, il habitait Versailles où il était venu chercher le calme et le recueillement nécessaires aux dernières heures de la vie. C'était l'époque des décrets et là, comme par toute la France, les religieux allaient être expulsés. M. Nicolas voulut en cette circonstance donner un dernier exemple.

Le 4 novembre, on annonce l'expulsion des Capucins. M. Nicolas se rend à la résidence des Pères, « revêtu de ses plus beaux habits, comme pour un jour de fête. » Déjà la porte du couvent est barricadée mais il s'installe, sur le seuil extérieur de la porte et attend...

« Le commissaire se présente chapeau bas ; je l'arrête et le chapeau sur la tête je lui dis : « Monsieur, je suis magistrat, conseiller à la cour de Paris. Permettez-moi de vous demander à quel titre vous venez ici !... » Il pâlit à ce moment et à cette attitude de magistrat qu'il ne s'attendait pas à rencontrer si tôt, et, la figure contractée, il balbutie qu'il vient au nom de l'autorité faire exécuter la loi, à son très grand regret, avec mille protestations de son honneur et de sa conscience, etc...

— « Eh bien, lui dis-je, voilà le moment pour vous de confirmer cet honneur de toute votre vie ou de le perdre... Et la foule comprenant ce que je veux dire crie : *Démission ! Démission !...* Mais le malheureux avait déjà vendu son âme en signant le pacte par lequel on avait voulu s'assurer de lui. Il va chercher les crocheteurs qu'il avait cru devoir tenir cachés... »

La porte est enfoncée et M. Nicolas pénètre avec la foule jusque dans la chapelle : là, les Pères cédant à la force s'apprêtent à quitter le couvent. M. Nicolas en prend deux, deux jeunes novices, entre lesquels il s'avance, portant le sac de l'un d'entr'eux et il les emmène jusqu'à sa demeure.

Ce fut là le dernier acte glorieux de l'illustre défenseur de la vérité, sur la tombe duquel on a pu en toute vérité graver ces mots :

Bene scripsisti de me (1) !

(1) Tu as bien écrit de moi.

L'Abbé BAUTAIN

L'Universitaire. — Le Défenseur de la vérité catholique. — Sa fidélité à l'Eglise.

(1796-1867)

C'était surtout un rôle pratique que les *Etudes philosophiques* de M. Nicolas avaient été appelées à jouer dans l'œuvre de l'apologétique ; si elles avaient rencontré tant de lecteurs, elles le devaient à la façon dont l'auteur, pour se mettre à la portée du grand nombre, avait sacrifié les arguments métaphysiques; mais ce que l'ouvrage gagnait ainsi en surface, il le perdait en profondeur et en portée scientifique. Le véritable rôle apologétique en notre siècle était de démontrer l'accord de la raison et de la foi ; et pour cette tâche il fallait des esprits de haute culture et de haute intelligence. Il était réservé à l'abbé Bautain et au P. Gratry de présider à ce double mouvement philosophique et religieux.

I

Né à Paris, le 17 février 1796, Louis Bautain révéla dès ses premières années les trésors d'une intelligence vive et précoce. Son enfance chrétienne lui a laissé des souvenirs précieux qu'il se plaira à communiquer plus tard :

« La première impression de la foi a été donnée à mon âme par une bonne vieille domestique qui, tous les jours, dès six heures du matin, allait régulièrement entendre la messe à l'église voisine. Souvent l'hiver, à genoux devant l'église, elle attendait que la porte en fût ouverte. Je ne me rappelle pas ce qu'elle m'a dit dans mes premières années, elle m'apprenait probablement à prier, mais son image et sa douce influence me sont restées au cœur. Plus tard, ma première confession m'avait profondément remué. Je me vois encore aux pieds du vieux prêtre à cheveux blancs, dans une petite chambre de ma pension, et tout en larmes. »

Puis c'est le souvenir de sa première communion, jour béni entre tous « auquel il attribua tout le bonheur de sa vie » :

« J'ai fait ma première communion très pieusement après m'y être préparé avec une foi vive et toute l'ardeur dont j'étais capable. Je me rappelle encore avec une certaine émotion les heures que je passais à lire l'*Imitation de Jésus-Christ*, à prier sans me lasser, et à faire scrupuleusement la liste de tous mes péchés que je devais accuser dans une confession générale. Je me suis approché la première fois de la table sainte avec tremblement et bonheur tout ensemble ; j'étais hors de moi, bouleversé, et jamais ce que j'ai éprouvé en ce jour ne sortira de ma mémoire (1). »

Cette jeune âme aux impressions profondes était également ouverte à l'amour du vrai et du beau ; des études soignées lui découvrirent les premiers horizons de la science pour laquelle il devait passionner son existence. Elève de Villemain au lycée Charlemague, de Royer-Collard et de Cousin à l'Ecole normale, Louis Bautain « se lia avec Jouffroy et Damrion d'une amitié si étroite, qu'elle leur valut le nom *des trois inséparables* (2). » C'était l'amour des études philosophiques qui unissaient les jeunes gens et le commun désir de communiquer leur science les poussa également vers l'enseignement.

Aussi au mois d'août 1816, après avoir brillamment soutenu une thèse sur la satire, Bautain obtenait le grade de docteur ès lettres et était envoyé au collège royal de Strasbourg pour y

(1) BAUTAIN, *Les Choses de l'autre monde*.
(2) BOUYSSONNIE, *Les Contemporains*, n° 225.

enseigner la philosophie. A peine parut-il dans sa chaire qu'il fut ce qu'il resta jusqu'au terme de sa carrière, un éminent professeur. Ses débuts furent éclatants; on se pressait autour de la chaire du maître :

« Jeune, spirituel, plein d'ardeur et d'entrain, il avait débuté avec un succès tel que, le 31 octobre 1817, deux mois à peine après avoir reçu le titre définitif de sa chaire au collège, il était chargé en outre de l'enseignement de la philosophie à la Faculté des lettres. C'était un théâtre bien différent de celui du collège, et la transition de l'un à l'autre pouvait paraître périlleuse, surtout pour un jeune homme. L'épreuve ne sembla qu'un jeu pour M. Bautain. Du premier coup il s'en tira avec honneur, et obtint d'emblée, parmi la jeunesse de Strasbourg, un succès jusqu'alors inouï : tous ceux qui l'entendaient étaient enlevés, et c'était à qui se presserait autour de la chaire du jeune orateur (1). »

En effet Bautain avait toutes les qualités qui mènent au succès : une parole incisive et spirituelle, pleine de feu et d'entrain, une voix vibrante, instrument exquis dont il savait jouer en artiste pour rendre tous les accents de l'âme, des traits fins et distingués dignes d'être gravés en médaille, un regard perçant, une physionomie résolue, quelque chose à la fois d'imposant et d'attirant, tout cela au service d'un esprit élevé, nourri d'excellentes études, en fallait-il davantage pour séduire un auditoire et le maîtriser ? La jeunesse de Strasbourg était conquise ; jamais les officiers de la garnison ne montrèrent un goût plus vif pour la philosophie (2).

Aux succès du professeur venaient se joindre ceux de l'homme du monde dans les salons qui se le disputaient et où il portait chaque soir l'aisance, le charme, la politesse de ses manières distinguées.

Tout souriait donc au jeune homme et lui prédisait le plus brillant avenir, quand l'intervention de la Providence vint donner à ses pensées un cours tout différent.

(1) A. Campaux, *Etude sur l'abbé Bautain.*
(2) P. Baudrillart.

A cette vie intense, à cette poursuite ardente de la science et de la gloire réunies, Bautain usa rapidement ses forces ; deux ans ne s'étaient pas écoulés, que, frappé en pleine chaire, il tombait enseveli dans ce que le monde appelait son triomphe.

« Un jour, dit M. Campaux, il s'interrompit tout à coup au milieu de sa leçon, il s'arrêta comme frappé de mutisme, et pâlit. Il sentit avec terreur que sa pensée lui échappait ; en vain il essayait de la ressaisir, il n'y parvenait pas, et devant son auditoire presque aussi déconcerté que lui, il restait interdit, comme un homme pris de vertige. Enfin il rassembla une dernière fois ses forces pour murmurer au public haletant d'attente ce qui arrivait, et il descendit de la chaire sans pouvoir même achever. »

L'épreuve était grave et particulièrement humiliante pour le brillant professeur qui dut interrompre son cours, renoncer à son auditoire, pour traîner à travers le monde des villes d'eaux un esprit épuisé et un corps languissant. Rien de plus triste que l'état de cette âme découragée et frappée, peut-être à jamais, dans ses plus légitimes espérances ; plus tard, dans un ouvrage qui est presque une autobiographie, l'abbé Bautain a retracé les principaux traits de cet épisode de sa vie (1) :

« Rappelez-vous, Madame, ce jeune homme qu'on avait envoyé professer la philosophie dans une académie, quand il était à peine majeur. Il se mit à l'œuvre avec l'ardeur de la jeunesse qui ne doute de rien parce qu'elle ne voit pas le danger ; et aussi, il faut le dire, avec la confiance qu'inspire une mission donnée et un devoir à remplir. Il eut des succès, vous le savez, plus de succès qu'il n'en espérait et n'en méritait. La foule se pressait autour de sa chaire, il en fut vivement excité, car il aimait la gloire, et il fit des efforts prodigieux, tâchant de compenser par ses travaux ce qui manquait à son expérience, afin de répondre à l'empressement du public et de ne point rester au-dessous de ce qu'on attendait de lui...

« La lecture assidue des philosophes allemands, où il puisait

(1) Cette citation tirée de la *Chrétienne de nos jours* est extraite de l'ouvrage de M. de Régny : *L'abbé Bautain, sa vie, ses œuvres ;* c'est d'après ce livre intéressant que nous citerons les *Souvenirs* du professeur de Strasbourg.

ses matériaux, la méditation incessante des abstractions les plus subtiles, l'élaboration toujours renouvelée des idées des autres pour les assimiler en les transformant en ses propres idées, enfin la tension excessive de l'esprit pour ordonner le plan de ses leçons qu'il exposait d'abondance; tout cela, avec l'exaltation de toute sa personne pour suffire à une pareille tâche, eut bientôt épuisé ses forces et ruiné sa santé, au point qu'il fut réduit à ne rien faire pour avoir voulu trop faire.

« Force lui fut de s'arrêter dans sa course où il semblait marcher si glorieusement. Ne pouvant plus travailler, incapable de penser et par conséquent de parler, retombant au moindre effort sur lui-même, où il ne retrouvait plus que de l'impuissance et du vide, n'ayant plus pour le soutenir les applaudissements des hommes et le bruit de sa gloire, il se sentit défaillir dans son corps et dans son âme. Après avoir épuisé les ressources de la médecine et toutes les distractions de l'oisiveté par les voyages, découragé de se sentir annulé et ne comprenant plus ce qu'il avait à faire au monde, puisqu'il ne pouvait plus penser, parler ni écrire, il crut que sa vie était finie sur la terre, et il eut la pensée criminelle d'en briser la trame. »

Voilà à quelle suprême faiblesse en était arrivé ce jeune homme si bien doué de tous les dons de l'intelligence; en quelques jours l'épreuve l'avait renversé de sa chaire brillante pour le terrasser et lui ravir toute énergie, ne lui laissant plus d'autre aspiration que celle d'un trépas prématuré. Tant il est vrai que la science seule n'est qu'une ressource bien insuffisante pour équilibrer la vie humaine.

Hélas ! au milieu des arides recherches du savoir, au milieu des enivrements du triomphe, le brillant professeur avait oublié le Dieu de sa première communion; abandonnant la pratique de la religion, l'élève de l'Ecole normale, le professeur de Strasbourg était devenu libre-penseur. Son âme avait trouvé un aliment dans la prospérité et les applaudissements des foules, mais au jour de l'épreuve amère, elle fléchissait sous le poids du désespoir...

« Pauvre philosophe, reprend M. Bautain, puisque toute sa science ne lui avait point appris à supporter la maladie, ni la mauvaise fortune, et que dans son orgueil de jeune homme, il s'imaginait n'avoir plus rien à faire ici-bas, puisqu'il n'y pouvait plus briller! Pauvre philosophe, qui s'arrogeait le droit de détruire son existence, comme s'il en était l'auteur, ou qu'il n'eût à répondre à personne du poste où il avait été placé! Mais le caractère de toute philosophie non chrétienne est la prétention à l'autonomie, à l'indépendance, et dans ce temps-là je me croyais philosophe et n'étais pas chrétien. »

Cependant si le professeur avait oublié la foi de ses jeunes années, il est juste de dire qu'il l'avait toujours respectée et jamais blasphémée :

« Au milieu de mes rêves d'orgueil et de gloire, et quand je m'efforçais le plus de conquérir l'admiration des hommes par l'éclat et le bruit de ma parole, je cherchais cependant avant tout la vérité, et je l'aimais plus que les applaudissements du monde. Jamais dans mon enseignement, où l'ardeur de l'improvisation pouvait m'entraîner, je ne l'avais sacrifiée sciemment aux effets à produire. J'avais tâché de dire ce qui me semblait vrai, et quand il m'arrivait de dépasser involontairement ma pensée par l'expression, j'en avais du remords. Une voix me disait aussitôt dans ma conscience : « Es-tu bien sûr de ce que tu viens d'affirmer, et crois-tu que ce soit la pure vérité? » Oui, je l'aimais passionnément cette sainte vérité, même en ne la voyant pas, et ainsi j'adorais Dieu sans le connaître, puisqu'il est la vérité et l'amour! Je l'adorais, je l'aimais comme ces illustres païens, qui l'ont cherchée et quelquefois entrevue au milieu de tant d'erreurs, lui rendant hommage et la servant à leur manière, puisque plusieurs Pères de l'Eglise les ont appelés les prophètes de la gentilité. Sans doute cette sincérité, cette droiture d'un cœur égaré, d'un esprit aveuglé, ont touché le Sauveur des hommes, ont attiré ses regards miséricordieux sur ma misère; et comme dans l'espèce de forteresse où ma raison s'était enfermée, repoussant dans sa superbe philosophie l'enseignement de l'Eglise, je me trouvais privé des moyens ordinaires de la grâce pour éclairer et changer les âmes, il a daigné m'envoyer un ange sous forme humaine pour m'instruire, me relever et me sauver. »

L'Abbé BAUTAIN.

Cet ange, que Dieu avait choisi pour une mission si glorieuse, s'appelait Mademoiselle Humann.

II

D'une intelligence supérieure, d'une foi profonde, d'un sens droit et juste, cette illustre chrétienne devait avoir une influence décisive sur la vie entière de M. Bautain.

Celui-ci, dépérissant à vue d'œil, abandonné par les hommes de science, avait été en dernière ressource envoyé aux eaux de Baden. « J'y allai comme j'aurais été ailleurs, ayant peu de confiance dans la médecine et dans l'efficacité des eaux. Néanmoins, comme c'était un charmant séjour, au milieu de la plus belle nature, ne sachant d'ailleurs que faire de ma personne, je m'y rendis. »

Un de ses compagnons de voyage avec lequel il lia connaissance, le présenta chez sa sœur, où se trouvait Mademoiselle Humann. C'est ainsi que se fit la première rencontre que M. Bautain a rappelée lui-même :

« J'avais déjà entendu parler du savoir et de la piété de cette dame, et je m'attendais à trouver une espèce de bas-bleu, ce qui ne me souriait nullement. Je fus surpris de trouver une personne très simple, très digne dans ses manières, parlant peu, toujours avec calme, sans prétention aucune, mais avec beaucoup de sens et de netteté. Je me rapprochai d'elle, et bientôt notre conversation devint presque exclusive. J'en cherchai volontiers de nouvelles occasions pendant les quelques jours qu'elle passa à Baden, et en partant elle eut la bonté de me permettre d'aller la voir à Strasboug, pour avoir le plaisir, me dit-elle en riant, de continuer nos entretiens philosophiques. »

Mademoiselle Humann, ou Madame Louise, comme l'appellera toujours M. Bautain, avait vécu longtemps en Allemagne, et ayant des goûts très sérieux, elle s'y était liée avec les principaux écrivains de cette époque ou avait étudié leurs ouvrages. C'était donc pour le professeur, alors amoureux de la philosophie allemande, une bonne fortune que cette rencontre.

« C'était un trésor que je venais de découvrir, et j'en étais d'autant plus heureux que l'étude de cette philosophie, faite dans les textes mêmes des auteurs que j'avais grand'peine à comprendre, avait achevé de ruiner ma santé en lui portant le dernier coup. Je ne pouvais plus lire, mais je pouvais écouter, et je trouvais un livre vivant, qui m'en résumait beaucoup d'autres en y ajoutant la clarté de la langue française et le charme d'une voix amie. En vérité, je ne pensais absolument qu'à cela dans les premiers temps que j'eus le bonheur de connaître cette femme, qui devait décider de toute ma vie, et je m'attachai à elle, non pour l'amour du grec, mais pour l'amour de la philosophie germanique. »

Mademoiselle Humann avait alors cinquante-quatre ans ; son existence presque entière avait été consacrée à la direction d'une maison d'éducation qu'elle avait fondée en Allemagne et qui avait eu un grand succès. Aujourd'hui, retirée à Strasbourg, sa ville natale, elle y passait ses jours dans la solitude et la prière.

Après son séjour à Baden, M. Bautain usant de la permission qu'elle lui avait donnée d'aller la voir, reprit avec elle ses entretiens philosophiques. Elle lui montra divers petits traités qu'elle avait composés sur les plus graves questions, écrits dans une langue claire et simple. Le philosophe ne put contenir son admiration et multiplia ses visites.

« J'étais ravi ; car ce langage, si simple et si profond à la fois, me donnait des lumières sur des questions que j'avais vainement agitées jusque-là, et de nouveaux horizons se découvraient à mes regards surpris. Aussi je revenais tous les soirs, au lieu d'aller en société, pour reprendre nos entretiens et nos lectures, et tous les soirs je partais avec un désir plus vif de revenir. Ma santé elle-même, quoique encore chancelante, profitait de cette satisfaction de mon esprit, et comme elle avait été ébranlée par mes efforts pour saisir la vérité et posséder la science, et que j'avais failli mourir par désespoir d'y parvenir, elle commença par se relever par le rayon d'espérance qui brillait dans mes ténèbres, et je me rattachai à la vie, en aspirant avec une nouvelle confiance à ce que j'avais aimé par dessus tout. »

On ne peut longtemps causer philosophie, sans s'engager sur le terrain religieux ; Mademoiselle Humann eut bien vite fait de s'apercevoir qu'elle n'avait affaire qu'à un honnête païen et elle se promit de se dévouer au salut de cette âme. Pour cela, elle suivit la plus adroite des méthodes ; sans contradiction directe, sans discussion aiguë, elle le laissait exposer ses chimères philosophiques, puis, après l'avoir laissé parler tout à son aise, elle reprenait à sa manière, sans trancher, sans rien imposer, ce qu'elle pensait et ce qu'elle croyait.

Cette douceur eut sur l'esprit de M. Bautain infiniment plus d'influence que tous les arguments, et presque sans s'en apercevoir le professeur devint disciple.

« Par cette voie fut ranimée peu à peu la foi de mon enfance, qui avait été vive au temps de ma première communion, et que les sens, l'imagination, et surtout les prétentions de la vanité philosophique, avaient étouffée dans mon âme sans l'éteindre... J'acquis bientôt la conviction que la doctrine chrétienne est le couronnement ou, si l'on veut, le dernier mot de la philosophie, et que l'homme sincère qui aime la vérité, et désire la voir dans sa pureté pour s'y soumettre pleinement et la mettre en pratique quoiqu'il lui en coûte, la trouvera infailliblement dans l'Evangile et dans l'enseignement de l'Eglise instituée par Dieu pour l'annoncer au monde. »

Le professeur était arrivé insensiblement à cette vérité, « presque sans s'en douter, conduit par la parole lumineuse et affectueuse de son bon ange. » Jamais la liberté d'un homme n'a été plus pleinement respectée, et jamais aussi elle ne fut plus pleinement conquise.

Un premier pas était donc fait : le philosophe était devenu un philosophe chrétien ; il lui restait à faire passer dans la pratique de la vie cette conviction qui inspirait ses pensées. Docile aux conseils de celle qu'il considérait désormais comme une mère, il se mit à lire l'Evangile, non plus comme auparavant par curiosité ou pour le trouver en défaut, mais sérieusement, avec le désir sincère de le comprendre et de l'appliquer à la direction de sa vie.

Il se convainquit bientôt que la philosophie chrétienne n'est pas comme une autre science et qu'on n'y avance point si les œuvres ne se joignent à l'idée pour la réaliser et la confirmer. Il remarqua que les chrétiens recourent à la prière, langage inconnu aux philosophes et après bien des répugnances, il se décida à les imiter :

« Je cherchai dans ma mémoire les prières de mon enfance, que je n'avais point prononcées depuis longtemps, et, me mettant à genoux au pied de mon lit, après avoir dit un *Pater* et un *Ave,* j'invoquai le Dieu inconnu, comme les Athéniens du temps de saint Paul, lui demandant de tout mon cœur sa lumière pour le connaître et sa grâce pour l'aimer et le servir. Le lendemain, je revins triomphant auprès de Madame Louise, lui disant que j'avais prié, et que le sentiment de paix et de confiance qui m'en était resté m'avait persuadé que la prière était bonne à quelque chose. »

Et M. Bautain termine par ce mot : « Depuis ce moment je n'ai pas discontinué... »

C'en était donc fait, la place était gagnée ; il ne restait plus au philosophe, qu'à tirer les dernières conséquences de sa foi nouvelle. On approchait des fêtes pascales et le moment était bien choisi pour la réconciliation de cette âme au Dieu de son enfance. Malgré tout, la pensée de la confession n'était pas sans produire une vive émotion sur l'esprit du converti : ce philosophe, jusqu'ici si fier de son indépendance, ne reconnaissait à personne le droit de se mêler de sa conduite et il lui répugnait d'aller s'humilier aux pieds d'un prêtre auquel il devait tout dire et qui aurait le droit de tout demander.

« Toutefois, ce n'était pas la confession en elle-même que je redoutais ; car depuis longtemps je m'étais habitué à tout raconter à mon bon ange, même mes sentiments les plus intimes, les mouvements les plus secrets de mon cœur, et certes je n'aurais éprouvé aucun embarras à me confesser, si elle avait pu être mon confesseur. J'avais pleine confiance dans ses lumières pour me comprendre, et dans sa bonté pour m'excuser. Mais il fallait s'adresser à un homme que je ne connaissais pas, qui ne me connaîtrait pas, ou peut-être me connaîtrait mal, ce qui est encore pis, et me jugerait, non par ce que je lui dirais, mais sur ses préventions! Car mon enseignement philosophique qui avait eu du retentissement, avait effarouché le clergé à mon égard, parce que pendant plusieurs années il n'avait point été chrétien, et je passais pour un ennemi de l'Eglise. Voilà, je l'avoue, ce qui me répugnait le plus, et je ne sais si j'aurais eu la force de passer outre, si la prudence de Madame Louise n'avait trouvé le moyen de tourner la difficulté. »

Mademoiselle Humann, voyant les répugnances du philosophe, lui conseilla de se rendre à Einsiedeln, en Suisse, au célèbre pélerinage de Notre-Dame des Ermites. Avec le secours spécial de la Sainte Vierge, il y trouverait le calme et la solitude dont son âme avait besoin pour le grand acte qu'il lui restait à accomplir. Le professeur y rencontra de plus un prêtre chargé d'années et d'expérience, qui sut comprendre la situation de ce converti et le décharger du fardeau qui lui pesait depuis longues années. M. Bautain fit une confession générale, il reçut le Dieu qui pardonne et reprit le chemin de Strasbourg avec des enthousiasmes dans le cœur :

« Libre, léger, redevenu chrétien complet par ma communion avec l'Eglise, je revins comme un heureux enfant auprès de celle qui était ma mère spirituelle, et qui fut encore plus heureuse que moi... »

Aux heures sombres de désespoir et d'abattement, au crépuscule des premières lueurs de la foi et des luttes de la raison, à l'embarras et à l'appréhension des dernières hésitations, succédaient la paix de l'âme et les joies enivrantes du cœur qui se sent à l'abri de toute inquiétude.

« Je jouissais avec délices de la résurrection de mon âme, qui trouvait dans sa voie nouvelle, tout d'abord un objet digne de son amour, le bien suprême devenu accessible à ses aspirations, ensuite pour son intelligence une pure lumière lui manifestant la vérité, et enfin la santé pour son corps qui, participant au bonheur de l'âme, reprenait ses forces. Réconcilié avec le ciel, j'étais bien mieux disposé pour les hommes, et je commençais à aimer mon prochain, parce que j'avais appris à aimer Dieu...

« Jamais je n'ai été aussi heureux de ma vie. Comme un convalescent arraché à une longue maladie et aux prises de la mort, je savourais les prémices de ma santé spirituelle, tout surpris par moments, et surtout enchanté de ne plus ressentir mes incertitudes, mes ténèbres et mes angoisses d'autrefois. J'aurais voulu que ce délicieux état durât toujours !... »

Avec le bien-être moral, la santé était revenue et le professeur put remonter dans sa chaire. Il y retrouva le même succès quoiqu'il n'y apportât pas le même esprit ; à l'amour du prestige et de la gloire qui jadis avait inspiré ses plus heureux développements, succédait maintenant le désir de séduire les âmes uniquement par l'attrait du beau, du vrai et du bien qui ont leur seule source dans la divinité.

Le même enthousiasme accueillit sa parole, et la jeunesse qui l'écoutait commença à goûter les fruits de cette métaphysique nouvelle ; elle se prit d'enthousiasme pour ce maître à la doctrine élevée, et non contente de l'entendre en sa chaire, elle vint se grouper autour de lui, formant une école rivale de celle de la Chesnaye.

Le nouveau Lamennais vit arriver à lui les Carl, les Ratisbonne, les Goschler, les Level, un peu plus tard les de Régny, les de Reynach, les Gratry, les Mertian, les Bonnechose. « Dans une sorte de cénacle, qui rappelait celui qu'Augustin et ses amis avec Monique formaient après leur conversion, sous la conduite et sous les yeux de son inspiratrice, devenue leur mère à eux aussi, ils formaient une véritable famille philosophique et religieuse où tout était commun, les idées, les sentiments, la bourse, le genre de vie, tout, jusqu'au costume modelé sur celui du maître (1). »

Sur ces âmes généreuses, altérées de vérité, M. Bautain exerça le secret de son ascendant prodigieux, de son action singulière et pénétrante, et il laissa dans toutes une empreinte

(1) GRATRY, *Souvenirs de ma jeunesse.*

qui décida leur existence. Son enseignement fut pour eux une révélation, si l'on en croit leur propre témoignage :

« Nous recevions avec délices, s'écrie Théodore Ratisbonne, la parole simple et vivante qui jaillissait avec abondance du cœur de notre maître. Ce n'était pas un enseignement comme un autre, c'était une véritable initiation aux mystères de l'homme et de la nature. Nous écoutions avec surprise, avec admiration, les développements de cette vérité universelle que le maître puisait à la source vivante des saintes Ecritures, d'où sa parole tirait force, vertu et puissance. Cet enseignement faisait plus qu'éclairer mon intelligence, il échauffait mon cœur, il remuait ma volonté ; il faisait fondre la glace qui couvrait mon âme ; enfin l'influence du christianisme m'enveloppait de toutes parts sans que j'en eusse conscience ; et heureusement ! car je n'aurais point eu le courage de l'envisager en face (1). »

Après Théodore Ratisbonne, dont le nom est resté célèbre, c'est Isidore Goschler qui lui aussi devait laisser sa trace dans le mouvement philosophique de cette époque. Ce qu'il fut, il le doit à son maître :

« J'en appelle, dit-il, à tous ceux qui entendirent alors avec moi M. Bautain. Comment exprimer le bonheur que nous goûtions à recevoir cette parole de science et de vérité, revêtue de tous les charmes d'une douce et entraînante éloquence ? Tout à la fois simple et grave, et riche en développements, elle s'appuyait sur les faits de la conscience humaine, de la société civile, de l'histoire des peuples, des lois et des phénomènes de la nature. Attiré par quelque chose de vivant qui me pénétrait, subjugué par le charme d'un enseignement plein d'âme, où le maître semblait épancher dans ses disciples la surabondance de ses sentiments et de ses lumières, je recevais avidement les vérités qui nous étaient présentées ; et j'admettais, avec une confiance que justifiaient chaque jour des connaissances nouvelles, ce qui nous était enseigné de nous-mêmes, de notre nature, de notre grandeur, de notre destinée. Nous étions jeunes, légers, dissipés comme on l'est à dix-sept ans ; la doctrine philoso-

(1) Cité d'après M. de Régny.

phique nous apprit à rentrer en nous-mêmes, et nous rendit graves sans pédanterie, recueillis sans affectation et sérieux sans chagrin. Le cœur à cet âge a besoin d'aimer, et demande à se poser dans un objet digne de lui. Au lieu de nous le laisser chercher dans la créature, le maître nous élevait vers le Créateur ; au lieu de nous abandonner à l'illusion de la beauté de ce monde, il nous appelait à la contemplation de cette beauté céleste, de cette éternelle sagesse dont le vrai philosophe est l'amant. Notre vie prit alors un caractère de philosophie pratique. Nous sentions la nécessité d'offrir un vase pur à la lumière pure, et nous aurions rougi de recevoir la parole qui nous la transmettait dans un cœur profané par des affections indignes d'elle, dans un esprit souillé par des images grossières. »

Mais si le charme de la doctrine philosophique du professeur converti faisait de lui un chef d'école, son enseignement était destiné à une portée plus considérable et bientôt M. Bautain commença la série de ses écrits qui devaient s'adresser au grand public et lui mériter le titre d'apologiste.

Il commença par un opuscule intitulé : *Variétés philosophiques*, où sous le nom d'analogies et d'aphorismes, il révélait les premiers éléments de sa doctrine (1825). L'année suivante, voulant donner à sa science philosophique une arme nouvelle, il briguait le titre de docteur en médecine et soutenait une thèse qui fit sensation sur ce vaste sujet : *La vie ;* la discussion fut très animée et mit une fois de plus en lumière tous les talents d'argumentation de l'auteur.

Au mois d'août 1827, la Société académique de la Marne décernait la médaille d'or à une autre œuvre de M. Bautain : *Discours sur la morale de l'Evangile comparée à la morale des philosophes*. C'était un prélude à l'ouvrage plus considérable qui renfermait toute sa doctrine et qui devait voir le jour quelques années plus tard : la *Philosophie du Christianisme* dont nous parlerons bientôt.

Mais avant de poursuivre des travaux entrepris à la gloire et à l'honneur de la défense de la vérité, le professeur crut devoir demander pour sa plume et sa parole une consécration digne de la cause qu'il soutenait : l'auréole du sacerdoce se présenta à M. Bautain comme le couronnement de sa conversion.

Dès le lendemain du jour où son âme s'était réconciliée avec le Dieu de son enfance, il écrivait ces mots, indices d'aspirations secrètes : « Le Tout-Puissant ne rappelle pas les morts du tombeau pour les laisser inutiles, et quand il prépare de loin des instruments, c'est pour les employer à l'exécution de ses desseins, à la manifestation de sa gloire et de ses miséricordes. »

Pendant plusieurs années, cette pensée sommeilla indistincte et confuse dans l'âme du converti, puis un jour elle se dessina plus nette et plus lumineuse et le professeur se dit à lui-même :

« Tu dois rester un intrument, un héraut de la vérité parmi les hommes, et puisque la grâce t'a été donnée de la trouver dans l'Evangile et dans l'Eglise qui l'enseignera jusqu'à la fin des temps, de professeur que tu étais tu deviendras prédicateur ; ministre de la science, tu seras le ministre de Jésus-Christ, et, comme Paul, tu emploieras le reste de ta vie à annoncer et à glorifier Celui que tu as persécuté. Tu lui dois bien cette réparation en échange de sa miséricorde ; et en t'enrôlant à son service dans les rangs de la milice sacrée, en lui consacrant ton existence entière, âme, esprit et corps, avec la résolution de ne plus aimer et servir que lui, par les vœux sacrés de ton engagement tu seras désormais à couvert des tentations de la chair, des séductions du monde et des pièges de Satan : tu seras prêtre du Seigneur !... »

A peine cette détermination fut-elle connue, qu'elle devint le bruit de toute la ville. Les objections, les représentations vinrent de tous côtés, surtout de la part des amis du professeur, qui lui annonçaient mille désagréments dans sa nouvelle carrière et faisaient briller à ses yeux la position à laquelle il renonçait ; mais rien ne put ébranler sa résolution une fois prise.

Il se rendit au Séminaire de Molsheim où plusieurs de ses disciples le suivirent, et quelques mois après il était ordonné prêtre par Mgr Le Pappe de Trévern ; le sacrifice était consommé. « Je ne m'en suis jamais repenti, écrira-t-il quelques années plus tard. »

Le sacerdoce lui ouvrit la chaire de la cathédrale de Strasbourg où sa parole éloquente et chaleureuse attira les hommes du monde et la jeunesse des étudiants qui avaient déjà désappris le chemin de l'Eglise. Alphonse Gratry qui était venu se joindre au cénacle de la rue de la Toussaint, a déclaré que ces succès de prédication étaient « une des choses les plus belles et les plus étonnantes qu'il ait jamais vues. » « Je n'ai jamais vu, dit également un professeur de la Faculté de Strasbourg, d'auditoire écoutant ainsi ; jamais pareille émotion religieuse ; jamais tant de larmes de joie, d'espérance, d'adoration. C'était incomparable. »

Le bruit de ces succès apostoliques se répandit au dehors : l'archevêque de Besançon, Mgr de Rohan, supplia l'évêque de Strasbourg de permettre à M. Bautain de venir prêcher une retraite dans un de ses collèges et Mgr de Trévern répondit : « Je vous confie la perle de mon diocèse. »

La réputation du professeur s'étendit jusqu'à la capitale, et quand s'organisèrent les premières conférences de Notre-Dame réclamées par les jeunes gens, à côté du nom de Lacordaire, celui de M. Bautain était inscrit.

Mais un autre ministère allait absorber les instants du prêtre zélé : à cet homme qui avait consacré sa vie à l'enseignement, il semble qu'une œuvre d'éducation s'imposait, et Monseigneur de Strasbourg lui confia, à lui et aux disciples qu'il avait formés, le Petit Séminaire de son diocèse. L'abbé Bautain donna à cette maison une impulsion nouvelle qui produisit les plus heureux fruits, ce qui ne l'empêchait pas de continuer à la Faculté son cours de philosophie. Mais nous arrivons au moment de la grande épreuve de cette vie d'apôtre.

III

Le génie de l'homme est toujours borné par quelque côté, l'intelligence la plus élevée se heurte à des problèmes insolubles; mais dans son désir d'investigation elle peut se risquer à des hypothèses dont les unes sont tolérées par l'Eglise pendant que d'autres subissent les répressions de son contrôle.

Dans le domaine philosophique, les hardiesses sont particulièrement dangereuses et surveillées. Adoptant un système suivi par M. de Bonald et par Lamennais, le professeur de Strasbourg, dans sa lutte terrible contre le rationalisme, en arriva à déclarer l'impuissance métaphysique de la raison.

Il enseignait que, sans la parole révélée, l'intelligence serait dans l'homme et pour l'homme complètement inutile et inactive ; il affirmait qu'il n'y a pour l'homme d'autre vérité que celle qui lui est communiquée par la parole divine révélée, la philosophie n'étant au fond que la parole révélée expliquée scientifiquement.

Ce système, qui ne manquait pas de grandeur et de hardiesse, avait l'inconvénient de ruiner le fondement rationnel de la foi et de fournir à l'erreur l'occasion d'accuser avec quelque apparence de justice l'intransigeance de l'Eglise.

L'évêque de Strasbourg s'émut d'une pareille doctrine et crut devoir la condamner par un écrit pastoral adressé à tout l'épiscopat français.

L'abbé Bautain qui avait quelque raison de croire qu'on lui prêtait des idées légèrement différentes de celles qu'il enseignait, y répondit par son ouvrage de la *Philosophie du Christianisme,* où sous forme d'entretiens avec ses disciples était exposée toute sa doctrine. « On y verra traitées, disait l'avertissement, les questions les plus intéressantes sur l'état présent et futur de l'homme dans ses rapports avec Dieu et avec la nature; l'origine et l'autorité de l'Eglise; le mystère de la Sainte-Trinité, fondement de la doctrine chrétienne; les vicissitudes philosophiques de l'humanité; la liberté de l'homme; le dogme du péché originel; la rédemption: tels sont les sujets principaux dont le développement remplira les deux volumes de cette correspondance. Elle rendra témoignage aussi de la méthode employée dans son enseignement par le professeur de philosophie de Strasbourg. On n'y trouvera point de discussion, point de débat établi, point d'arguments qui se croisent et qui, en agitant l'esprit, ne lui laissent ordinairement que l'inquiétude et la perplexité. »

Ce livre de la *Philosophie du Christianisme* fit sensation en France et à l'étranger; pendant que l'évêque de Strasbourg s'en montrait mal impressionné, l'Université de Tubingue envoyait à l'auteur un diplôme d'honneur de Docteur en Faculté de théologie.

Le conflit devenait de plus en plus aigu, l'opinion se passionnait et involontairement on songeait à un autre prêtre qui lui aussi avait été l'une des lumières de l'Eglise, mais que naguère encore les foudres pontificales avaient dû frapper. L'abbé Bautain allait-il devenir un nouveau Lamennais? Il y eut comme un frisson d'effroi en certains esprits; mais ceux-là qui se laissaient aller à des prévisions si désespérées connaissaient mal le philosophe de Strasbourg.

Celui-ci était parti pour Rome demander au Souverain Pontife de trancher une question à laquelle lui seul pouvait donner une solution. Accompagné d'un de ses disciples, l'abbé de Bonnechose, il avait refait ce pélerinage de Lamennais où le grand homme nous avait montré les défaillances de sa foi et les tentations de son orgueil.

C'est un spectacle tout autre que présente l'âme de l'auteur de la *Philosophie du Christianisme*. Ecoutons les confidences de ses souvenirs intimes :

« Ce n'est pas sans émotion, écrit-il, que nous avancions vers la porte de l'Eglise des églises. Le péristyle nous frappa par sa grandeur, mais quand nous fûmes entrés, ce fut comme un moment d'accablement, de stupéfaction devant cette immensité. Jamais rien de pareil ne s'était offert à nos regards, et je fus pris dès ce moment d'une espèce de passion pour cette mère Eglise. Je crois que cette première impression aura eu une grande influence sur toute ma vie. »

Bientôt tous les désirs de sa foi se font jour : « Nous allâmes ensuite au tombeau des saints apôtres, et nous leur présentâmes l'hommage de notre pélerinage, et les vœux de tous nos frères. Là je sentis nettement ce que nous avions à faire dans notre situation. Il me fut dit au dedans, et de cette manière dont Dieu sait parler au cœur : Tu es venu ici pour consulter l'oracle ; écoute-le, et fais simplement ce qui te sera dit. Il ne s'agit pas de discuter ni de raisonner avec Rome ; il faut écouter et obéir, et dans cette obéissance tu trouveras la vérité, la tranquillité et la dignité. »

C'est dans ces dispositions que l'abbé Bautain présenta la défense de sa doctrine devant les autorités compétentes et attendit leur jugement. Son attitude lui concilia les esprits, et le cardinal Mezzofante, chargé de l'examen de ses œuvres, lui disait :

« De tous côtés j'entends exprimer la bonne impression que vous produisez. »

Malgré tout, l'auteur de la *Philosophie du Christianisme* concevait des craintes sur le sort de son livre, que quelques-uns menaçaient de l'Index comme fondé sur un mauvais principe, et devant ces injustes accusations, il laissait échapper toutes les ardeurs de son âme :

« Cela m'a fait mal au cœur, et il me faudrait un grand acte de foi pour adhérer à une pareille affirmation, si elle pouvait partir du Saint-Siège. Cependant si, ce qu'à Dieu ne plaise, une telle chose arrivait, je renoncerais plutôt pour la vie à l'enseignement philosophique de vive voix et par écrit, que de ne pas rester en union avec Rome... »

Soumis d'avance aux volontés du Saint-Siège, l'abbé Bautain signa une adhésion générale à tout jugement de l'Eglise sur ses œuvres et reprit le chemin de Strasbourg ; bientôt après, dans la préface d'un nouvel ouvrage, il renonçait aux opinions qui avaient soulevé le débat et donnait l'exemple d'une soumission édifiante et complète. Pendant les vingt-cinq années qui lui restaient encore à vivre, on ne surprit sur ses lèvres aucun retour vers les idées chères à sa jeunesse.

Au reste à cette époque il dit adieu à Strasbourg où il avait reçu le dernier soupir de Mademoiselle Humann, il fit le sacrifice de son titre de doyen à la Faculté des Lettres pour venir prendre la direction du célèbre collège de Juilly où pendant huit années il continua les traditions de cette glorieuse maison.

En 1849, l'amitié de Mgr Sibour l'appela à Paris où, tout en remplissant les fonctions de vicaire général, il se livra à son zèle pour la défense de la vérité en reprenant à la Sorbonne un cours de théologie morale. Il y retrouva ses grands succès de Strasbourg et l'un de ses plus éminents collègues put dire de lui :

« Bautain, c'est notre maître à tous ! »

En même temps sa plume gardait toujours la même vigueur et il publiait successivement : *La Législation primitive de la religion, La Chrétienne de nos jours*, et enfin : *Les Choses de l'autre monde, journal d'un philosophe.*

En ces ouvrages, comme dans les précédents, on retrouvait cet à-propos, cette exquise délicatesse avec lesquels M. Bautain expose les points de doctrine particulièrement ignorés des hommes de son siècle : « Avec lui, dit un critique récent, jamais de longueurs ; il insiste peu, il effleure, ou plutôt il résume, mais avec quelle lucidité ! Comme il sait apporter en peu de mots les raisons décisives ! C'est qu'il a une entente parfaite des besoins de son public, un sens psychologique très sûr, une observation juste et fine, un style simple, sobre, lumineux, qui rend accessibles les vérités les plus hautes, parfois les plus abstraites (1). »

M. Bautain tint donc une grande place dans l'Eglise de France. On le vit bien lorsqu'il disparut presque subitement en

(1) R. P. Fontaine, *La Chaire et l'Apologétique au XIXe siècle.*

1867. Ses adversaires mêmes ne purent s'empêcher d'admirer « ce rare et imposant ensemble de talents variés dont un seul aurait suffi pour distinguer un homme » et reconnurent avec ses amis « que M. Bautain avait non seulement bien servi l'Eglise, mais encore grandement honoré son pays et son temps par sa haute intelligence, son noble caractère et ses glorieux travaux (1). »

(1) Mgr LAMAZOU.

LE PÈRE GRATRY

Le Polytechnicien. – Le Prêtre. – L'Apologiste.

(1805-1872)

Si la Chesnaye et son illustre maître nous avaient donné Gerbet, il était réservé à l'école de la rue de la Toussaint et au chef habile qui la dirigeait de révéler Gratry ; le nom du disciple devait briller à l'égal de celui de l'abbé Bautain et laisser dans la philosophie catholique du XIXe siècle un souvenir encore plus marqué.

I

Alphonse Gratry naquit à Lille le 30 mars 1805. Ses parents d'une moralité irréprochable étaient étrangers à toute croyance religieuse ; ils ne surent donc développer en leur fils d'autres sentiments que celui d'un respect instinctif pour tout ce qui est noble et élevé.

Dès ses plus jeunes années l'enfant manifesta un goût prononcé pour les rêveries solitaires et les longues méditations, et à cinq ans, le philosophe qui devait écrire *La Connaissance de l'âme*, était déjà attentif aux faits intérieurs de son être.

Dans un livre intéressant publié après sa mort sous le titre de : *Souvenirs de ma jeunesse*, il nous révèle ces réflexions prématurées : « Je me souviens, dit-il, d'avoir senti cette impression de l'être dans sa vivacité, en ma première enfance, avant l'âge qu'on appelle de raison. Un grand effort contre une masse extérieure, distincte de moi, dont l'inflexible résistance m'étonnait, me fit articuler ces mots : *Je suis!* J'y pensais pour la première fois. La surprise s'éleva bientôt jusqu'au plus profond étonnement et jusqu'à la plus vive admiration. Je répétais avec transport : Je suis ! Etre ! Etre ! tout le fond religieux, poétique, intelligent de l'âme était en ce moment éveillé, remué en moi. Une lumière pénétrante, que je crois voir encore, m'enveloppait; je voyais que l'être est, que l'être est beau, bienheureux, aimable, plein de mystère !

« Je vois encore tous ces faits intérieurs et les détails physiques qui m'entouraient; je vois encore clairement le lieu où j'ai reçu cette grâce, il y a quarante-cinq ans. Je vois cette petite cour tout éclairée par le soleil. Je vois la porte que j'essayais d'ouvrir, et devant laquelle je suis resté immobile de surprise et d'admiration pendant un temps fort long pour un enfant. Je vois le petit escalier sur lequel je m'élançai, avec des transports de cœur, pour aller embrasser ma mère : car depuis ce moment je sentis un redoublement d'amour pour elle. Dieu venait de m'inonder de lumière et d'amour. J'avais senti je ne sais quelle certitude triomphante qui m'élevait et me fortifiait. J'avais vu avec enthousiasme la beauté de l'être et de la vie. Mon esprit plongeait dans une lumière indéfinie, irréfléchie, et mon cœur débordait. »

Cette page, bien que colorée par l'effet des réflexions postérieures du philosophe et son langage métaphysique, nous montre le premier éveil de cette âme mystique. La première communion lui laissa également un souvenir impérissable, bien qu'il n'y fût pas préparé par une éducation très religieuse ; son instinct de droiture naturelle le préserva de bien des écarts. Il y arriva, nous disent les *Souvenirs,* « sans avoir menti une seule fois. » — « Il est vrai, ajoutent-ils avec une bonhomie charmante, que je n'ai pas non plus menti depuis. »

Après de brillants succès obtenus en quatrième et en troisième au collège de Tours, Alphonse Gratry entra à Paris, au collège Henri IV où ses facultés si précoces le destinèrent avec avantage aux luttes des concours généraux. En 1823, il y remporta le prix d'honneur de rhétorique et l'année suivante le second prix d'honneur de philosophie, plus le premier prix de dissertation française.

Des succès si éclatants n'étaient pas sans dangers pour un jeune homme qui ne pouvait s'appuyer sur les fondements solides de la foi ; un travail fécond s'opéra dans son âme. Ses parents constituaient à ses yeux des êtres quasi divins, d'une bonté et d'une pureté idéales, et dans sa naïve candeur d'adolescent, il s'imagina quelque temps que cette même auréole d'innocence ornait la tête des autres hommes qu'il connaissait.

Lorsqu'il s'aperçut de son erreur, « le monde entier, nous dit-il, me parut perdre sa beauté, l'humanité se décolorer, et en jetant les yeux en esprit sur tous les êtres les plus aimables et les plus beaux que je connaisse, mon intelligence et mon cœur s'écrièrent avec un invincible découragement : « Ce ne sont donc pas des anges ? » Jusqu'alors j'avais cru vivre au milieu des anges et dans un paradis. »

C'est ce paradis aimé et perdu qu'il chercha longtemps et à la poursuite duquel son imagination ardente se lança en des rêves ou « visions » fréquemment renouvelées. « Il a longuement raconté, nous dit Madame Napoléon Peyrat, la série de visions s'enchaînant les unes aux autres, qui donnèrent une nouvelle direction à sa vie. *Vision* n'est peut-être pas le mot propre, évidemment son imagination très vive et très poétique, pleine de mouvement, de lucidité et de beauté, se mit en campagne tout d'abord, mais Dieu la dirigeait, réalisant ainsi la parole de saint Paul : Toutes choses concourent ensemble au bien de ceux qui aiment Dieu. Le jeune et brillant écolier, par un soir d'automne, se prit donc à regarder sa vie probable ; elle se déroula devant lui comme les tableaux d'un diorama : d'abord les succès d'étude, les prix toujours plus nombreux. Et après? Les succès littéraires aboutissant à l'Académie. Et après? Les joies de la famille, ses parents heureux, un château « assez près de Paris, » puis le bonheur intime, le bonheur partagé. Et après ?...

« Arrivé à ce point culminant, le jeune homme s'avisa qu'à ce moment-là son père et sa mère tant aimés seraient près de leur fin, et que lui-même ne serait plus jeune. Il se mit à redescendre l'autre versant de la colline d'où il avait entrevu de si beaux horizons ; et toujours le ciel se faisait plus sombre. Il voyait « les générations passer et disparaître comme des troupeaux qui vont à la boucherie sans y penser, comme les flots d'une rivière qui approche d'une cataracte où ils descendent tous à leur tour, mais pour rester sous terre, et ne plus retrouver le soleil. »

« Enfin la réalité effrayante lui apparut dans sa terreur : la mort! c'était donc l'inévitable fin ?... Une indicible épouvante, l'horreur de l'abîme inconnu, le saisit dans tout son être et il poussa un de ces cris « capables d'atteindre aux dernières limites de l'univers et de retentir au-delà dans le vide... ou en Dieu, si l'univers est enveloppé par Dieu. O Dieu! ô Dieu! criai-je, et je ne criais pas seul. Il y en avait un autre en moi qui criait, et donnait à mon cri une irrésistible puissance. O Dieu ! ô Dieu ! lumière! secours! Expliquez-moi l'énigme... ô mon Dieu. Je le promets et le jure, ô mon Dieu, faites-moi connaître la vérité, et j'y consacrerai ma vie entière. » Ceux qui prient ainsi sont bien près d'être exaucés. En effet, « tout aussitôt je compris, ajoute-t-il, que je n'avais pas prié en vain et qu'il y aurait une réponse. »

La réponse ne se fit pas attendre. Un entretien qu'il eut avec un maître d'études chrétien, entr'ouvrit tout d'un coup devant ses yeux de nouveaux horizons. Il reconnut « qu'aimer Dieu par dessus toutes choses et tous les hommes comme soi-même pour l'amour de Dieu, consacrer sa vie à cela seul, c'est la religion infaillible, nécessairement et absolument infaillible, aussi certaine que la géométrie. » Puis il dut convenir que « Jésus-Christ étant le maître et le modèle des hommes qui ont vécu et qui vivront ainsi, c'est dans les enseignements du Christ qu'il faut chercher la lumière. »

Sous l'influence de cette parole ardente, le cœur du jeune homme fut transformé, et il résolut de devenir chrétien ; il s'achemina donc vers les pratiques religieuses, mais ce ne fut ni par enthousiasme, ni par une impulsion rapide. Il n'y parvint que par la conviction, après une lutte formidable « entre la lumière pure et les ténèbres absolues, » et si l'on en croit son témoignage « par un très faible mais très difficile mouvement de sa volonté libre qu'aucune grâce, aucune force ne semblait appuyer, que Dieu semblait avoir abandonnée à son néant, imperceptible mouvement tout libre d'esprit et de cœur qui l'inclina légèrement de l'autre côté. » Enfin le moment vint de l'adhésion complète de l'esprit, et, ajoute-t-il, « il s'élança avec transport dans la lumière, tendant les bras à Dieu et lui disant : « C'est vous que je veux !... »

A partir de ce jour sa foi s'affermit et augmenta encore en son âme l'enthousiasme pour toutes les nobles causes ; il résolut de servir la vérité et de s'en faire l'apôtre, mais pour cela il se traça un plan tout spécial. Il lui fut suggéré par cette phrase du comte de Maistre dans les soirées de *Saint-Pétersbourg :* « Attendez que l'affinité naturelle de la science et de la religion les ait réunies l'une et l'autre dans la tête d'un homme de génie !... Celui-là sera fameux et mettra fin au XVIIIᵉ siècle, qui dure encore. »

Ces mots se gravèrent dans l'esprit du jeune homme et cette réconciliation de la foi et de la science devint le programme de sa vie entière. Etre, sinon l'homme dont parle M. de Maistre, du moins un de ses précurseurs, devint la pensée dominante d'Alphonse Gratry. Or, pour accomplir le dessein qu'il avait formé de se consacrer à répandre autour de lui la vérité, il sentit qu'il lui manquait une arme indispensable au succès de l'œuvre ; cette arme, c'était la connaissance des mathématiques et des sciences physiques et naturelles. Il devina l'importance de plus en plus grande qu'allaient acquérir les études scientifiques et la nécessité de faire entrer dans le cadre de l'apologétique chrétienne les découvertes relatives au monde physique et à son origine. Il sentit qu'une éducation purement littéraire était insuffisante pour la tâche qu'il entreprenait et il résolut d'entrer à l'Ecole Polytechnique, jugeant qu'aucun enseignement scientifique ne serait supérieur à celui qu'il trouverait dans cette célèbre institution.

Il avait alors dix-neuf ans et demi, et six mois seulement lui restaient pour se préparer : c'était un vrai tour de force que d'étudier suffisamment dans un espace de temps si restreint les cours de mathématiques élémentaires et ceux de mathématiques spéciales. Grâce à sa merveilleuse facilité d'assimilation et à l'énergie de son travail, il fut admis à l'école; il s'y maintint dans un bon rang et sortit, comme il le dit lui-même, « avec l'épaulette d'or. »

Mais les efforts auxquels avait dû se livrer sa nature mystique et poétique étaient trop considérables ; ce surmenage glaça les forces actives de son cerveau, il se sentit défaillir et il crut que la vie allait l'abandonner. A cet instant critique, une grande désespérance envahit son âme.

« Ma foi qui était mon trésor et ma vie, était soudée et comme agitée avec force par l'épreuve ; l'espérance était supprimée ; l'amour enlevé comme la chaleur dans un rude hiver; l'âme et le cœur glacés, contractés par le froid... Ce qui était plus affreux peut-être, c'est que toute idée du ciel m'était ôtée : c'était comme un lieu vide, un Elysée mythologique, un séjour d'ombres, moins réel que la terre... Bonheur, joie, lumière, perfection et amour, tous ces mots étaient maintenant vides de sens... un ciel abstrait sur un rocher nu : voilà donc ma demeure éternelle et ma demeure présente !... Je serais mort, s'il m'avait fallu vivre d'algèbre seule. »

En cet accès de langueur, le polytechnicien ne trouva de force que dans la lecture de l'Evangile et des livres saints ; il partagea sa journée en deux parties, l'une pour les études de l'école, l'autre pour ses chères méditations, la plume à la main. Il y éprouvait tant de charmes que le régal qu'il se donna au premier jour de ses vacances, fut d'aller s'enfermer toute une journée dans la chambre d'un hôtel garni et d'y rester seul, plongé tout à l'aise dans sa lecture favorite sans aucune crainte d'être dérangé; ce jour, avoue-t-il, « lui parut comme une heure. »

Pendant cinq mois il souffrit de cet abandon qui lui arrachait des cris de véhémente douleur : « Seigneur, s'écriait-il dans la langue de Jérémie, j'ai invoqué ton nom du fond de l'abîme, et tu as entendu ma voix, ne détourne donc plus ton oreille de mes cris et de mes sanglots! Tu te rapproches enfin quand je t'invoque et tu me dis : Ne crains pas. Tu vas juger ma cause, la cause de mon âme, ô Seigneur, Rédempteur de ma vie! — Ces prodigieuses paroles me saisirent d'étonnement. J'y vis tout mon état et toute mon espérance. Il me parut certain que l'on pouvait sortir de l'état affreux où j'étais. Et vers ce temps, le retour de la vie et de la lumière se fit sentir. »

Aux ténèbres profondes de l'abattement et du désespoir succédèrent les aspirations brûlantes vers la divinité, les ravissements à la vue du ciel où elle réside et aussi de la terre où elle anime tout ce qui respire :

« Dieu d'amour ! s'écrie le néophyte, Dieu d'amour vrai, réel, présent, actuel, substantiel, éternel ! vous avez voulu me laisser entrevoir quelque chose de cette cité où vous régnez. Pendant trois mois je voyais, je sentais, je portais dans mon cœur et dans ma poitrine, dans mon intelligence et dans mon imagination, avec toute la lumière et la force de poésie que vous savez donner, quelque chose des beautés, des félicités de cette admirable patrie. Mais, Seigneur, cette cité n'était pas le ciel même. Oh ! non, je n'ai point vu le ciel. J'ai seulement entrevu sur la terre une plus grande réalisation qu'on ne l'a vue encore de votre divine prière : « Que votre règne arrive ; que votre volonté soit faite en la terre comme au ciel ! »

« J'ai entrevu ce qui pourrait se passer sur la terre si l'on pratiquait l'Evangile, selon ce qu'enseigne saint Augustin, lorsque dans la *Cité de Dieu* il s'écrie : « La société humaine, dans la vie présente, deviendrait l'ornement de cette terre par sa félicité, et s'élèverait vers le ciel pour y régner éternellement. » Oui, Seigneur, si dans une ville toutes les âmes pouvaient avoir l'amour que vous me donniez alors, il serait ainsi. Cette ville embellirait la terre, et s'élèverait vers le ciel pour y régner toujours. »

Cette vision de la cité idéale resta toujours présente à l'esprit du nouveau converti, et elle servit de base à ses grands desseins d'apostolat. Aussi, après des examens brillants de sortie de l'école, renonçant à toute ambition terrestre, et satisfait d'avoir si rapidement acquis les connaissances scientifiques qui lui manquaient, il donne sa démission d'officier d'artillerie et se prépare à la vie qui depuis quelques mois est devenue l'objet de ses nouvelles aspirations.

II

En disant adieu à toute carrière mondaine, Gratry n'avait pas encore des vues bien claires sur la voie qu'il devait suivre. « Il attendait toujours la lumière... » Or, c'était l'époque où l'abbé Bautain venait d'ouvrir à Strasbourg l'école de la rue de la Toussaint : nul mieux que Gratry n'était appelé à en faire partie.

« Un jour, raconte-t-il, un vénérable prêtre (1) vient me voir et me raconte avec chaleur qu'il y avait à Strasbourg un groupe composé de jeunes hommes de mon âge, qui vivaient en commun, et avaient précisément les mêmes dispositions, les mêmes désirs que moi. D'après tout ce qu'il me dit, je crus entrevoir qu'il y avait là comme une oasis où l'on cherchait à réaliser quelque chose de la ville sainte que j'avais rêvée, et dont la vue m'avait rendu la vie. J'y courus et c'est là que je trouvais ces jeunes hommes au nombre de cinq, ainsi qu'une admirable et sainte personne que j'appellerai simplement Marie, et qui était alors âgée de soixante ans. Elle avait au plus haut degré l'habitude du recueillement, une surprenante intelligence, le goût de la science, et, ce qui me plut et me frappa surtout, un grand espoir dans l'avenir du monde et de l'Eglise. »

Alphonse Gratry était transporté de joie au milieu de ces jeunes chrétiens qui « tous, dit-il, étaient remplis d'esprit et d'instruction. Jamais je n'avais rencontré ailleurs tant d'ardeur, ni pareille générosité. » La parole de l'abbé Bautain soulevait dans son âme des ravissements inexprimables et il déclarait n'avoir jamais vu rien de si beau ni de si étonnant. Aussi bientôt les liens d'une affection très sincère et très vive se formèrent-ils entre ces deux hommes différents par l'âge et peut-être

(1) Probablement l'abbé Martin de Noirlieu, aumônier de l'Ecole Polytechnique.

par le caractère, mais dont les vues et les goûts dans la sphère de la science s'harmonisaient de mille manières.

Pendant douze ans Gratry vécut dans l'intimité de cette réunion d'amis, subissant les mêmes influences et obéissant aux mêmes directions. Il avait d'abord consenti à accepter la charge de professeur d'une classe élémentaire au collège royal, mais il lui restait toujours quelque inquiétude au sujet de sa vocation. Il s'en ouvrit à Mademoiselle Humann qui, on le sait, était la mère du cénacle de la rue de la Toussaint et avait au plus haut degré le talent de discerner les esprits. Voilà comment elle s'y prit pour éprouver le cœur du nouveau venu :

« Je sais, lui dit-elle, votre extrême affection pour vos frères et pour moi ; mais je crains que notre union ne soit pour vous un but plutôt qu'un moyen. Je ne sais si vraiment vous aimez Dieu par-dessus toutes choses, et si vous avez la force de travailler pour lui seul, sans tendresses humaines, comme aussi sans gloire humaine.

« Ici votre cœur est heureux, et par vos travaux vous pouvez espérer quelque réputation parmi les hommes. Auriez-vous la force de sacrifier tout cela, si c'était la volonté de Dieu ? Or, je pense parfois que votre vocation est de mener une vie très humble, très cachée, en présence de Dieu seul. Peut-être êtes-vous appelé à vivre d'une vie tout intérieure, à ne jamais rien écrire, à sacrifier toute votre science et tous vos goûts philosophiques, à ne jamais parler de Dieu qu'à de pauvres gens de la campagne. Par exemple, vous avez vu à l'entrée des Vosges le pauvre couvent du Bischemberg. Aimez-vous assez Dieu pour vivre et mourir là si Dieu le veut ? Je vous demande d'y penser. Je crois que cette vie serait bonne, que le sacrifice serait grand et agréable à Dieu ; et je pense qu'il faut essayer. Ne vous engagez pas cependant ; faites un noviciat, et éprouvez votre vocation. L'année révolue, vous vous déciderez après m'en avoir parlé. Mais, d'abord, prenez vingt-quatre heures de réflexion pour me dire si vous voulez ou non essayer ce noviciat. Et il ne faut l'essayer que si vous êtes décidé à rester dans le cas où Dieu le voudrait. »

Le conseil pouvait être sage, en tous cas, il était austère, mais Gratry eut le courage de l'accepter. Au nom de l'amour de Dieu, il alla s'enfermer dans l'humble cloître des Rédemptoristes comme postulant; on retrouve dans ses *Souvenirs* le récit de ce qui se passait à l'intérieur de cette âme de feu, et le bonheur qui fut la récompense de sa générosité. Quelques mois s'écoulèrent, la révolution de juillet vint disperser les religieux de Bischemberg et Gratry dut retourner à Strasbourg. L'évêque accueillant le jeune novice avec empressement lui conféra bientôt les saints Ordres : Gratry était prêtre et pouvait à loisir se livrer à tout son zèle.

L'enseignement s'offrait comme la carrière naturellement ouverte devant un ecclésiastique si bien doué et si zélé : l'abbé Gratry professa donc la rhétorique au séminaire de Strasbourg, puis fut appelé à Paris pour y prendre la direction du Collège Stanislas, et enfin, quelques années plus tard, il entrait comme aumônier à cette Ecole normale supérieure qui devait garder la trace si profonde de son action sacerdotale.

C'était en 1847; l'abbé Gratry avait quarante-deux ans, et rien n'avait encore révélé sa valeur au grand public. « Aussi versé dans les sciences mathématiques et naturelles que dans les lettres antiques et modernes, dit un de ses disciples choisis qui prit un soin jaloux de la gloire du maître, doué d'un esprit très actif et très préoccupé des besoins du siècle, il semble que l'abbé Gratry aurait dû, depuis longtemps déjà, être mêlé à ces grandes luttes d'idées et de doctrines où il était appelé à conquérir la première place.

« Mais, par une modestie dont le charme rehaussait singulièrement son talent, l'abbé Gratry ne semblait nullement pressé d'attirer l'attention du public. En attendant que la Providence lui donnât le signal et lui frayât sa voie, il se préparait en silence, accumulait par l'étude les richesses intellectuelles dont il devait plus tard faire part à ses frères et creusait au dedans de lui-même, par de continuelles méditations, ces sources d'eaux vives qui devaient jaillir un jour avec une si grande abondance et désaltérer tant d'âmes. »

Si l'abbé Gratry n'avait pas encore révélé toute sa valeur et écrit aucune des œuvres qui devaient assurer l'immortalité à sa mémoire, il n'en jouissait pas moins déjà d'une grande autorité sur le personnel de l'Ecole normale.

« Maîtres et élèves, dit Mgr Perraud, tous sentaient en lui un homme supérieur, admirablement préparé à remplir le ministère délicat que lui avait confié Mgr Affre. En effet, si exigeant qu'on pût être en fait d'érudition scientifique, il fallait compter avec cet ancien élève de l'Ecole polytechnique, auquel étaient familiers les plus hauts problèmes des mathématiques et de l'astronomie, et qui allait souvent s'en entretenir avec ses illustres amis Ampère et Cauchy. Si peu versé qu'on fût dans les lettres et dans la philosophie anciennes, on s'apercevait bien vite que l'aumônier de l'Ecole connaissait Aristote et Platon aussi bien que saint Augustin et saint Thomas, et les classiques de la Grèce et de Rome à l'égal de nos grands auteurs du XVIIe siècle. Par-dessus tout, il avait le don de parler à un auditoire difficile le langage le plus propre à concilier aux idées chrétiennes le respect et l'estime de ceux mêmes qui n'avaient pas encore le bonheur de les partager. »

Peu d'hommes ont exercé sur la jeunesse studieuse une influence plus heureuse, et récemment un critique appelait l'abbé Gratry « le grand éveilleur d'âmes à qui tant de nos contemporains sont redevables de leur retour à Dieu. » L'un d'entr'eux, devenu aujourd'hui l'un des princes de l'Eglise de France, a redit les impressions de son âme ardente en face de ce cœur de prêtre (1) :

« Ce sont ces conférences du P. Gratry à la chapelle de l'Ecole normale, dit-il, qui, en me révélant son âme, m'attirèrent à lui. Sa parole simple, forte, vibrante, toute nourrie de la substance de l'Evangile, pleine à la fois de science et de poésie, d'enthousiasme et de raison, éloquente sans phrases, belle de forme comme l'antique, conciliait admirablement avec les dogmes immuables ces idées et ces aspirations qui s'approprient aux besoins de chaque siècle et qui ont rendu l'Eglise apte à instruire,

(1) V. le *P. Gratry, ses derniers jours*, par le P. Adolphe Perraud, prêtre de l'Oratoire et professeur à la Sorbonne.

à guérir et à sauver tous les temps. C'était bien l'apôtre qui, suivant la parabole évangélique, savait faire sortir de son âme, pour en enrichir les autres âmes, les trésors anciens et les trésors nouveaux : *Profert de thesauro suo nova et vetera* (Matt., XIII, 52).

« J'avais entendu auparavant de grands orateurs, et j'avais senti plus d'une fois le glaive de leur éloquence aller, comme dit saint Paul, jusqu'à la moelle de l'âme. Je dois dire cependant que cette parole du P. Gratry, qui n'était qu'une conversation sur les choses de Dieu, me pénétrait et me remuait davantage. Vis-à-vis de lui, il n'y avait point à se mettre en garde contre les artifices de la rhétorique ; il les ignorait ou les dédaignait, et, précisément à cause de cela, il atteignait très sûrement ce fond des cœurs où sa parole laissait après elle je ne sais quel inexprimable malaise mêlé aux plus fortes émotions, un profond dégoût de tout ce que la vie présente a de vulgaire et d'incomplet, avec le besoin de contempler de plus près, et de posséder plus intimement Celui qui est à la fois la souveraine vérité, la beauté idéale et le souverain bien.

« Quand on l'avait entendu, on voyait le christianisme sous un jour tout nouveau ; on apercevait les harmonies de la doctrine révélée avec tout ce qu'il y a de plus grand dans la raison ; on se sentait invinciblement attiré par le désir de devenir meilleur et plus pur, afin de pouvoir pénétrer plus avant dans l'intelligence de cette divine philosophie. »

On était aux jours de 1848 : c'était, à l'Ecole surtout, l'époque des interminables discussions sur les questions politiques, philosophiques, religieuses et économiques. Ces cent jeunes gens, arrivés à l'âge où se dévoilent les grands horizons de la pensée, se plaisaient à agiter les plus grands problèmes et à mettre en question les choses les plus sacrées.

L'Evangile lui-même rencontrait des contradicteurs et des adversaires passionnés qui suscitaient dans les rangs des catholiques le zèle de défenseurs résolus ; de là une polémique loyale, mais surtout chaude et animée où l'aumônier jouait le rôle important de conseiller et de fournisseur de munitions.

« Au milieu de ces luttes de tous les instants, ceux qui tenaient à honneur de défendre le drapeau de la foi chrétienne sentirent bien vite le besoin de concerter leurs efforts ; et, pour ne pas laisser le dernier mot aux objections des incrédules, de travailler à fond ces grands problèmes religieux autour desquels se livraient de si ardents combats.

« L'abbé Gratry ne demandait pas mieux que de nous seconder dans une entreprise qui répondait si bien à ses aptitudes d'apologiste et à son zèle d'apôtre. Habitués par nos travaux de l'Ecole à aller toujours droit aux textes originaux et aux sources, nous n'avions qu'à être guidés par un théologien pour apprendre la tactique de cette sorte de guerre sacrée. Avec quelle ardeur on étudiait ces questions ! Quelle joie quand un de nous avait trouvé dans l'Ecriture ou dans les Pères quelque réponse victorieuse à la difficulté soulevée la veille ! Archimède n'aurait pas dit avec un enthousiasme plus sincère son fameux *Eurêka*, quand nous avions mis la main sur ce texte décisif dont on nous avait contesté l'existence, et notre cher aumônier n'était le dernier ni à être informé de nos découvertes, ni à nous apprendre le secret d'en tirer parti (1). »

C'est alors qu'il surgit en l'esprit de ces jeunes gens l'idée de réunir leurs efforts dans une libre association d'hommes « habitués aux recherches de l'érudition fécondée par la prière », pour travailler en commun à l'apologétique et au développement de la science chrétienne. Ils s'en ouvrirent à l'abbé Gratry qui recueillit cette pensée généreuse et féconde, la mûrit et se prépara à la faire passer en acte : de là allait sortir l'Oratoire, grâce au concours du curé de Saint-Roch, l'abbé Petétot.

L'aumônier de l'Ecole normale lui amena, outre sa personne et ses talents, les plus précieuses recrues ; c'étaient ses élèves de l'Ecole : Cambien, Adolphe Perraud, son frère Charles, Henri Perreyve,.... groupe d'élite, s'il en fut jamais ; et selon la parole du P. Gratry lui-même, « il se trouva qu'un jour, avec une émotion profonde et une joie qui ne peut se décrire, ce groupe d'amis unis en Dieu prit possession de sa terre pro-

(1) *Le P. Gratry*, p. 20.

mise, laquelle était un humble toit capable d'abriter sept personnes.

« Le rêve était réalisé, en son germe du moins. C'est là qu'ils allaient vivre ensemble, prier ensemble et travailler ensemble. Alors se déroulèrent, dans l'enthousiasme d'une vie naissante, quelques années de vrai bonheur, de vie intime et fraternelle, d'amitié sainte, de véritable fécondité d'esprit et d'âme. Là se formèrent, sous une austère et douce inspiration et sous un humble et saint exemple, de véritables cœurs sacerdotaux, bons et patients, humbles, aimants et courageux. Là aussi commençait avec la plus joyeuse ferveur l'étude spéciale du prêtre, le travail de philosophie et de théologie. Là aussi commençait pour plusieurs l'expérience de l'association intellectuelle véritable, de ses difficultés, de ses fécondités (1). »

Et si le témoignage du maître est trouvé insuffisant, écoutons celui d'un de ses plus chers disciples : « Certes, dit le P. Adolphe Perraud, ceux qui ont connu intimement comme moi Henri Perreyve et le P. Gratry, peuvent se faire une idée du réel bonheur de cette vie dont ces belles âmes étaient comme le foyer lumineux et ardent. Non, il est impossible de se rappeler sans une émotion profonde ces ravissants souvenirs, cette bienheureuse vision de paix, cette cité intellectuelle et cordiale, où tous se comprenaient et s'aimaient, où tous avaient la ferme volonté de devenir d'humbles serviteurs de la vérité chrétienne, en attendant que les plus jeunes pussent, à l'exemple de leurs aînés, en devenir les apôtres.

« De plus en plus, dans ce commerce intime des esprits et des cœurs, notre maître devenait un père pour nous, un vrai père, qui nous faisait vivre de la vie de son intelligence, et nous associait à ses travaux, non comme ses ouvriers et ses serviteurs, mais comme ses enfants (2). »

Chaque dimanche, le P. Gratry faisait des homélies à la chapelle de l'Oratoire, il expliquait l'Evangile et sa parole chaude, vibrante, attirait autour de sa chaire une foule compacte

(1) Le P. Gratry, *Henri Perreyve*, p. 118.
(2) P. Adolphe Perraud, *le Père Gratry*, p. 29.

LE PÈRE GRATRY.

qui se disputait l'entrée. Partout où une chaise pouvait être placée, et souvent jusque sur les degrés de l'autel, on introduisait un auditeur de plus ; M. Guizot, M. de Montalembert y venaient à la tête de l'élite intellectuelle et politique de la société parisienne.

Un dimanche de l'Avent, le P. Gratry avait commenté l'Evangile du jour où Notre-Seigneur appelle Jean-Baptiste « plus que prophète ». L'homélie achevée et le Père rentré dans sa chambre, on lui remit une carte : c'était celle de M. de Montalembert. L'illustre comte y avait écrit au crayon ces paroles, expression si délicate de son admiration émue : *Plus quam prophetans*.

Plus tard, le 12 mars 1854, on apprenait la mort sinistre de l'infortuné Lamennais et tout le Paris religieux était consterné. Le P. Gratry expliqua l'évangile de la Transfiguration où il est question du possédé qui se jetait tantôt dans l'eau et tantôt dans le feu, que les apôtres ne purent guérir et qui fut amené au Sauveur. « Le Père fit une saisissante application de ce passage à l'homme qui, après avoir en 1818 presque nié les droits légitimes de la raison sous le prétexte dangereux d'exalter ceux de la foi, avait fini par méconnaître tout ensemble l'autorité de la foi et les principes de la raison, et s'était définitivement jeté dans le plus dangereux des panthéismes et dans le socialisme le plus exalté. Les disciples, disait le P. Gratry, ne purent guérir ce malheureux possédé, et Jésus leur reprocha de n'avoir pas eu assez de foi. Et nous aussi sans doute, si nous avions eu plus de foi, nous aurions guéri ce malade. Mais qui nous dit que le Sauveur Jésus ne l'a pas guéri au dernier moment ? Oui, peut-être, à la dernière heure, Jésus aura touché ce pauvre malade et chassé le démon : peut-être, alors, il sera redevenu libre, et il aura bien choisi. »

Une autre fois, le Père s'adressait spécialement aux jeunes gens mêlés dans l'auditoire, les conjurait de dédaigner les faux biens de ce monde, de poursuivre avant tout l'avènement du royaume de Dieu, d'avoir faim et soif de justice et de vérité ; et à ceux qui s'engageaient à suivre son conseil il faisait remettre une petite croix d'argent sur laquelle était gravé ce mot du Sauveur : *Esurivi,* « J'ai eu faim. »

Cette action de la chaire, le prêtre la continuait par le commerce plus intime et plus efficace que la langue chrétienne appelle la direction ; là il versait à la lettre son âme dans l'âme de ceux qui s'adressaient à lui ; il les transformait ; il les illuminait ; il leur apprenait « à nourrir leur pensée de la substance de la pensée divine », et résumait pour eux tout l'ensemble des idées chrétiennes en ce mot de l'Evangile sans cesse commenté : « Mon ami, montez plus haut ! »

Mais le P. Gratry avait au service de la vérité une arme encore plus puissante, c'était sa plume ; c'est d'elle qu'il nous reste à parler.

III

L'athlète entra dans la lice par une polémique brillante contre une des formes les plus audacieuses de l'esprit négatif, l'hégélianisme, doctrine soutenue en France par M. Vacherot, directeur des études littéraires à l'Ecole normale elle-même. Il faut avouer que dans ce débat la situation de l'aumônier était particulièrement délicate : aussi avant d'engager la lutte à fond, l'abbé Gratry crut devoir donner sa démission : ce sacrifice méritoire ne laissa pas que de soulever l'opinion en sa faveur.

« Comment, demande M. Saint-Réné Taillandier, son successeur à l'Académie, comment cet esprit fait pour aimer et bénir a-t-il ouvert la longue série de ses ouvrages par une polémique irritée ? Il avait pendant vingt ans préparé une doctrine dont il attendait les plus bienfaisants résultats, il se félicitait d'avoir démêlé la Révolution à la lumière de l'Evangile, il se croyait en mesure de réconcilier le christianisme et l'esprit moderne, il possédait sur toutes les grandes questions un ensemble de principes qui seuls, dans la crise où nous sommes, pouvaient assurer le salut du genre humain ; et précisément, à l'heure où il va dérouler page à page cet enseignement libérateur, il voit pénétrer d'Allemagne en France une philosophie qui ébranle les fondements de la raison, rejette toute idée de l'absolu, condamne toute espèce de principes, permet de tout nier et de tout affirmer à la fois. Si de telles maximes s'accréditent, son enseignement devient impossible. Il protesta de toute sa force, il cria au monde que la sophistique se dressait de nouveau en face des idées de Platon (1). »

M. Vacherot répondit en déclarant que lui, philosophe, il trouvait aux textes de l'Evangile un sens différent de celui de l'Eglise ; la réplique ne se fit pas attendre et l'abbé Gratry prouva d'une manière irréfragable au directeur des études de l'Ecole normale qu'il ignorait les textes, prenait les objections pour les réponses et faisait dire aux auteurs allégués ce qu'ils ne disent pas, en oubliant de leur faire dire ce qu'ils disent.

Peu de temps après, l'aumônier renonçait définitivement à ses fonctions et entrait à l'Oratoire ; c'est là qu'il publia successivement trois ouvrages bien dignes d'un successeur de Malebranche, *la Connaissance de Dieu, la Connaissance de l'âme, la Logique.*

La Connaissance de Dieu, cette admirable introduction à la foi chrétienne, est dirigée contre le panthéisme des temps modernes. « Le philosophe chrétien appelle à son aide la science, la nature, la raison, la tradition, l'histoire, la Bible et l'Evangile, pour prouver l'existence d'un Dieu personnel et vivant, pour nous le monter agissant sans cesse en chacun de nous en particulier et dans l'humanité en général (2). »

Il y a tel chapitre de ce livre, dit Mgr Perraud, dont la rédaction n'a été définitivement arrêtée par la plume de l'auteur qu'après que chacun de « ses enfants » y eut apporté son contingent de recherches, de textes trouvés dans les livres, ou de pensées

(1) SAINT-RENÉ TAILLANDIER, *Discours de réception à l'Académie*, 22 janvier 1874.

(2) F. GODEFROY, *Hist. de la litt. franç.*

dues à la méditation. C'est par cette méthode que furent étudiés en particulier tous les problèmes de philosophie et de théologie impliqués dans la haute et délicate question des rapports de la foi avec la raison.

Plusieurs jours étaient donnés à chacun pour y penser dans le silence de la prière et dans le recueillement du travail. Puis on se réunissait, on examinait les divers points de vue de la question, on les discutait, et d'ordinaire on tombait d'accord sur la solution définitive. Alors le Père, se renfermant pendant ses longues matinées de travail, écrivait ces pages où son âme et sa pensée, suivant une comparaison qui lui était familière, étaient comme un épi tout plein d'autres pensées et d'autres âmes, et par là même, d'autant plus fécond.

La Connaissance de l'âme, corollaire de *la Connaissance de Dieu*, est peut-être encore supérieure au premier traité.

« De quel regard pénétrant, dit Saint-René Taillandier, il sonde les profondeurs de l'âme ! de quel jour il éclaire sa triple vie, ou plutôt sa triple faculté de vivre, dans le corps, dans l'âme, en Dieu ! Comme il peint la dispersion de ses forces ! Comme il prouve la nécessité de rentrer au centre et de nous ressaisir nous-mêmes ! L'homme, s'écrie-t-il, ne connaît pas l'homme ; l'humanité n'a pas encore vu la face glorieuse de l'humanité ! Elle est si vivante, si poignante, cette psychologie ; elle est si étrangère à nos sèches formules, qu'elle prend parfois les allures d'un poème. C'est l'histoire d'une créature céleste soumise sur terre aux plus redoutables épreuves, l'épreuve du du feu, c'est-à-dire les fièvres du sang, l'épreuve de la lumière, c'est-à-dire les passions de l'esprit. »

Par sa *Logique*, le P. Gratry rendit à la philosophie le service de la soumettre à une discipline morale ; sur le conseil de ses amis, il en détacha le petit volume des *Sources*, « vrai chef-d'œuvre de pensée et de style, où un vaste plan d'études est tracé aux jeunes gens qui ont le noble courage de refaire leur éducation, d'acquérir une notion exacte des devoirs que le christianisme impose, pour se dévouer ensuite à la défense de la vérité et au triomphe de la justice (1). »

Le succès de ces trois ouvrages qui feront époque dans l'histoire de la philosophie catholique, retentit au-delà du Rhin et reçut les éloges des philosophes allemands. « Accomplir, disait l'un d'eux, une si grande œuvre avec la liberté d'esprit la plus entière, en traversant toutes les écoles sans se circonscrire dans aucune ; exposer toutes ces vérités du haut de la science contemporaine appuyée sur la science du passé et sur l'ensemble de la tradition ; les développer avec autant de verve que de profondeur, avec autant d'onction que d'expérience de la vie, dans un style clair et beau, dans une langue accessible à tous, aux gens du monde, et presque aux ignorants ; c'était ajouter à la science un accroissement essentiel et réel, et en même temps offrir une voie de salut à notre époque malade, qui met la science tantôt si haut, tantôt si bas ; c'était surtout opposer au matérialisme actuel un mur solide et inébranlable. »

Une œuvre d'une telle valeur mettait le P. Gratry au premier rang des écrivains et il était naturel qu'il fût admis à siéger parmi ceux qui ont pour mission de conserver les traditions de la belle langue française. Déjà l'Académie avait ouvert ses portes au P. Lacordaire et à Mgr Dupanloup ; elle admit le P. Gratry à la succession de M. de Barante et son choix fut sanctionné par tous les esprits élevés et délicats.

L'ardeur de l'écrivain catholique en reçut un nouveau stimulant, et dans son beau cabinet de travail, aux larges horizons, où la vue s'étendait jusqu'aux coteaux de Meudon et de Sèvres, avec la splendide lumière des soleils couchants qu'on voyait descendre lentement derrière le dôme des Invalides, sa plume ne restait pas inactive. Il donna tour à tour au public *le Mois de Marie de l'Immaculée-Conception*, livre pieux et profond destiné à glorifier le privilège de la Vierge ; *la Crise de la Foi* ; *la Paix* où il plaide avec larmes la cause des peuples opprimés ; *la Philosophie du Credo,* destinée à la conversion du général de La Moricière et qui atteignit pleinement son but.

(1) P. Adolphe Perraud et F. Godefroy.

A ces ouvrages déjà nombreux, il faut joindre encore *les Sophistes et la Critique*, le *Commentaire de l'Evangile selon saint Matthieu*, la *Morale et la Loi de l'histoire* et enfin *la Biographie d'Henri Perreyve*, ce doux livre qui n'est qu'un « épanchement » et qui fait revivre sous des traits charmants l'une des figures les plus sympathiques de notre époque.

Ainsi pour résumer son œuvre avec l'homme qui l'a le mieux connue, « philosophie pure, philosophie appliquée à la morale, morale appliquée à la politique et à l'histoire, polémique contre le matérialisme et l'athéisme, pieuses effusions d'une âme recueillie devant les beautés virginales de la Mère de Dieu, ou devant les incomparables splendeurs de l'Evangile : tout cela se succédait sous cette plume, qui n'évitait peut-être pas assez les redites, mais qui demeurait toujours originale, et avait au plus haut degré le don d'exprimer les grandes choses. Cette langue si pure, de si bon aloi, si différente de ce style surmené, à l'aide duquel on essaie souvent de dissimuler aux autres le vide absolu de la pensée, classera le P. Gratry parmi les premiers écrivains de ce siècle (1). »

C'est que, selon le mot de M. de Rémusat, le P. Gratry écrit avec tout lui-même. Aux élans d'une imagination éblouissante, il joint des arguments tirés des sciences les plus abstraites, des parties les plus hautes des mathématiques ; il sait même utiliser les beaux-arts pour le profit des grandes vérités spiritualistes et chrétiennes.

Mais « qu'il s'agît de littérature, de philosophie, de théologie, de sciences, de beaux-arts, le P. Gratry n'écrivait jamais pour écrire. Il écrivait pour agir, ou plutôt pour convertir. Tous ses écrits sont des actes. A la lutte il préférait l'établissement direct dans les âmes qu'il voulait non seulement persuader mais transformer et transfigurer. Il enseignait que, « pour bien recevoir de Dieu les semences de vérité, la première disposition est une disposition morale. Ce qu'il faut, dit-il, appliquer d'abord aux données de la vérité, que Dieu ne cesse

(1) Le P. Gratry, *Les derniers jours*, p. 40.

de semer dans notre âme, ce n'est pas notre esprit, c'est notre volonté ; et, selon la parole éternelle du maître des hommes, il faut faire en soi la vérité avant de la connaître. » Personne peut-être n'a mieux su que lui réveiller l'instinct du vrai et échauffer l'amour du bien au fond des âmes (1). »

Cependant ce défenseur de la vérité, nous devons l'avouer, ne fut pas impeccable ; il lui arriva de prendre pour des lois « les vues de son esprit ou les rêves généreux de sa charité. » Dans la question du Concile, il fit fausse route avec l'école libérale et se trompa dans la controverse sur l'infaillibilité pontificale. Mais si sa perspicacité se trouva en défaut, il eut pour lui sa bonne foi qui resta entière aux yeux de tous.

La guerre de 1870 vint attrister ses derniers jours et lui donner le coup de mort, mais elle fut impuissante à lui ôter sa confiance dans l'avenir et sa résignation pour le présent.

Quand vint l'heure dernière, le disciple fidèle était là et, en assistant à la disparition du maître vénéré, il crut voir l'astre du jour s'abîmer dans les flots. « Quand, dit-il, par un beau soir d'été, sur le bord de la mer, on voit le soleil descendre lentement à l'horizon, il vient un moment où le globe de feu s'enfonce dans les flots et semble s'y éteindre. Il n'y a là cependant qu'une apparence. Le soleil ne s'éteint pas ; il continue sa course radieuse et va éclairer d'autres mondes. C'est sous cette image que bien des fois, durant ces dernières heures, m'apparaissait cette lente et douce agonie. Cette âme, toute faite de lumière et de paix, il semblait qu'elle allait s'éteindre pour nous ; et toutefois elle allait devenir plus lumineuse et entrer dans le monde des clartés immortelles (2). »

C'est en effet le sort que le prophète Daniel assure aux apologistes de la vérité : Ceux qui enseignent la justice à plusieurs brilleront comme des étoiles pendant des éternités sans fin. *Qui ad justitiam erudiunt plurimos, quasi stellæ in perpetuas æternitates.* (Dan., XII, 3).

(1) Frédéric GODEFROY, *Hist. de la litt. franç.*
(2) Le P. Adolphe PERRAUD.

Monseigneur DUPANLOUP

L'Humaniste. – Le Catéchiste et l'Educateur. Le Polémiste.

(1802-1878)

Avec les besoins des temps, l'apologétique se transforme. Le siècle marche, les idées progressent et la tâche du défenseur devient de plus en plus ardue. Il ne suffit plus à l'apologiste de rappeler et d'énoncer les principes ; il faut que sa plume devienne un glaive, il faut qu'il se jette dans la mêlée et que, non content de se défendre, il ne recule pas devant l'attaque. Pour ce combat de tout instant, Dieu envoya à son Eglise des soldats de taille : ils formèrent une légion de braves marchant à la conquête de la vérité et de la liberté. Pour apprécier leur rôle il suffira de nommer les chefs : deux sont pasteurs des peuples et établis comme gardiens de la doctrine, ils portent un nom impérissable : Dupanloup et Pie. Le troisième n'appartient pas à l'armée régulière ; c'est un franc-tireur, un volontaire, mais au cœur duquel Dieu a soufflé le génie de la lutte. Il porte des coups terribles et a l'instinct de la bataille : dans la mêlée l'ennemi est terrassé, mais parfois aussi l'ami et le compagnon de lutte sont éclaboussés. J'ai nommé Louis Veuillot, dont le nom personnifie le lutteur des temps modernes.

A ces trois hommes revient l'honneur d'avoir dirigé le mouvement apologétique de notre époque.

I

Félix Dupanloup naquit en 1802 dans ces montagnes de Savoie dont les aspects superbes et les paysages grandioses avaient déjà formé le puissant génie de Joseph de Maistre.

A peine échappé des bras de sa mère, il annonçait sa vivacité et son énergie tenace. Ce fut un de ses oncles, prêtre vénérable, qui commença son éducation : « Rien ne vaut cette éclosion des premières facultés, sous le libre soleil, au souffle vivifiant et parfumé des montagnes (1). »

Mais à cet enfant qui promettait de devenir un homme supérieur la Providence ménageait des moyens plus efficaces de se préparer à sa mission. En 1809, sa mère quitta les Alpes pour se rendre à Paris.

« Un humble enfant de Savoie, dit Mgr Besson, quitta à sept ans les montagnes et les lacs où s'étaient écoulés les premiers jours de sa vie. Il allait, comme les pauvres de son pays, chercher fortune dans la grande ville ; sa mère l'y accompagnait et y cherchait pour elle-même le travail et le pain de chaque jour. La mère et le fils travaillaient de leurs mains : l'une au ménage d'autrui, l'autre en faisant (pourquoi ne pas le dire ?) quelque copie pour un procureur du voisinage (2). »

La première joie qu'il éprouva à Paris et aussi sans doute le premier appel de la grâce, ce fut aux catéchismes de Saint-Sulpice, dirigés par l'abbé Tesseyre qui, après avoir été élève et répétiteur à l'Ecole Polytechnique, s'était consacré à Dieu dans le sacerdoce et voué à cette œuvre féconde. Dupanloup a redit plus tard les douces émotions éprouvées en écoutant le saint prêtre :

« La première fois que j'y fus conduit, écrit-il, je restai en dehors de l'enceinte, à gauche de l'autel, les bras croisés, appuyé sur une balustrade qui servait de barrière, attentif à ce qui se passait.

« Je me vois encore là à cette place et dans cette attitude. Du premier coup je fus saisi... Tous les bons sentiments de pureté, de docilité, de louange honnête, de convenance, de candeur ingénue, se réveillèrent là tout à coup dans mon âme. Cette

(1) Mgr Ricard, *Les grands évêques de l'Eglise de France au XIXe siècle.*

(2) Mgr Besson, *Discours prononcé le 11 octobre 1888 à l'inauguration du tombeau de Mgr Dupanloup.*

impression fut étrange et je ne sais la définir qu'en disant : C'est Dieu que je rencontrai là et il fut d'une bonté infinie (1)!... »

A la fin de la réunion, il se fit inscrire, et, le dimanche suivant, il prit place au milieu des autres enfants. Les exercices du catéchisme le captivèrent aussitôt (2).

« Tout m'y plaisait, les instructions, les homélies, le jeu des bons points, les avis du chef, es cantiques, tout cela faisait un ensemble extrêmement intéressant. Cela durait deux heures, deux heures un quart, et je me souviens encore de mon étonnement en voyant que ce long temps passait si vite. Je remportais de chaque séance du catéchisme les impressions les plus heureuses: sans doute je n'étais pas encore corrigé de mes défauts, loin de là ; mais j'étais tourné vers le bien ; la lutte contre le mal était commencée : lorsque je me laissais entraîner, ma conscience m'avertissait de suite, et le remords me suivait partout. Le souvenir du catéchisme ne me quittait guère d'ailleurs ; je commençais même à prier quelquefois le bon Dieu comme il faut, c'est-à-dire à faire de vraies prières, du fond de mon cœur, et je sortais toujours meilleur de cette chapelle. »

Sa première confession lui causa une émotion profonde :

« C'était, dit-il, dans la chapelle de Saint-Jean-Baptiste... Comme elle est restée dans mon souvenir cette chapelle ! Quand je vis M. de Keravenant paraître en surplis, et entrer dans le confessionnal, le cœur me battit bien fort. Je m'agenouillai et lui fis ma première confession. Je l'avais écrite en chiffres ; il m'encouragea beaucoup, m'aida par ses questions, me donna d'excellents conseils, et je sortis très heureux.

« Je me souviens encore du bonheur et de l'entrain avec lesquels j'allai ce jour-là faire une partie de barres au Luxembourg. Jamais je ne m'étais senti si léger ; jamais mes camarades ne m'avaient vu si intrépide à la course, sans se douter de ce qui ce jour-là m'avait encore rendu meilleur coureur qu'à l'ordinaire. »

Puis vint la première communion « qu'il fit de son mieux »,

(1) Mgr Dupanloup, *L'Œuvre par excellence.*
(2) M. Pagès, *Mgr Dupanloup, sa vie, ses écrits, sa doctrine.*

il rappelle surtout les derniers instants de la cérémonie à Saint-Sulpice :

« Après la consécration, nous redescendîmes les marches du sanctuaire et sortîmes processionnellement de l'église en jetant un regard vers l'autel où, le matin, nous avions reçu pour la première fois notre divin Sauveur. Ces derniers moments étaient si touchants, cette dernière procession était si belle, nous y étions encore si heureux, si honorés aux yeux du ciel et de la terre que nous ne pouvions nous décider à rompre nos rangs ; nous allâmes ainsi jusqu'au milieu de la place Saint-Sulpice couverte de peuple, enfin nos mères s'approchant nous appelèrent et nous nous jetâmes entre leurs bras. »

Ce jour solennel décida de l'avenir du jeune Félix. Dans un vieil hôtel de la rue du Regard, au fond d'un des plus paisibles quartiers de la capitale, l'abbé Tesseyre venait de fonder une petite école destinée à favoriser le développement des vocations ecclésiastiques. Le futur évêque d'Orléans y entra et en devint bientôt le plus brillant élève : il enleva tous les prix.

De là il passa au petit séminaire de Saint-Nicolas du Chardonnet où il allait trouver une instruction plus virile ; mais un obstacle se dresse : « Dix thèmes à faire si le lauréat de quatrième veut passer en troisième, dix thèmes sans une seule faute. Les thèmes sont faits ; un mot, un unique mot laisse quelque doute au sévère examinateur, l'abbé Thavanet : c'était une élégance déplacée. Le lauréat redoublera sa quatrième. Il y avait là plus de sévérité que de justice. Le fier enfant se fut cabré volontiers ; au second mouvement, il préféra se vaincre et ne donner tort à ses maîtres qu'en étant toujours le premier. Trois mois après, on l'appelait en troisième avec tous les honneurs de la guerre (1). »

L'ardeur que Félix avait révélée dans les classes de grammaire devint, dans les classes d'humanités, un véritable enthousiasme. « L'enthousiasme pour mes belles études, dit-il lui-même, était au comble... Dès ma seconde, Fénelon commença

(1) Mgr Ricard, *Les grands évêques de l'Eglise de France au* XIXe *siècle*. Deuxième série, p. 196.

à prendre grande influence sur moi : ses *Fables* et le *Télémaque* faisaient mes délices ; le *Télémaque* surtout, je l'ai lu et relu pendant dix ans. »

L'évêque de Cambrai devait rester toute sa vie son auteur favori : en voilà un témoignage extrait d'une lettre à sa mère :

« J'ai quelque chose que je puis te montrer et qui peut-être te fera plaisir. Tu aimes Fénelon, tu connais ses ouvrages : eh bien ! ce n'est qu'après avoir lu plus de cinquante fois les sermons de Fénelon que j'ai fait cela, c'est une petite preuve en ma faveur. La première fois que tu viendras me voir, je te montrerai cette production de ton fils. »

Avec le goût de la lecture se dessinait chez le brillant élève un talent remarquable de composition. Les vers latins, ce tourment des écoliers ordinaires, l'attiraient particulièrement et étaient un jeu pour lui. Il en improvisait même en récréation et ils restèrent la forme ordinaire sous laquelle, pendant toute sa vie, il traduisit son admiration, ses émotions profondes en face des grands monts, des lacs limpides et des paysages enchanteurs de la nature (1).

Sa rhétorique se couronna par le triomphe le plus agréable au cœur d'un jeune humaniste : il fut choisi pour prononcer le discours de la distribution des prix. Ce fut pour lui une véritable ovation dont il envoie les échos à sa bonne mère absente :

« ... Je ne te dirai pas que pendant huit jours je me levais à quatre heures du matin et me couchais à dix heures du soir pour travailler mon discours. Tout cela est fini ; venons-en à la distribution des prix. J'ai eu quatre premiers prix et un second ; je ne suis pas content ; je devais en avoir six premiers ; c'est là un malheur qui a fait de la peine à mes professeurs mêmes. Enfin, j'ai encore été le mieux partagé sous ce rapport, malgré mes pertes.

« J'ai donc prononcé mon discours... Un instant on m'a interrompu pour m'applaudir ; j'entendis répéter autour de moi : *Très bien ! Très bien !* Il y avait là l'archevêque, deux

(1) Mgr Lagrange, *Vie de Mgr Dupanloup*.

autres évêques, les vicaires généraux. Enfin, après ma péroraison, que je dis d'un ton fort animé, et où je faisais mes adieux à la maison, au Supérieur, à mes professeurs, aux élèves, pendant que je pleurais, les élèves, les professeurs, M. le Supérieur, se mirent à pleurer aussi ; Monseigneur et tous ces messieurs donnaient les signes les plus marqués d'approbation... En passant près du trône de Monseigneur pour aller me rafraîchir, il me prit, m'embrassa ainsi que ces messieurs, qui me faisaient toutes sortes d'amitiés, auxquelles je répondais peu tant j'étais ému et fatigué. Enfin je reçus mes prix, et c'étaient toujours de nouveaux applaudissements. Que je t'aurais voulue là ! Un coup d'œil de ma mère eût été plus pour moi que tous les applaudissements et toutes les couronnes ! »

Le ciel veillait sur cet adolescent qu'il réservait à une grande tâche : dès ses tendres années il lui ménagea les plus belles relations. Sa mère, entrée comme gouvernante dans une famille, ne pouvait l'avoir auprès d'elle pendant ses vacances et le Supérieur de Saint-Nicolas l'avait adressé à un de ses amis chez qui il rencontra de nombreuses sympathies et des protections précieuses.

Le duc de Rohan que la mort tragique de sa jeune épouse, brûlée vive sous ses yeux au moment où ils partaient ensemble pour le bal, avait décidé à renoncer au monde et à embrasser l'état ecclésiastique, attira le jeune séminariste dans sa demeure princière de la Roche-Guyon. « Il se prit d'affection pour cet adolescent à l'œil pur, au front intelligent, pressentant les grands services qu'il rendrait un jour à l'Eglise du Seigneur et voulant, autant qu'il dépendait de lui, seconder les intentions divines à son égard (1). »

Ce rapprochement devait avoir pour le jeune séminariste les plus heureux effets et nous le voyons qui écrit à sa mère les les premières impressions de son séjour en cet asile si nouveau pour lui :

« Ma bonne mère, niché sur une roche qui menace ruine

(1) PAGÈS, *loc. cit.*, p. 17.

Monseigneur DUPANLOUP.

depuis six mille ans, sur les bords de la Seine, qui promène ses flots paisibles dans une campagne émaillée de fleurs, au milieu des bois qui se prolongent à perte de vue,... en un mot jouissant d'un des spectacles les plus pittoresques que puisse offrir la nature, je t'écris cette petite lettre pour te parler de ma réception au château de la Roche-Guyon... Le duc a été d'une bonté dont tu ne peux te faire une idée ; il est rempli d'attentions pour moi ; je prends mes repas avec lui et deux ou trois autres séminaristes de Saint-Sulpice qui sont ici ; il a voulu se réserver, m'a-t-il dit, le plaisir de me conduire dans l'appartement que je devais occuper, et il s'est entretenu avec moi jusqu'à onze heures du soir, et ne m'a quitté qu'à regret. »

Telle fut l'entrée du jeune séminariste en ce séjour auquel, dira-t-il plus tard, il devra en grande partie ce qu'il est devenu.

Des hommes plus élevés dans la hiérarchie ecclésiastique avaient déjà jeté les yeux sur le rhétoricien de Saint-Nicolas. L'archevêque lui-même, Mgr de Quélen, s'intéressait à ce brillant sujet et l'entourait de prévenances ; Mgr Frayssinous déjà célèbre lui prenait le bras et lui disait avec un charmant sourire : « Laissez le passé s'appuyer sur l'avenir. »

Mais nul ne prêta à Félix Dupanloup un aide plus efficace que M. Borderies, alors vicaire général de Paris et qui allait bientôt s'asseoir sur le siège épiscopal de Versailles. Ce fut lui qui facilita l'entrée du séminariste à Issy, puis à Saint-Sulpice et le conduisit au sacerdoce dont il fut honoré le 18 décembre 1825.

II

Le nom de Saint-Sulpice, a écrit Mgr Dupanloup dans ses *Souvenirs*, doit m'être cher jusqu'au dernier soupir : « J'y ai trouvé tous les biens de Dieu. »

En effet à peine entré dans cette école célèbre, ce n'est plus un élève, c'est un maître. Le P. de Ravignan qui fut son condisciple et son ami, s'écrie en se rappelant ces années bénies : « C'était déjà le plus doux des tyrans. » Il régnait à force de respects et de prévenances sur le cœur de ses maîtres, à force de bons offices sur le cœur de ses condisciples ; mais il était un autre empire qu'il exerçait sans conteste, il était vraiment le maître des cœurs des enfants qu'il catéchisait. Catéchiste, voilà le premier titre de gloire de l'abbé Dupanloup ; aussi il s'attarde volontiers à raconter comment il fut amené à inaugurer ce ministère, durant son séjour à Saint-Sulpice.

« On me donna à choisir, dit-il, entre le grand catéchisme de Persévérance des filles, et le catéchisme des garçons de la chapelle basse : bien que mes meilleurs amis fussent à la Persévérance, je préférai cette pauvre chapelle basse, où quelques années auparavant j'étais venu moi-même me préparer à la première communion, et où j'avais trouvé dans la tendre et religieuse amitié de mes catéchistes et dans l'infinie bonté de mon Dieu, des liens si doux... »

Il nous décrit ensuite ses premiers procédés qui ne répondaient pas toujours à son attente :

« J'avais alors un grand désir de bien faire, mais je ne savais pas comment m'y prendre ; je n'avais pas le sens catéchistique, et, si je l'avais un peu dans le cœur, je ne l'avais pas dans l'esprit. En parlant à ces chers enfants, je faisais des phrases, ma rhétorique voilait la clarté de mes instructions, éteignait même à moitié l'onction et le feu de mes petites homélies. J'ornais mon style, j'écrivais en un mot. Généralement, nous tombions tous par inexpérience et jeunesse dans un de ces deux défauts : nous avions ou trop de familiarité ou trop d'ornement. »

Bientôt la Providence vint l'aider à prendre la voie qu'il fallait suivre, il fit à la porte d'un confrère la découverte de petits papiers, jetés au rebut, froissés et déchirés.

« C'étaient des fragments d'instructions familières, des avis pour la première communion, des histoires racontées aux enfants, des paraboles, quelques homélies. Je lus tout. J'y trouvai un tel charme de parole, une telle langue, un tel amour de l'enfance, une lumière si douce et si vive sur cet âge, une naïveté de sentiment parfois si ravissante, que, prenant tout ce qu'il y avait là de ces étranges petits papiers, je les emportai à ma chambre pour les étudier et les considérer à loisir. J'allai pourtant, par un juste sentiment de délicatesse, trouver celui à la porte duquel j'avais ramassé ces papiers, et je lui avouai le prix que j'y attachais, sans savoir de qui ils étaient. Il me dit sur-le-champ : « Ce sont d'anciennes notes de M. Tesseyre, mais c'est indéchiffrable, cela n'a aucune suite : faites-en ce que vous voudrez. » Et il me donna tout ce qui lui en restait encore. Ce fut pour moi une fortune. Le plaisir que me faisaient à l'esprit et au cœur ces petits papiers est encore aujourd'hui dans mon âme un sentiment singulier : c'était pour moi comme la découverte d'un trésor ; c'était comme autant de pierres précieuses cachées dans l'herbe et dans les bois ; je ne puis encore y penser sans émotion. Le fait est que M. Tesseyre fut un homme d'un vrai génie pour les enfants; le connaître fut pour moi un bienfait immense et toute une révolution dans mes habitudes d'esprit. Je pris du moins, en l'étudiant de mon mieux, l'horreur de mes défauts et de ma rhétorique, et un certain goût de vérité simple et d'onction, pour parler aux enfants, qui ont fait qu'à une distance infinie de ce modèle j'ai trouvé quelquefois le chemin de leur esprit et de leur cœur. »

M. Borderies lui avait enseigné un autre secret en lui disant : « Vous verrez comme vous parlerez sans peine aux enfants, quand vous les aimerez ! » Or l'abbé Dupanloup eut, comme il l'avoua plus tard, la passion de l'enfance ; c'est pourquoi il fut un éminent catéchiste.

Au reste la Providence l'avait appelé à ce ministère tout particulier ; en quittant Saint-Sulpice, le front couronné de l'auréole sacerdotale, il fut envoyé vicaire à la Madeleine, chargé de la direction des catéchismes. C'est là dans une chapelle élevée près de l'église de l'Assomption, sous le vocable de saint Hyacinthe, qu'il conquit sa première célébrité.

Chargé du catéchisme pour les enfants qui n'avaient pas fait la première communion, du catéchisme de persévérance pour les jeunes filles, il y ajouta le catéchisme de persévérance pour les jeunes gens, et vit tous ces enseignements suivis par plus de quatorze cents enfants (1).

Beaucoup appartenaient à des familles princières, un jour il put compter dans son auditoire jusqu'à trois reines.

« On venait là, a-t-il raconté lui-même, de toutes parts, des pays les plus lointains, car les révolutions y avaient amené, particulièrement en 1830, 1831, 1832, des enfants d'Italie, de Pologne, d'Allemagne, de Portugal, du Brésil même; des enfants pauvres, des enfants riches, et même des enfants royaux; des enfants qui, pour venir au catéchisme, arrivaient des plus misérables quartiers de Paris, ou sortaient des demeures les plus brillantes de l'opulence; des enfants dont les parents appartenaient d'ailleurs à toutes les nuances les plus contraires des partis politiques qui partageaient alors la France. »

C'est surtout au catéchisme préparatoire à la première communion que l'abbé Dupanloup déploya les ressources de son talent et de son âme :

« Je dois dire, a-t-il écrit, que parmi les divers catéchismes dont j'ai été chargé depuis les premiers temps de ma jeunesse sacerdotale, il n'en est point qui m'aient laissé des souvenirs plus profonds. Rien dans ma vie, aucun ministère, aucune prédication n'en approche, rien n'a imprimé de pareilles traces dans mon âme. Dans ma longue carrière, j'ai beaucoup prêché, j'ai vu de grands auditoires, d'immenses assemblées de fidèles, recueillis autour de la chaire sacrée; j'ai vu aussi parfois, grâce à Dieu, les grands fruits de la parole sainte, l'émotion des cœurs, les touches visibles de la grâce, des conversions extraordinaires; et, je dois l'avouer, j'ai trouvé là une douceur telle qu'elle fait oublier à un homme apostolique toutes ses fatigues; et néanmoins, je dois le dire, rien de tout cela n'est comparable pour moi aux impressions, aux souvenirs du catéchisme de semaine; nulle prédication, si solennelle qu'elle soit, nul ministère, si consolant qu'il soit, ne peut, à mon sens

(1) Pagès, *loc. cit.*, p. 27.

du moins, égaler celui-là : parce que j'ai vu, et de plus près, et plus intimement que nulle part ailleurs, ce qu'il y a ici-bas de plus beau, de plus grand, de plus attachant : les âmes et Dieu dans ces âmes; l'épanouissement de leurs facultés les plus belles, et de leurs plus vives puissances; la noblesse, la grandeur, et le fond divin de ces âmes immortelles; leur lutte entre le bien et le mal, toutes les émouvantes péripéties de cette lutte, quelquefois sanglante, pendant laquelle on entend leurs cris, des accents incomparables, on voit ce qu'elles ont de plus ingénu, de plus tendre et de plus fort, et Dieu, agissant là, d'une manière mystérieuse et pourtant visible, par des opérations d'une énergie et d'une bonté toutes divines ; et cela, dans l'âge le plus naïf, le plus vrai, le plus aimable, le plus décisif aussi, car il porte avec lui toutes les espérances et toutes les craintes de l'avenir. »

La réputation du catéchiste de Saint-Hyacinthe se répandit bien vite dans Paris et dans la France entière. En un premier voyage qu'il fit à Rome à cette époque, Grégoire XVI put le saluer de ces paroles flatteuses :

« — Vous êtes l'apôtre de la jeunesse ! »

Ses amis et ses protecteurs lui offrirent des postes en vue, en particulier celui de secrétaire général du ministère des affaires ecclésiastiques qui pouvait flatter son ambition; il refusa tout, même les sollicitations du duc de Rohan, devenu archevêque de Besançon et cardinal. A la situation enviée de conseiller du nouveau cardinal, il préféra le poste plus modeste de catéchiste à la Madeleine et de directeur de ce qu'il appelait l'Académie de Saint-Hyacinthe.

Si le rôle était humble, il fut noble et fécond en résultats.

« Qui donc parmi ses élèves, s'écrie un de ses biographes les plus distingués, oublierait la chapelle de Saint-Sulpice, la chapelle de l'Assomption, et cette « Académie de Saint-Hyacinthe », où il recueillait, excitait, enflammait des jeunes gens qui sont aujourd'hui des hommes, et qui lui doivent : les uns, leur foi maintenue et sauvée ; les autres, leur repentir retrouvé et conquis ; tous, leurs croyances ici-bas et leurs espérances d'immortalité là-haut. De ces jeunes *académiciens,* titulaires ou aspirants, qui puisaient en cette source attrayante et pure les solides notions du christianisme, qui se fortifiaient pour la vie publique ou privée, il en est allé sur bien des chemins divers! Il y en a d'arrêtés aux échelons vulgaires, d'autres montés aux premiers rangs, d'autres peut-être égarés dans les bas lieux. Il y en a dans les cours, sur les marches du trône, en exil, sur les sièges de la justice, dans les camps, à la tribune, dans la chaire; il y en a qui commandent des armées, qui guident des escadres, qui dirigent des départements, qui honorent la retraite et la proscription. Il y en a partout... Eh bien! où qu'ils soient, même tombés et déchus, pas un n'entendra le nom de l'abbé Dupanloup sans que son cœur s'émeuve, et qu'une larme de gratitude, de remords ou d'affection, mouille sa paupière! — Je ne connais pas de plus bel éloge (1). »

La duchesse de Berry l'avait chargé de préparer à sa première communion l'enfant royal qui devait porter le nom de Henri V. Marie-Amélie lui confiait la direction de ses enfants, et la duchesse d'Orléans aimait à venir l'entendre (2).

« Quel nom, quel personnage, s'écrie à ce propos l'évêque de Nîmes, le jeune prêtre ne verra-t-il pas dans ses catéchismes? La fille de Louis XVI dont il est le chapelain, obtient qu'il enseignera au duc de Bordeaux les éléments de la religion. S'il n'a pu suivre en exil l'héritier légitime de nos rois, voici autour d'un trône, rebâti à la hâte avec les débris du naufrage, d'autres princes à instruire. Nemours, Joinville, d'Aumale, la princesse Clémentine, n'ont oublié ni ses soins, ni ses leçons. Joinville viendra, cinquante ans après, frapper à sa porte pendant le siège d'Orléans, et se faire reconnaître, sous le déguisement qu'il a pris, pour un Français et pour un Bourbon. »

Mais voilà que le catéchiste est placé sur un nouveau théâtre où son génie pourra se donner plus libre carrière tout

(1) Henri DE RIANCEY, *Célébrités catholiques contemporaines*.
(2) Mgr RICARD, *loc. cit.*, p. 209.

en restant au service de la jeunesse. Mgr de Quélen vient de l'appeler à l'honneur de diriger le séminaire de Saint-Nicolas, naguère témoin de ses brillants triomphes d'humaniste. On était au mois d'octobre 1837. Le nouveau directeur avait trente-cinq ans.

En quelques mois la maison qui traversait une phase critique eut bien vite changé d'aspect; la première réforme fut le relèvement du niveau des classes. Pour atteindre ce but, l'abbé Dupanloup ne recula pas devant des mesures radicales; il est curieux de suivre dans les *Souvenirs de Saint-Nicolas* l'histoire de cette période de transition :

« Je n'oublierai jamais le jour où nous le vîmes et l'entendîmes pour la première fois, dit l'auteur des *Souvenirs*. Ses paroles furent d'abord pleines d'encouragement, mais de fermeté. Il nous expliqua nettement notre situation. Il nous avait réunis dans la salle des exercices. Nous y étions entrés élèves de l'ancien Saint-Nicolas; il nous parla pendant une heure, nous peignant à nous-mêmes ce qu'il nous espérait, nous voulait, nous voyait dans l'avenir. Quand nous sortîmes, nous sentions déjà vaguement qu'il y aurait un Saint-Nicolas nouveau. »

Cette première entrevue fut suivie le lendemain d'une seconde. La composition dite de niveau était faite, et il allait proclamer les résultats :

« Le discours que nous avions entendu à cette même place, vingt-quatre heures auparavant, continue le même témoin, nous avait bien préparés à quelque chose d'extraordinaire. Déjà, une vingtaine d'élèves étaient partis ou n'étaient pas rentrés, éliminés pour cause d'incapacité avérée ; nous nous attendions en outre à ce que quelques-uns d'entre nous redoubleraient leur classe de l'année précédente ; mais aucun n'avait pu prévoir ce qui arriva.

« Nous étions tous assis, les maîtres à leur place, chacun de nous attentif, inquiet même, les yeux fixés sur l'homme qui prenait dès lors une si grande place dans notre vie d'enfants, étudiant son visage, nous efforçant de traduire son attitude. On sait ce qu'est pour un enfant cette question du passage d'une classe dans une autre; nulle ne l'intéresse et ne le passionne davantage. Les moindres détails de cette séance sont présents à mon souvenir, tant nous étions tous surexcités. Cette journée devait être décisive pour les études de Saint-Nicolas.

« Il prit sa liste et commença à lire : « Classe de *Seconde*... » En ce moment un *seconde* de l'année précédente fit un tel soubresaut sur son banc, que l'attention de tout le monde fut un moment sur lui. « Eh bien ! mon ami, qu'avez-vous ?... » demanda M. Dupanloup. Confus, l'interrupteur balbutia une réponse que nous entendîmes à la faveur du profond silence qui régnait dans la salle.

« — Je vous demande pardon, Monsieur, dit-il, mais... c'est qu'il m'avait semblé que vous oubliiez la rhétorique de cette année.

« — Non, mon ami, je n'oublie rien : il n'y aura pas de rhétorique cette année; vous redoublerez tous, à très peu d'exceptions près. »

Et il lut ses listes au milieu d'une stupeur profonde. Une dizaine à peine passaient à des classes supérieures, et pas un, en effet, ne passa en rhétorique. »

Ce coup d'état ne fut pas sans produire parmi les élèves une agitation violente; mais le Supérieur sut la calmer en montrant « que la mesure adoptée n'était pas une punition, mais une nécessité. Nous étions au-dessous du niveau; il voulait le rétablir, et, s'il était possible par la suite, le dépasser. Notre intérêt le plus cher était en jeu; il s'agissait de ne pas perdre les années de notre éducation; il s'agissait aussi de rendre les études de Saint-Nicolas assez fortes pour ne pas craindre de rivales. Quand il en fut venu là, il insista sur cette interprétation du coup d'état dont il venait de frapper l'enseignement et les élèves. Il nous prit par l'attrait de la gloire et des succès classiques. Sa parole, qui fut pour beaucoup à toutes les époques dans les succès de cette éducation, fit naître parmi nous, avec la conviction de la nécessité indispensable, celle du fruit rapide et glorieux de cette réforme. Il nous esquissa le plan d'études qu'il avait préparé; il nous disposa à la docilité et à la confiance à l'égard de nos maîtres; il nous remplit d'ardeur, d'émulation et d'espérance ; et c'est ainsi qu'il nous lança dans la nouvelle carrière qu'il venait d'ouvrir devant nous. »

A partir de ce jour, M. Dupanloup fut vraiment le maître de toutes ces jeunes âmes qu'il entraîna à sa suite dans les chemins de la lumière et de la vérité. Peu de maisons d'éducation ont donné l'exemple d'une direction aussi forte et aussi douce en même temps.

« Le Supérieur est partout l'œil qui surveille, l'oreille qui entend, la voix qui commande, le geste qui entraîne, le mouvement qui anime tous les ressorts. Les études, les récréations, les promenades, les jeux sont réglés, variés, improvisés, tantôt avec cette mesure qui révèle la sagesse la plus profonde, tantôt avec cette soudaineté qui frappe l'esprit de l'enfant et qui y grave un profond souvenir. Il s'impose partout avec cette autorité qui ne souffre ni réplique ni murmure, mais aussi avec cette tendresse vive, ingénieuse, prévoyante, qui force l'enfant à lui obéir comme à une mère. Regardant à tous les détails, mais de haut, confiant avec les maîtres dont il se fait les auxiliaires les plus dévoués, il s'épanche chaque jour avec les élèves dans une lecture spirituelle dont on a dit qu'on n'y lisait presque jamais (1). »

Le nom de Mgr Dupanloup restera comme celui du plus grand éducateur de ce siècle ; cette gloire, il la doit à ses principes admirables qu'il a consignés en six volumes qui composent les deux traités de l'*Education* et de la *Haute Education intellectuelle;* il la doit à ses programmes élaborés avec soin, mais il la doit encore plus peut-être à l'activité inconcevable avec laquelle il multipliait sa présence et se rendait compte de l'application de sa méthode.

« Tout à coup, au moment où il était le moins attendu, la porte d'une classe s'ouvrait ; c'était le supérieur qui venait interroger lui-même les élèves, lire leurs devoirs, louer le travail, récompenser le succès, harceler la paresse, activer les faibles et donner par ses paroles d'encouragement, aux efforts malheureux de ceux qui ne pouvaient prétendre aux honneurs

(1) Mgr Besson.

scolaires, la part de succès que sa justice réparatrice leur jugeait acquise ou nécessaire (1). »

Aussi tous ceux qui ont eu le bonheur de passer par Saint-Nicolas sous la direction de M. Dupanloup en ont gardé le plus précieux souvenir. Voici le témoignage d'un de ses plus illustres élèves, le cardinal Lavigerie :

« Jamais maître chrétien, écrit-il à l'abbé Lagrange, n'exerça une action plus extraordinaire. Je m'en suis surtout rendu compte depuis que j'ai pu comparer les hommes en tant de lieux divers. L'année dernière, me trouvant en France, je voulus visiter le séminaire de Saint-Nicolas, dont il était le supérieur. Ce fut pour moi la vraie révélation de son génie. Cette maison vieille et sombre, ces corridors sans lumière, cette cour enfoncée où l'air n'entre que du haut des murs comme dans une prison, ce quartier de Saint-Victor avec ses souillures, tout y donne l'impression de la tristesse et du dégoût. Et cependant j'avais vu dans ces mêmes lieux la jeunesse la plus vivante, la plus brillante, la plus heureuse. Lorsque j'y vins dans mon enfance, je quittais les montagnes, le ciel de mon pays natal et le petit séminaire de Laressore, qui s'élève au-dessus des vallées de la Nive, sur les premiers contreforts des Pyrénées : tout ce que la nature peut offrir de plus enchanteur et de plus suave. C'était au mois d'octobre. Les brouillards de l'hiver obscurcissaient déjà ce triste séjour. Quel contraste ! J'en faillis mourir.

« Mais peu à peu, dans ces ombres, je vis se lever un autre soleil qui échauffa mon âme et qui l'éveilla de l'engourdissement où elle s'était ignorée jusqu'alors, qui inonda tout de sa lumière. C'était lui, lui dans toute l'ardeur de son esprit, dans son cœur ouvert à tous les saints enthousiasmes, qui transfigurait ainsi ce qui nous environnait, qui nous transportait tous, maîtres et élèves, sur les sommets les plus purs des choses divines et humaines. Son port, sa démarche, son regard, sa parole, sa foi qui revêtaient des accents si pénétrants et si nouveaux, tout nous subjuguait dans un mélange d'admiration,

(1) *Souvenirs de Saint-Nicolas.*

de crainte et de regret, que je n'ai plus retrouvé nulle part au même degré. Il s'en servait pour nous entraîner, à la manière d'un ouragan de lumière et de feu, courbant et absorbant tout, comme c'est la loi des personnalités puissantes, égoïstes en apparence pour ceux qui ne voient que le dehors, mais en réalité, chez lui, tout le contraire ; car s'il voulait tout prendre, c'était pour donner à Jésus-Christ, selon le plan divin tracé par saint Paul : « *Omnia vestra sunt, vos autem Christi.* »

III

Une telle activité aidée par un talent d'écrivain remarquable devait préparer à la vérité un signalé défenseur. Il ne manquait qu'une occasion pour l'attirer dans la lice ; elle ne tarda pas à se présenter d'elle-même et ce fut encore le zèle de la jeunesse qui lui mit la plume à la main.

La grande question de la liberté d'enseignement se préparait et se discutait ; les ennemis traitaient avec dédain l'instruction donnée dans les petits séminaires. Le supérieur de Saint-Nicolas avait qualité pour répondre ; il le fit dans deux lettres qui révélèrent de suite la valeur de sa polémique. Voilà comment il montrait aux gouvernements l'erreur qu'ils commettent en se détournant de l'Eglise :

« Est-il juste de nous considérer comme des ennemis? Quelle que soit notre valeur, la faute est grave. Dieu éloigne de mes lèvres, comme de mon cœur, tout ce qui peut ressembler à une menace ! Mais nous avons dans notre histoire, même la plus moderne, des faits qui peuvent faire apprécier la valeur de notre concours ou de notre éloignement.

« En 1802, le premier consul nous tendit la main; nous acceptâmes volontiers son alliance : tous y gagnèrent. En 1808, l'empereur nous blessa profondément dans nos droits les plus sacrés; nous nous éloignâmes, notre désaffection devint profonde, et malgré le silence absolu du temps, les peuples la comprirent. Nous ne fîmes rien contre lui, la Providence se chargea de prononcer.

« En 1830, nous nous sommes tus, nous avons attendu, nous ne nous sommes pas éloignés. Les funestes évènements de l'année suivante ne nous firent pas même sortir de cette réserve; nous laissâmes faire le temps, et sous son influence on ne peut nier qu'en 1837 un rapprochement notable ne se fût opéré. Mais, je ne le dissimule pas, cette bonne volonté qui pendant sept ou huit années allait au-devant de ceux qui se plaignent aujourd'hui, s'est affaiblie par la seule force de cette défiance injuste et outrageuse dont nous sommes depuis plusieurs années devenus l'objet...

« ... Eh bien, quoique nous ne puissions, ni ne voulions agir en rien, ni seulement proférer un mot de menace, il y a péril à nous accoutumer à ne rien attendre du présent et à nous faire, las et déçus, porter nos regards vers l'avenir.

« Si au moins le présent était sans inquiétude, si l'horizon n'était chargé d'aucun nuage, si les moins prévoyants ne se sentaient pas troublés en jetant leurs regards sur l'avenir, et sur un avenir très prochain peut-être !... Mais est-ce donc quand la terre tremble sous les pas, quand les plus fermes appuis se troublent et menacent ruine, est-ce alors qu'il faut repousser ceux qui n'ont jamais fait que soutenir et conserver, ceux qui, depuis dix-huit siècles, n'ont jamais trahi l'ordre social ? »

Quatre ans après ces graves paroles, le gouvernement auquel elles s'adressaient n'était plus, et les catholiques luttaient avec plus d'ardeur que jamais pour revendiquer l'usage de leur liberté. Dans la préparation de cette loi de 1850 — la meilleure de notre siècle, a-t-on dit, — l'abbé Dupanloup est aux premiers rangs :

« Il ne siège pas dans les assemblées, dit l'évêque de Nîmes, mais il conseille, il anime, il presse, il soutient les représentants de la nation. C'est lui qui obtient de M. de Falloux, qu'il acceptera le portefeuille de l'instruction publique et de M. Thiers qu'il soutiendra M. de Falloux dans la discussion de la loi nouvelle. Dès lors tout est gagné, et il ne reste plus qu'à maintenir l'accord et à écrire le traité... Mais que de périls inattendus ! Que de détails où la grande loi va échouer ! Que de difficultés à la dernière heure ! L'abbé Dupanloup a tout prévu, et partout où un danger est signalé, il met sa plume ou sa parole, il y mettrait sa tête. Que ne fait-il pas? il écrit aux évêques, il adresse un mémoire au Pape, il conjure ses amis, rassurant les uns, éclairant les autres, multipliant son action, sentant qu'il est écouté, qu'il sera suivi, et que la loi de délivrance sortira enfin et des débats publics et des difficultés secrètes dans lesquelles elle est engagée. S'il éprouve quelque déception ou quelque tristesse, le P. de Ravignan est là pour le consoler, se tenir à ses ordres et demeurer debout à côté de lui. Il souffrira tout par amour pour sa chère jeunesse. Montalembert, cette autre moitié de lui-même, qui se partageait, avec le P. de Ravignan, les affections de son grand cœur, est à son tour réconforté : « Raffermissez-vous, et soyez homme, » lui écrit-il à travers les épreuves et les contradictions : *Confortare et esto vir.*

« Mais voici le jour du triomphe. Le glorieux maître d'école de 1831, condamné par la cour des Pairs, a fait casser en 1850, l'arrêt dicté par le monopole. La loi qui vient d'être votée a donné à la France les évêques, les prêtres, les soldats, les magistrats, les citoyens, qui la servent, la défendent et l'honorent aujourd'hui. »

Cette longue lutte que la victoire venait de couronner n'avait pu manquer d'attirer l'attention sur un prêtre d'un esprit si fécond et d'un dévouement si actif ; s'inspirant du désir de l'opinion, M. de Falloux qui détenait le portefeuille de l'instruction publique, nomma l'abbé Dupanloup au siège épiscopal d'Orléans.

« M. Dupanloup, a-t-il raconté lui-même, avait laissé un ineffaçable souvenir dans l'esprit, je dirais même volontiers dans le cœur de tous ceux qui, durant quatre mois, avaient étudié avec lui toutes les plaies sociales, et, avec le même patriotisme, travaillé à leur guérison. Plusieurs d'entre eux, particulièrement M. Thiers et M. Cousin, me répétaient souvent : « Il faut que cet homme soit évêque! » J'étais loin d'y contredire; mais encore fallait-il qu'il y eût un siège vacant et que ce siège ne l'éloignât pas trop du centre politique et intellectuel de notre pays. Une mort imprévue vint en décider. Mgr Fayet, évêque d'Orléans, membre de l'Assemblée nationale, où il était fort aimé, nous fut enlevé en quelques heures par le choléra. Son successeur évidemment désigné était l'abbé Dupanloup. »

Un obstacle vint cependant, et du côté où le ministre ne l'aurait pu prévoir.

« J'avais compté, dit-il, sans l'abbé Dupanloup lui-même; il repoussa ma première ouverture avec un accent qui me fit comprendre que je ne triompherais pas facilement d'une telle résistance. J'appelai aussitôt à mon aide le P. de Ravignan, qui était à la fois l'ami le plus intime et le plus autorisé de l'abbé Dupanloup. Le P. de Ravignan entra vivement dans mes intentions, et, à ma grande surprise, ne fut pas plus heureux que moi. »

Alors le cardinal Giraud, revenant de Rome, intervint, pria, supplia, menaça même, et l'élu, à bout de ressources, écrivit au ministre : « Le mot qui vous a décidé me décide. *Satius est Dei causa servitutem subire, quam Crucis fuga perfrui libertate.* C'est donc fini; je vous donne ma triste mais certaine parole : Oui. »

L'évêque est le gardien de la vérité; à lui incombe le devoir de la défendre : nul ne comprit mieux cette obligation que Mgr Dupanloup. Il y dépensa, jusqu'à son dernier souffle, toutes les forces d'une âme ardente dont les moindres impressions étaient aussi chaleureuses que spontanées. Il fut l'homme des grands jours et des grandes luttes; il défendit la religion et l'Eglise avec une véhémence qui paraissait à tout moment se retremper dans ses efforts mêmes; mais c'est surtout en faveur du pouvoir temporel des Papes qu'il accomplit ses plus beaux faits d'armes.

La *Lettre à M. de la Guéronnière* en réponse à la brochure : *Le Pape et le Congrès*, est peut-être la plus remarquable de ces manifestations. Sous forme de brochure, genre qui convenait particulièrement à sa polémique, il démontait point par point les sophismes de l'adversaire et lui servait ses propres arguments avec l'entrain d'une charge de cavalerie.

« Aux moments critiques, dit un bon juge des luttes de cette époque, quand les opinions sont aux prises, que les passions s'échauffent, les gros volumes demeurent sur la planche : c'est l'heure des journaux et des brochures. La question italienne fit pulluler ces productions légères et ardentes. Le gouvernement donna l'exemple avec ses journaux stipendiés et les brochures du comte de la Guéronnière.

« On répliqua de toutes parts dans le même format ; les brochures obscurcirent l'air... L'évêque d'Orléans brilla entre tous dans cette *guérilla*, il devint l'objectif des écrivains qui soutenaient la politique funeste de l'empire... Il surveillait le mouvement de très près, toujours debout, interrogeant l'horizon, l'oreille ouverte à tous les bruits, prêt à rendre les coups dans les vingt-quatre heures. Il tirait juste, il frappait fort, avec une sorte d'allégresse, et cette *furia francesa*, que nul dans l'épiscopat ne possédait au même degré. « Je me suis tu, écrivait-il un jour, j'ai laissé dire, et cependant j'ai tout lu attentivement ; pas moins de cent articles de journaux ou revues sont sous mes yeux en ce moment. »

« Les discours de tribunes, les pièces diplomatiques publiées, rien n'échappait à son regard d'aigle. Il lisait les compte-rendus du Parlement anglais ; il faisait venir de Turin le journal officiel du Piémont, où il surprenait la pensée tantôt voilée, tantôt cynique, des ministres de Victor-Emmanuel, jusqu'aux proclamations de Garibaldi, qu'il insérait dans ses Philippiques, pour faire rougir des princes égarés, mais trop lancés pour s'arrêter.

« Dans cette mêlée ardente, l'évêque d'Orléans souffrait d'indicibles douleurs qui éclatent à travers ses écrits. On peut dire cependant qu'il était dans sa vocation, et qu'il y goûtait les joies d'un soldat de carrière : « Je descendrai, dit-il, une fois de plus dans l'arène, sur le terrain de la publicité. Il est ingrat, ce terrain, car je me découvre et m'expose. Je suis seul et le plus faible contre une armée d'adversaires qui vont tous se lever contre moi, sans que je sache auquel répondre. Qu'ils en fassent à leur aise. Ni mon honneur, ni ma conscience ne leur envient ce genre de triomphe (1). »

A cette guerre d'escarmouches et de luttes quotidiennes, l'évêque joignait les engagements plus sérieux, les véritables batailles rangées ; c'était alors avec des œuvres de fonds qu'il marchait au combat. Ainsi parurent : *La Pacification religieuse* et surtout son ouvrage le plus substantiel, appuyé sur l'histoire, sur la raison et sur les textes, qui a pour titre : *La Souveraineté pontificale selon le droit catholique et le droit européen.*

Il est une question cependant où le défenseur du Saint-Siège fut moins heureux et où sa perspicacité se trouva légèrement en défaut : c'est dans l'affaire de l'infaillibilité pontificale. Ne doutant nullement de la vérité de ce dogme, il crut à l'inopportunité de sa définition et engagea une vigoureuse campagne dans ce sens. Quand le Concile eut parlé, Mgr Dupanloup se trouva du côté de la minorité ; il n'en eut que plus de mérite à se soumettre sans réserve, ce qu'il fit et immédiatement.

L'évêque d'Orléans n'avait pas eu besoin de tenir longtemps la plume pour montrer à tous qu'il était un écrivain de race : aussi sa place était marquée à l'Académie Française. Quand il prononça son premier discours il voulut faire connaître une fois de plus l'amour qu'il portait aux lettres et parla de *l'alliance de la religion avec les belles-lettres*, en montrant l'harmonie qui relie les lettres humaines aux lettres sacrées et les fait toutes remonter à Dieu.

« Lorsque, disait-il, l'Eglise adoptait les lettres humaines, c'est que, par le sens profond qui lui est propre de découvrir le divin partout où il est, elle y apercevait un reflet de Dieu même ; c'est que, dans cette haute et vive lumière, d'où lui viennent les enseignements surnaturels qu'elle nous offre, les lettres humaines lui apparaissent comme un rejaillissement et une manifestation de la pensée, de la parole, de la beauté, de la

(1) *Univers*, 14 mars 1869.

vérité divine elles-mêmes dans l'ordre surnaturel, au sein de l'humanité.

« En effet, Messieurs, il n'y a pas une des avenues de l'intelligence humaine, aux extrémités de laquelle ne se montre la splendeur de Dieu qui l'illumine tout entière, et y fait rayonner aux yeux du poète, de l'orateur, du philosophe digne de ce nom, le vrai, le beau, le bien, dans leur éclat naturel et surnaturel, allumant ainsi dans ces âmes privilégiées cette flamme céleste à laquelle rien ne ressemble dans le reste de la nature, et qui se nomme le *feu sacré*, nom populaire et glorieux du génie inspiré de Dieu... »

Il est encore d'autres circonstances célèbres, où sa plume se révéla maîtresse, ou plutôt instrument docile d'une âme haute et sensible. Quand tombèrent les martyrs de ce pouvoir temporel qu'il avait si noblement défendu, et qu'on apprit en France le guet-apens de Castelfidardo, l'évêque prit sa plume et s'écria :

« ... David autrefois maudissait les collines de Gelboé, où étaient tombés les vaillants d'Israël... O colline de Castelfidardo, sur toi aussi sont tombés les vaillants d'Israël, plus forts que les lions, plus prompts que les aigles, aimables et beaux dans leur vaillante jeunesse... Et cependant ne sois pas maudite. Leur sang t'a consacrée. Sur toi leur épée s'est brisée, sur toi leurs corps ont été déchirés, sur toi ils sont morts. Eh bien, malgré cela je te bénis, je te glorifie; tu seras à jamais une colline glorieuse, immortelle; car c'est sur toi que sont tombés les héros en faisant leur devoir pour la religion et pour la justice...

« Et comme on va visiter les champs fameux par les antiques batailles, on ira voir les lieux où ils sont tombés, ces braves, en baiser la poussière, y respirer la foi, l'honneur, le courage, et recueillir là le souffle de vie et d'immortalité qui s'en échappe. Moi aussi, un jour, si Dieu le permet, j'irai visiter ces lieux chers et sacrés ; ce sera mon dernier pèlerinage ici-bas; j'irai bénir Dieu de nous avoir donné, dans ces jours terribles, une belle consolation et une belle lumière; j'irai relever mon cœur de ses tristesses, et fortifier mon âme de ses épuisements; j'irai apprendre d'eux à conserver en moi la flamme du zèle pour l'Eglise et pour les âmes, feu sacré qui doit brûler toujours au cœur d'un évêque; j'irai sur leur tombe ranimer mon ardeur éteinte et retremper mon âme pour mes derniers combats. »

Une autre page du grand évêque mérite d'être citée, car c'est celle qu'il écrivit au ministre Duruy pour l'arrêter dans ses projets néfastes d'enseignement supérieur pour les jeunes filles :

« Il y a ici-bas, disait-il, une créature que le mal a moins touchée, qui reste pure encore au milieu de nous, et qui a pour mission de préserver le foyer domestique, d'écarter les nuages de la vie, de soutenir et de purifier l'homme lui-même : c'est la femme chrétienne, la femme telle que le christianisme nous l'a faite, et c'est son œuvre la plus belle. Créature d'une exquise beauté morale, inconnue avant Jésus-Christ, son expression la plus haute et la plus pure fut une femme incomparable, tout à la fois vierge et mère, qui s'appelle Marie; et depuis dix-huit siècles, la femme chrétienne est là, au milieu du monde, contemplant ce type sublime, et demeurant elle-même sous nos yeux le type aimable et touchant de toute décence et de toute pureté...

« Et vous n'en voulez plus !... »

Et la page se continue trop longue pour trouver place ici... mais nous en savons assez pour juger de l'ardeur et du talent du maître.

Tel fut l'homme dont l'immortel Pie IX put dire un jour cette grande parole qui restera à sa gloire dans tous les âges :

« Les écrits de Mgr Dupanloup m'ont valu une armée ! »

Hélas ! pour ce soldat vaillant, pour ce lutteur infatigable, vint une humiliation suprême : ce fut quand, dans sa propre ville d'Orléans, il vit l'Allemand vainqueur commander en maître. Délivrée une première fois, la cité est reprise et l'évêque, debout, groupant autour de lui le peuple qui l'implore et les magistrats qui le consultent, écrit par trois fois au roi de Prusse pour empêcher les réquisitions ruineuses, pour arracher ses diocésains à la fusillade et changer en sentence de grâce des sentences de mort.

Après la Commune, un instant de découragement s'empare de sa grande âme, et il se demande s'il ne ferait pas mieux d'abandonner son siège épiscopal pour aller chercher dans les solitudes de la Grande-Chartreuse les calmes méditations qui préparent au silence de la mort; mais son dévouement le retient encore et quelques mois plus tard on le voit « enveloppé dans son manteau et couronné de ses cheveux blancs » siéger dans nos Assemblées législatives.

Jusqu'au dernier jour il reste sur la brèche... enfin le 11 octobre 1878, ce vieux lutteur de soixante-dix-sept ans se couche majestueusement dans sa tombe, et entre dans le repos éternel.

LE CARDINAL PIE

Le Prêtre. — Le Docteur.

(1815-1880)

L'année qui vit monter l'abbé Dupanloup sur le siège épiscopal d'Orléans, donna un évêque à la ville de Poitiers dans la personne de Mgr Pie. Ces deux frères d'armes que la même fortune comblait au même instant des mêmes honneurs avaient plus d'un point de contact : tous les deux couronnés de l'auréole du talent, ils allaient marcher à la défense de l'Eglise et se couvrir d'une gloire immortelle, mais chacun concevait la lutte à sa manière et chacun employa les armes que lui fournit son génie.

Si Mgr Dupanloup, plus brillant et plus alerte, suivit l'ennemi sur son terrain et sut mettre la défense au diapason de l'attaque, le cardinal Pie, non moins ardent, non moins audacieux, resta toujours enfermé dans sa dignité d'évêque, et c'est à ce titre qu'il se fit toujours le défenseur de la doctrine chrétienne. *Episcopus ego sum*, répétera-t-il sans cesse ; mitre en tête et crosse en main, il foudroiera ses adversaires au mépris des dangers qui environneront sa tête.

I

C'est le 26 septembre 1815, à l'heure où les alliés couvraient de leurs bataillons les plaines de la Beauce, que naquit à Pontgouin, près de Chartres, le futur évêque de Poitiers.

« Un détachement de uhlans occupait le bourg ; ils logeaient chez les habitants ou campaient sur la place. Il était nuit noire lorsqu'on vint furtivement apprendre aux parents la naissance d'un enfant. Une partie de la famille n'osait, à cause des soldats, traverser la place, pour se rendre auprès de la nouvelle mère, lorsqu'un officier allemand qui se trouvait présent offrit sa protection et sa conduite. C'était un gentilhomme distingué et de bonnes manières. Invité à entrer, il s'avança jusqu'au berceau, contempla un instant le nouveau-né, puis il prononça en excellent français quelques paroles d'heureux présage sur l'avenir de cet enfant, et se retira après l'avoir baisé respectueusement. Bien des fois, Mgr Pie a avoué regretter vivement de n'avoir jamais su le nom du noble personnage qui, le premier, avait salué sa bienvenue au monde (1). »

L'Eglise choisit souvent ses princes parmi les petits et les pauvres ; Edouard Pie eut pour père un humble cordonnier de village qui s'était mis en ménage avec cent vingt francs d'économie et mourut avant d'avoir pu augmenter ce petit pécule. La mère appelée à l'honneur de donner le jour au futur cardinal et à le suivre dans sa carrière ecclésiastique jusqu'au seuil de la tombe, était une femme de condition aussi modeste, mais à qui Dieu avait départi le trésor plus précieux d'une foi vive et d'une douce piété naturelle.

« L'humble femme que Dieu me destinait pour mère, a écrit Mgr Pie dans une page touchante, était née en des temps mauvais. Privée trop souvent des exercices religieux vers lesquels l'inclinait sa piété, elle s'en dédommageait, m'a-t-elle répété bien des fois, en regardant le ciel. Trois fois la semaine, les intérêts de la famille la conduisaient aux marchés des bourgades voisines. Il fallait partir avant l'aurore et revenir après la chute du jour. Pendant ces trajets solitaires, la jeune fille, rendue à elle-même, contemplait avec une religieuse émotion la voûte étoilée du firmament, et elle ne se lassait point d'adorer, derrière la splendeur des astres, le Dieu caché qu'elle n'avait pu visiter dans son tabernacle.

(1) Abbé Pagès, *Le cardinal Pie, sa vie, ses écrits, sa doctrine.*

« Devenue épouse, la nouvelle Anne n'eut plus qu'une pensée : celle de consacrer à Dieu le fils qu'elle obtiendrait par ses prières. De fait, elle a toujours considéré sa première fécondité comme la récompense et le fruit d'une fervente communion de Noël. « De ma vie, disait-elle, je n'ai eu autant de ferveur sensible que j'en goûtai alors. » Elle était dans l'église et assistait au saint sacrifice de la messe le jour où un premier tressaillement lui révéla qu'elle allait être mère. Aussitôt, — ce sont ses expressions, — elle jeta dans le sein de Dieu l'enfant qu'elle portait dans le sien. Puis, se tournant vers l'autel de Marie, elle la conjura de se montrer toujours la mère de celui qu'elle mettrait bientôt au monde.

La Vierge accepta le don et traita toujours Edouard Pie en enfant privilégié. « Comme la mère de Samuel, la mère du futur cardinal conduisit son fils tout jeune encore dans la maison du Seigneur, dans la basilique célèbre de la Vierge de Chartres, dont elle lui avait fait porter la livrée depuis sa naissance, et, le présentant aux bénédictions du grand prêtre, elle dit : « J'ai prié pour obtenir ce cher fils et Dieu a écouté ma demande : c'est pourquoi je le lui remets entre les mains, pour qu'il soit à lui aussi longtemps qu'il lui conservera la vie. »

A partir de ce jour, Edouard vécut de la vie du sanctuaire, partageant son temps entre l'église et l'école. « Prier, voir les cérémonies, dit son oraison funèbre, dresser de petits oratoires et les orner de fleurs était sa meilleure joie ; servir la messe lui était comme un petit triomphe. Il avait tout de suite saisi l'ordre des rites dont le saint sacrifice se compose... Feuilleter le missel, trouver la messe du jour, mettre des signets aux oraisons prescrites, disposer et garnir la crédence : il faisait tout cela avec l'intelligence, l'exactitude et la dextérité d'un séminariste émérite. Même, s'il advenait que le célébrant se trompât, le servant osait, quoique très humblement, l'en avertir. A l'école il comprenait tout, apprenait vite et n'oubliait rien de ce qu'il avait appris. »

Ses récréations et ses promenades étaient d'accompagner le curé de Pontgouin dans ses visites aux malades, quelquefois monté en croupe derrière lui, et plus tard, allant bénir une chapelle de sa paroisse natale, il rappellera ces heures heureuses de l'enfance :

« Ce sera, dira-t-il, un de mes plus chers souvenirs, d'avoir laissé, le long de ces vallons que mes pieds d'enfant ont foulés tant de fois, un autel consacré par des mains auxquelles il eût été difficile de présager que ce ministère était réservé. Trop heureux d'avoir pu, par ces larges effusions du chrême et des bénédictions qu'il contient, acquitter la dette de tant de fleurs dérobées à vos prairies, de tant de courses furtives à travers vos champs, vos bruyères, vos forêts. »

L'éveil de la vocation ecclésiastique se manifestait tellement en lui que tout le village, faisant allusion à la couleur de ses cheveux d'un blond ardent, ne l'appelait que : *le petit curé rouge*. Sa mère, abondant dans le même sens, répondait à tous ceux qui lui demandaient ce qu'elle ferait de son fils :

« — J'en ferai un pape !... »

Ce qui donnait à cette réponse un à-propos tout spécial, c'est que le pape régnant alors portait le non de Pie VII.

Edouard commença donc l'étude du latin au presbytère de Pontgouin, mais bientôt il dut aller chercher ailleurs des maîtres plus expérimentés. En effet, le bon vicaire, ancien dragon de l'Empire, avait oublié bien des choses sur le champ de bataille et plus tard l'Evêque de Poitiers aimait à dire avec son bon sourire malicieux qu'à Pontgouin, en fait de latin, il n'avait guère appris qu'à décliner le mot *cornu* au singulier.

En 1827, l'enfant fut admis au petit séminaire de Saint-Chéron, mais telle était la fragile délicatesse de sa constitution que le supérieur « crut devoir lui donner le jardin comme salle d'étude, lui mettant en main la bêche plus souvent que la plume (1) » et malgré cela, à chaque composition, Edouard Pie avait la première place.

Ses études terminées, le rhétoricien n'abandonna pas Saint-Chéron ; ses maîtres le gardèrent à cause de sa mauvaise santé et lui confièrent la classe de huitième. En ce poste modeste, ce

(1) PELLISSIER, *Les gloires de la France chrétienne.*

tout jeune homme sût bien vite prendre un ascendant extraordinaire.

« La grande leçon de l'abbé Pie, a dit un de ses élèves, c'était

Cathédrale de Chartres.

sa personne même. Ce qu'il était à la chapelle et à la table sainte ne saurait se redire ; nous enviions son bonheur. Tout en lui se revêtait à nos yeux de grandeur, de beauté, de pureté. De là l'autorité presque surnaturelle que ce jeune homme avait sur nous. Quant à moi, il me souvient que d'être appelé par lui de mon nom de baptême était le plus précieux des encouragements.

Il en était bien quelques-uns parmi les grands, qui riaient de sa soutane usée et rapiécée, car le fils de la veuve était pauvre, mais à nos yeux sa gloire était tout intérieure. »

Quand la santé du jeune professeur redevint meilleure, l'évêque de Chartres, Mgr de Montals, l'envoya étudier la théologie au séminaire Saint-Sulpice, à Paris : c'est là que le futur docteur puisa cette science dont il devait faire un si noble usage pour le service de la vérité. Un de ses condisciples, devenu un de ses collègues dans l'Episcopat, lui a rendu ce brillant témoignage :

« Dès le premier jour, l'abbé Pie conquit sur nous tous une supériorité qu'il s'efforçait de dissimuler sous les dehors les plus modestes et les plus aimables. Dès ce moment, il révéla deux qualités maîtresses : la solidité de son jugement et la variété de ses connaissances, puis la grâce incomparable de sa parole. Nul ne répondait comme lui aux questions de ses maîtres, nul n'argumentait avec une telle logique, nul n'avait comme lui la mémoire richement fournie de textes de l'Ecriture et des Pères. Quant à l'élégance et au charme de sa parole, c'est dans une réunion de jeunes gens de la paroisse de Saint-Sulpice que se révélèrent ses rares qualités, qui grandirent chaque jour.

« Nous l'admirions tous, mais nous l'aimions encore plus : il était si bon condisciple ! Sa piété n'avait rien d'austère ; sa régularité sans affectation ni raideur, nous servait d'exemple, sans être une censure de nos étourderies. Aux heures de la récréation, on se pressait autour de lui pour jouir des finesses de son esprit, des vives saillies de son humeur toujours joyeuse, entremêlées souvent de pensées élevées et graves (1). »

Au mois de mai 1839, le séminariste était ordonné prêtre et nommé vicaire de la cathédrale de Chartres, chapelain de cette Vierge à qui il avait voué son existence. Tous ses rêves étaient donc comblés !... Aussi avec quelle ardeur il se livra au ministère qui lui était confié ; quelques sermons suffirent pour établir sa réputation d'orateur, et on accourut de toute la ville pour entendre « ce grand et noble jeune homme à la figure émaciée

(1) Mgr Duquesnay, évêque de Limoges, mort archevêque de Cambrai.

comme celles de nos expressives statues du XIIe siècle, dit un habitant de Chartres. Son front, déjà très développé, brillait comme l'ivoire, encadré dans sa chevelure de feu. Il commençait par se tourner du côté de l'autel pour y chercher lumière et bénédiction, puis son regard perçant se promenait sur tout l'auditoire, comme pour en prendre possession. Alors un sourire d'une bienveillance communicative se plaçait sur ses lèvres, semblant répondre à la voix intérieure de la vérité qui le pressait de parler. Il parlait : sa voix limpide, fraîche, bien cadencée, pénétrait de toutes parts avec des modulations qui lui étaient particulières et qui faisaient de son discours une belle musique. On oubliait sa jeunesse qui semblait être celle de la vérité elle-même, toujours ancienne et toujours nouvelle, toujours jeune de beauté et d'immortalité. On était emporté par toutes les puissances de l'esprit, sans qu'on songeât à se soustraire à cette fascination de l'oreille et de l'âme, et on ne regrettait, quand il avait fini, que de voir se rompre le charme sous lequel il nous avait tenus trop peu de temps. Mais on sortait instruit, fortifié, ému. »

Le zèle de la parole divine était marqué chez le jeune vicaire par un caractère particulier que les habitants de Chartres goûtaient au plus haut degré : c'était l'amour de la Vierge dont l'image ornait leur sanctuaire si célèbre. De concert avec son curé, l'abbé Pie rêvait la restauration de la crypte de Notre-Dame de Sous-Terre ; il y descendait fréquemment et y restait de longues heures plongé dans de profondes méditations :

« Que de fois, a-t-il écrit, au soir des grandes solennités, après les saints offices terminés, je suis allé m'agenouiller dans cette crypte obscure et abandonnée ! Que de fois, après avoir appuyé mon front à la colonne vénérée sur laquelle repose notre Mère, je suis allé le coller à la poussière de l'ancienne place que ses pieds ont sanctifiée ! J'entendais au-dessus de ma tête la foule s'écouler, heureuse et attendrie du spectacle des grandes pompes religieuses auxquelles elle venait d'assister. Mais, à mon sens, les plus belles de ces fêtes étaient encore incomplètes ; il restait au fond de mon cœur un désir, un regret; seul, au milieu des ténèbres et du silence, je me demandais si ce désert ne trouverait pas un jour la vie, si cette solitude n'était pas destinée à refleurir, si ces vieilles nefs, enveloppées du linceul de la nuit, ne verraient plus jamais les longues files de vierges aux robes blanches, les anciennes et célèbres processions des lévites en vêtements sacrés ; si ces voûtes assombries ne s'illumineraient pas encore de ces milliers de cierges portés aux mains des fidèles et des prêtres ; en un mot, si ce lieu tant aimé et fréquenté des âges précédents, ce lieu qui a été le rendez-vous de tous les saints, ne reconquerrait pas sa sainteté et sa gloire. »

C'était vraiment un culte enthousiaste que l'abbé Pie avait pour sa cathédrale, et un jour qu'il y entrait par la porte royale d'où le regard embrasse le magnifique ensemble du monument, on le vit s'arrêter et les passants purent l'entendre dire : « On verra quelque chose de plus beau dans le ciel, mais sur la terre, non ! » Aussi personne ne fut surpris le jour où il prit la plume pour écrire l'histoire de ce sanctuaire et de ses bienfaits. C'était du reste l'accomplissement d'une secrète promesse de son enfance : il le fit avec l'érudition d'un savant, le goût d'un artiste, l'imagination d'un poète, le cœur d'un fils et l'âme d'un prêtre (1) :

« La voyez-vous de loin, dit-il, cette cathédrale qui domine toute la contrée ! Dédaignant la terre, elle laisse ramper à ses pieds les plus beaux monuments, tandis que son architecture semble correspondre à celle même des cieux...

« Elévation, immensité, tels en sont les caractères, comme ils sont ceux de notre foi. Ah ! sans doute, à la religion matérielle du paganisme il suffisait d'un art qui ne quittât pas la terre, mais quand il s'agit de la sublime religion du détachement et de l'espérance, laissez mon âme s'élancer à l'aise vers les cieux. N'étendez pas sur ma tête ce vaste toit semblable au couvercle d'un tombeau. Soulevez hardiment ces lignes, tissez ces dentelles de pierre, entourez le sanctuaire de gracieuses colonnettes, couronnez l'édifice de mille clochetons, comme autant de flèches décochées vers le ciel par le carquois de la

(1) V. l'abbé PAGÈS et Mgr BAUNARD.

prière. Que tout s'élance et jaillisse : c'est le temple du Très-Haut, c'est la demeure de celui qui, élevé en croix, attire tout à lui. »

Déjà la réputation du vicaire de Notre-Dame de Chartres franchissait les limites de son diocèse ; le 8 mai 1842, il était appelé par l'évêque d'Orléans à prononcer dans cette ville le célèbre panégyrique de Jeanne d'Arc. Ce discours fut un triomphe pour l'orateur et le point de départ de sa rapide carrière. Le conseil municipal d'Orléans en demanda l'impression aux frais de la ville et l'abbé Pie reçut les félicitations du comte de Chambord, de Montalembert, de M. de Falloux, sans compter celles des hauts personnages ecclésiastiques.

Ce coup d'éclat détermina Mgr de Montals qui avait déjà le jeune prêtre en si haute estime à le choisir comme grand vicaire en dépit de ses vingt-neuf ans ; l'abbé Pie fut pour le vieil évêque, toujours en lutte avec l'Université, un précieux auxiliaire sur lequel il aimait à se reposer comme sur un autre lui-même.

Malgré tout, quand en 1849 il eut à répondre à la demande du ministre de l'instruction publique au sujet des ecclésiastiques les plus dignes de l'épiscopat, l'athlète eut le courage de s'oublier et de citer au premier rang le nom de son grand vicaire :

« Je n'ai point connu, écrivit-il, de sujet plus capable de remplir avec éclat les fonctions épiscopales que M. l'abbé Pie. Il a beaucoup de savoir, beaucoup d'esprit, une piété très solide, une éloquence qui lui a déjà acquis une célébrité qui ne peut manquer de devenir universelle, quand on l'aura entendu à Paris et dans les autres grandes villes. Il n'a que trente-quatre ans, et je le regarde déjà, sans difficulté, comme l'un des trois ou quatre ecclésiastiques de France les plus distingués. »

Le vieillard avait le courage d'ajouter :

« Je le sacrifierai avec beaucoup de peine, mais nous ne devons chercher que la plus grande gloire de Dieu. »

De son côté, l'archevêque de Tours, Mgr Morlot, écrivait au ministre dans les mêmes circonstances :

« Pour les talents, pour l'instruction, pour la capacité et le caractère, pour le don de la parole, pour le tact, l'habileté et le savoir-faire, je ne connais rien de plus éminent que M. Pie : c'est un rare assemblage des qualités les plus remarquables et les plus attachantes. Il me semble destiné à faire le plus grand honneur à l'épiscopat et à rendre les plus précieux services à l'Eglise. »

M. de Falloux ne s'en tint pas à cette double recommandation :

« Je consultai à cet égard, dit-il lui-même, comme je faisais toujours en cas aussi grave, le P. de Ravignan qui me recommanda très chaleureusement l'abbé Pie, en ajoutant que le duc de Noailles, diocésain de Chartres par le château de Maintenon, pourrait me donner des renseignements encore plus personnels. Le duc de Noailles, type accompli de modération élevée, rendit le même témoignage que le P. de Ravignan. Le suffrage de trois hommes tels que le P. de Ravignan, le duc de Noailles et l'archevêque de Tours, auxquels s'était joint postérieurement l'abbé Dupanloup, enfin, la lettre à la fois si compétente et si touchante du vieil évêque de Chartres, me déterminèrent en faveur de M. l'abbé Pie, sans je crusse nécessaire de prendre d'autres informations ou de le voir moi-même. Je puis affirmer que, parmi nos contemporains, personne n'est entré dans l'épiscopat avec plus de garanties, de calme, de maturité précoce et de modération. »

La nomination à l'évêché de Poitiers fut donc décidée, mais si tôt qu'elle fut notifiée au candidat, celui-ci s'effraya et opposa la résistance la plus vive. Par l'intermédiaire de Mgr Parisis, il fit présenter des raisons d'humilité, de santé, de jeunesse, d'attachement à l'église de Chartres et à son vieil évêque : tout fut inutile et le 22 mai 1849 la nomination paraissait à l'*Officiel* signée par le Président de la République.

L'évêque nommé alla se jeter en tremblant aux pieds de Mgr de Montals, qu'il considérait comme son dernier refuge et lui résuma tout son effroi dans cette parole :

« — Mais je n'ai pas trente-trois ans !...

« — Que dites-vous, Monsieur ? lui répondit le vieil

LE CARDINAL PIE.

évêque qui voulait cacher son émotion. Trente-trois ans, c'est l'âge où les grands hommes finissent; vous pouvez bien commencer !

« — Mais comment voulez-vous qu'étant si jeune je ne fasse pas beaucoup de fautes ?...

« — Sans doute, Monsieur, vous en ferez; mais vous aurez plus de temps pour les réparer... »

Et quelques mois plus tard le Pontife, devenu aveugle, apprenait par cœur les prières et les cérémonies du Pontifical, pour avoir la joie de consacrer celui qu'il appelait son enfant.

II

L'évêque est avant tout le défenseur de la foi : toute l'action de Mgr Pie est dans cette pensée. Le 8 décembre 1849, en paraissant pour la première fois dans la chaire de sa cathédrale, il s'écria : « *Episcopus ego sum ;* si je viens à vous, mes Frères, c'est comme évêque et pour en remplir toutes les fonctions. »

Ce programme il l'accomplira à la lettre. Sentinelle vigilante « placée sur les remparts d'Israël, aucun ennemi n'en approche qu'il ne soit aperçu, aucun péril ne menace qu'il ne soit dénoncé, aucune erreur ne se produit que le savant prélat ne démasque et ne confonde dans d'immortels écrits (1). »

Successeur de saint Hilaire, il ne sera pas appelé comme lui « le Rhône de l'épiscopat ; il n'a ni les orages ni les emportements de ce fleuve, il coule avec abondance et douceur comme la Vienne et les Sèvres qui arrosent son diocèse. Mais dans sa douceur il a la force de la doctrine qui fait la force de son caractère. Dans trente années d'épiscopat, il n'y en a pas une qui ne soit marquée à ce coin (2). »

(1) *Les Contemporains*, n° 3.
(2) *L'Univers*, 2 mars 1896.

Les premiers coups qu'il porte sont contre la révolution italienne qui a exilé Pie IX et prépare la confiscation des Etats pontificaux. Pour cette œuvre, le ministre Cavour sollicite l'appui de l'Angleterre et la complicité tacite du gouvernement français. Aussitôt l'évêque au regard clairvoyant se promet de dénoncer la conspiration qui se trame dans le silence, et rédige sa *Première instruction synodale sur les principales erreurs du temps*. Aussitôt le cabinet des Tuileries qui, sous ce langage modéré, a saisi la portée de l'attaque, présente des observations à l'évêque de Poitiers, et lui reproche de ne pas assez ménager les alliés de la France qui défendent avec elle la cause du bon droit et de la religion.

Ce défenseur du bon droit et de la religion était Victor-Emmanuel qui venait de traverser la France pour y chercher un nouvel appui à sa politique perfide. L'évêque répondit que si le roi de Piémont était devenu depuis peu notre allié, le Pape était le premier et le plus ancien de tous ; et un prélat français en prenant la défense de l'Eglise et du Pape contre le comte de Cavour ne pouvait être accusé de manquer de patriotisme ni de méconnaître la cause du bon droit et de la civilisation. Mgr Pie ajoutait : Si l'évêque a le droit reconnu d'attaquer la mauvaise philosophie, pourquoi n'aurait-il pas celui d'attaquer la mauvaise politique qui en est la conséquence et le résultat pratique ?

De suite le gouvernement comprit à quel adversaire il avait affaire : il crut prudent d'abord de le ménager et l'incident fut clos.

L'année suivante une deuxième instruction synodale démasquait les illusions et les tendances dangereuses du rationalisme contemporain. Réfutant d'un mot les Jules Simon, les Jean Reynaud et les Renan, c'était surtout contre la philosophie de M. Cousin que l'évêque de Poitiers dressait ses batteries. Cet ancien grand-maître de l'Université, fondateur de l'éclectisme, persistait à répandre dans son livre *du Vrai, du Beau et du Bien*, ainsi que dans ses *Premiers essais de Philosophie*, une doctrine déjà plusieurs fois condamnée par l'Eglise.

« La grande conspiration, disait Mgr Pie, ourdie contre Notre-Seigneur Jésus-Christ, contre sa religion surnaturelle et révélée, contre son Eglise et son sacerdoce, après un temps d'arrêt trop court, a repris sa marche et recommence ses manœuvres. Un silence plus long de la part des pasteurs finirait par autoriser dans l'esprit du peuple ces doctrines perfides, *qui font des ténèbres la lumière, et de la lumière les ténèbres*, et dont les sophismes ont déjà séduit ce trop grand nombre d'intelligences flottantes et incertaines, qui tournent à tout vent de doctrine. Disons-le donc avec saint Hilaire : *Il est temps de parler, parce que le temps de se taire est désormais passé.* »

Victor Cousin avait déjà fait ses preuves sous la Restauration et sous Louis-Philippe, comme champion de la philosophie rationaliste ; « en suscitant autour de lui de trop nombreux disciples, dans l'Université, il avait gardé le sceptre des idées fausses, et il continuait au soir de la vie le funeste apostolat qu'il avait exercé par la parole et par la plume avec un talent littéraire qui arrivait à l'éloquence. Chez Cousin l'homme ne valait pas l'écrivain ; il n'a emporté dans la tombe l'estime de personne, pas même celle de Jules Simon, un instant son suppléant en Sorbonne, et, dit la légende, la victime de son avarice (1). »

L'évêque démontrait que le philosophe actuel caressait toujours les mêmes erreurs. « Nous confessons bien volontiers, disait-il, que le livre de ses rétractations est encore à faire ; car s'il a beaucoup *retouché*, il n'a rien *rétracté*. Malgré mille précautions de langage, le philosophe d'aujourd'hui est bien celui auquel nos devanciers dans l'épiscopat, nos pères et nos modèles, ont fait une si longue et si énergique guerre... Ce champion de la cause rationaliste peut se glorifier avec fondement de n'avoir pas fait un pas en arrière, d'avoir ménagé à la philosophie des portes dérobées pour échapper à toutes les prises de la foi, d'avoir affaibli et ruiné à la page suivante les vagues espérances que la page précédente aurait pu faire concevoir ; en un mot, il a droit à ce qu'on lui rende cette justice,

(1) *L'Apologétique en France au* XIXe *siècle*, par le P. At.

qu'au milieu de mille autres variations, sa doctrine n'a pas varié en ce qui concerne le christianisme (1). »

Mais pour l'évêque de Poitiers la grande question était toujours celle du pouvoir temporel ; les intentions de l'Italie étaient de moins en moins douteuses, et de jour en jour Napoléon III rapprochait sa politique de celle de Victor-Emmanuel dont la fille venait d'épouser le cousin de l'Empereur.

Voyant clairement le péril qui menaçait la Papauté, l'évêque de Poitiers voulut tenter l'impossible pour le conjurer. En dépit de la défiance que le gouvernement lui témoignait, il partit pour Paris et demanda une audience au Souverain qui la lui accorda de bonne grâce.

Bientôt l'entretien fut amené sur les affaires d'Italie ; Napoléon III déclara que ce serait se méprendre étrangement sur ses intentions que de croire qu'il désirait autre chose que le bien du gouvernement pontifical ; mais que malgré tout il n'entendait pas entretenir une armée d'occupation à Rome pour y consacrer des abus.

A ce mot l'évêque demanda à l'Empereur la permission de s'expliquer franchement et lui fit la comparaison des abus pontificaux avec ceux que nous étions allés défendre à Constantinople dans la guerre de Crimée :

« — Certes je n'ignore pas, Sire, dit Mgr Pie, qu'il se glisse des abus partout ; et quel gouvernement peut se flatter d'y échapper ? Mais j'ose affirmer qu'il n'en existe nulle part de moins nombreux que dans la ville et les Etats gouvernés par le Pape. Que Votre Majesté veuille bien se rappeler, par contre, Constantinople et la Turquie ; qu'elle compare et qu'elle me permette de lui demander ce qu'a fait là notre glorieuse expédition de Crimée ? N'est-ce pas là plutôt qu'à Rome que la France serait allée pour maintenir des abus ? »

Les yeux de l'Empereur, d'ordinaire à demi fermés, se levèrent un instant sur son audacieux interlocuteur. Celui-ci continua :

(1) Mgr Pie, *Seconde Instruction synodale.*

« — Ah ! Sire, lorsqu'on se rappelle que, pendant onze siècles, la politique de l'Europe chrétienne fut de combattre le Turc, comment n'éprouverait-on pas quelque étonnement de voir le souverain d'un pays catholique se faire le soutien de la puissance ottomane, et aller, à grands frais, assurer son indépendance ? Or, ne suis-je pas fondé à dire que c'est, par là même, assurer des abus ? Car enfin qui protégeons-nous ? Il y a à Constantinople un homme ou plutôt un être que je ne veux pas qualifier, qui mange dans une auge d'or deux cent millions prélevés sur les sueurs des chrétiens. Il les mange, on sait comment... Et c'est pour perpétuer et consolider un tel état de choses que nous sommes allés en Orient ! C'est pour en assurer l'intégrité que nous avons dépensé deux milliards, soixante-huit officiers supérieurs, trois cent cinquante jeunes gens, la fleur de nos grandes familles, et deux cent mille Français. Après cela, sommes-nous bien venus à parler des abus de la Rome pontificale ? »

Pendant ce discours, l'Empereur tordait ses longues moustaches, et l'évêque observait qu'il les tirait plus bas, à mesure que la question devenait plus embarrassante. Mgr Pie poursuivit encore sur le même ton et se fit le défenseur de l'administration de Pie IX.

L'Empereur en voyant l'animation de l'évêque s'était rapproché de lui peu à peu ; il écoutait avidement, se passant la main sur le front, écoutant ce langage qu'il n'était pas habitué à entendre. Brusquement il prit la parole :

« — Mais enfin, Monseigneur, dit-il, n'ai-je pas fait suffisamment mes preuves de bon vouloir en faveur de la religion ? La Restauration elle-même a-t-elle fait plus que moi ? »

L'évêque répondit :

« — Sire, je m'empresse de rendre justice aux religieuses dispositions de Votre Majesté, et je sais reconnaître les services qu'elle a rendus à Rome et à l'Eglise, particulièrement dans les premières années de son gouvernement. Peut-être la Restauration n'a-t-elle pas fait plus que vous. Mais laissez-moi ajouter que *ni la Restauration, ni vous, n'avez fait pour Dieu ce qu'il fallait faire*, parce que ni l'un ni l'autre vous n'avez relevé son trône, parce que ni l'un ni l'autre vous n'avez renié les principes de la Révolution dont vous combattez cependant les conséquences pratiques, parce que l'Evangile social dont s'inspire l'Etat est encore la Déclaration des droits de l'homme, laquelle n'est autre chose, Sire, que la négation formelle des droits de Dieu. Or, c'est le droit de Dieu de commander aux Etats comme aux individus. Ce n'est pas pour autre chose que Notre-Seigneur Jésus-Christ est venu sur la terre. Il doit y régner, en inspirant les lois, en sanctifiant les mœurs, en éclairant l'enseignement, en dirigeant les conseils, en réglant les actions des gouvernements comme des gouvernés. Partout où Jésus-Christ n'exerce pas ce règne, il y a désordre et décadence.

« Or, j'ai le devoir de vous dire, Sire, continua l'intrépide évêque, qu'Il ne règne pas parmi nous, et que notre constitution n'est pas, loin de là, celle d'un Etat chrétien et catholique... »

L'Empereur arrêta l'évêque en lui demandant s'il croyait que l'époque où nous vivions comportait cet état de choses :

« — Je l'ignore, répondit Mgr Pie, je ne suis pas un politique, je suis un évêque et comme évêque je réponds que si le moment n'est pas venu pour Jésus-Christ de régner, le moment n'est pas venu pour les gouvernements de durer. »

C'est sur cette parole que l'entretien prit fin; en entendant ces accents apostoliques, ne croirait-on pas remonter le cours des âges, à ces temps célèbres où les Pontifes romains faisaient retentir aux oreilles des princes de la terre des paroles terribles. Le rêveur qu'était Napoléon III eut le courage de les subir, mais il crut plus habile de céder à des voix encore plus menaçantes : il déclara la guerre à l'Autriche et facilita ainsi la politique de spoliation de Victor-Emmanuel.

A partir de cet instant les projets de l'Empereur se dévoilèrent de plus en plus et une brochure intitulée : *Le Pape et le Congrès* se chargea de les démasquer complètement. Il y était déclaré formellement que Rome suffisait au Pape et qu'il importait de le décharger de l'administration de ses autres Etats.

La conscience catholique bondit sous l'injure et les yeux des moins clairvoyants purent voir ce qu'ils refusaient jusqu'alors d'admettre. Mgr Dupanloup répondit le premier, par une brochure de même allure que celle qu'il attaquait : Mgr Pie, qui toujours et en tout refusait de se départir des habitudes ecclésiastiques, préféra faire un acte d'autorité qui fut un acte d'Eglise : il condamnerait épiscopalement du haut de son siège de juge et de sa chaire de docteur.

« Le 15 janvier, fête de saint Hilaire, raconte l'abbé Pagès à qui nous empruntons cet intéressant épisode, avait été choisi pour porter ce grand coup. On en fut averti à Paris, et, le 14, une dépêche du Ministre de l'Intérieur partit à onze heures du soir afin de prévenir le préfet de la Vienne d'empêcher le coup qui allait être porté.

« Le préfet d'alors était un homme excellent, ami et admirateur de l'évêque. Il dormait profondément quand il fut désagréablement réveillé par l'arrivée soudaine de deux dépêches consécutives. Elles venaient du ministère des Cultes. La première s'exprimait ainsi : « Ministre des Cultes vous charge de voir l'Evêque, de grand matin, avant le prône. Inviolabilité de l'Etat pontifical érigée en dogme, démembrement qualifié sacrilège en chaire : trop fort et dépassant le sens de la brochure. Tâchez de réussir contre telles exagérations réprouvées par les amis de la religion et les bons citoyens. » La seconde disait : « Ministre des cultes apprend que l'Evêque publiera un acte destiné à produire émotion dans le pays. Dire de ma part de s'abstenir, car nuisible à la religion et à la paix publique. Insistez ; aurez fait votre devoir, moi le mien. »

« Le préfet devait obéir. A cette heure surtout il lui en coûtait énormément. Il se fit accompagner du secrétaire de l'Evêché, et non sans peine, il fut admis, grâce à ce dernier, dans la chambre de l'évêque. Il était trois heures et demie du matin. Le préfet insista pour que satisfaction fût donnée au gouvernement en laissant télégraphier que la condamnation ne serait pas lue en chaire.

« Mgr Pie lui répondit avec la plus grande tranquillité :

« Mon cher Préfet, vous savez quel empressement j'ai mis en

toute occasion à vous être agréable. Aujourd'hui, je me trouve en présence d'un devoir à accomplir. Répondez, s'il vous plaît, à Messieurs les Ministres que je les remercie des conseils qu'ils veulent bien me donner, mais qu'avant de les recevoir j'avais déjà pris les conseils de ma conscience, et que rien ne peut prévaloir contre ces derniers. Quant aux conséquences, ne vous en effrayez pas plus que moi. Ainsi j'officierai pontificalement à neuf heures. A neuf heures et demie, je me rendrai au banc d'œuvre, et M. l'Archiprêtre montera en chaire pour y lire mon mandement. Si vous voulez y assister, je vous ferai préparer un fauteuil. »

« Cela dit, l'évêque serra affectueusement la main du préfet, et nous congédia, a écrit le témoin de cette scène, sans que nous ayons pu remarquer la moindre émotion sur son visage. Sa sérénité était parfaite.

« A neuf heures, l'évêque était à la grand'messe de la cathédrale. L'archiprêtre monta en chaire et lut la lettre pastorale portant fièrement ce titre : « Condamnation des erreurs contenues dans divers écrits, et notamment dans la brochure : *Le Pape et le Congrès.* » A la même heure et par les ordres de Monseigneur Pie, le même mandement était lu dans toutes les paroisses de Poitiers.

« C'était une dénonciation en bonne et due forme de la vaste conspiration de fausseté et d'hypocrisie du moment, contre laquelle il était temps de parler et d'agir :

« Par des mesures que nos habitudes de respect nous interdisent de discuter ici, y était-il dit, la parole épiscopale n'a plus le pouvoir de se faire entendre en dehors du temple. Eh bien ! tout en réservant à l'exemple du grand apôtre, la plénitude de nos droits de citoyen, nous parlerons dans le temple, et nous frapperons de censures et d'anathèmes les erreurs qu'on interdit à notre juridiction épiscopale de poursuivre sur le terrain de la publicité. Nul n'a imaginé assurément que les sentinelles de la foi pourraient se résigner à assister, l'arme au bras, passives et immobiles, au saccagement de la cité sainte et au renversement de tous les principes religieux et sociaux dont la garde leur est confiée. *Non possumus non loqui.* »

« Suivait le décret de condamnation...

« La conscience publique fut soulagée par ce trait de courage, et les lettres de félicitations affluèrent de toutes parts. L'imagination s'en empara et dramatisa quelque peu les circonstances dans lesquelles la condamnation avait été portée.

« Mgr de Périgueux écrivait à Mgr Pie pour lui demander s'il était vrai qu'on l'eût menacé de Vincennes et qu'il eût répondu : « Qu'on vienne me chercher, je n'y changerai rien. » D'autres versions lui faisaient dire : « Je suis prêt à partir, je n'ai que mon bréviaire à prendre. » Selon d'autres encore, l'évêque se serait présenté avec les ornements pontificaux, la crosse en main et la mitre en tête, entouré de ses vicaires généraux et aurait dit au préfet : « Puisque c'est comme évêque que je suis arrêté, c'est aussi en évêque que je me rendrai en prison. » On raconta même, à Cologne, qu'il aurait refusé d'être amené clandestinement à Paris et par le train de nuit. C'est pendant le jour, à pied, processionnellement, qu'il veut se rendre à la gare, malgré le commissaire du gouvernement (1).

L'affaire n'alla pas si loin, mais l'effet n'en fut pas moins retentissant ; et le nom de Mgr Pie devint vénéré et illustre à l'égal de celui d'un Père de l'Eglise. Quelques semaines plus tard, sur une simple parole de sa bouche, se dessinait le grand mouvement de l'armée du Pape et du denier de Saint-Pierre.

Ils partirent, les fils de la Bretagne, du Poitou, de la Vendée, à la suite des La Moricière et des Pimodan, et bon nombre d'entr'eux conquirent l'immortalité sur la colline de Castelfidardo. Du haut de la chaire de sa cathédrale, Mgr Pie qui avait béni leur départ, chanta leur triomphante défaite :

« C'est une grande science, mes Frères, s'écriait-il, et c'est une science trop désapprise que de savoir mourir. C'est surtout une grâce incomparable que d'être admis à mourir pour une grande cause...

« Qu'on ne dise pas de ces braves qu'ils ont été vaincus. Vain-

(1) V. abbé PAGÈS, p. 208 et Mgr BAUNARD.

cus?... Entendez ce bulletin laconique de leur général : « L'armée pontificale n'a pas été vaincue, elle a été trahie et assassinée. » Oui, cernés à l'improviste, attaqués sans déclaration de guerre, contre le droit des gens, par des forces dix fois supérieures aux leurs, au lendemain d'une assurance de paix, ils ont été écrasés par le nombre, et ils ont succombé, ces preux de vingt ans, dont plusieurs étaient à peine formés au maniement des armes. Mais ils ont succombé après une résistance héroïque, après des prodiges de valeur, après des faits d'armes qu'enregistreront les annales militaires. Spolète, Castelfidardo, Ancône, l'Eglise gardera vos noms, elle garde ceux de Damiette, de la Massoure et de Carthage. Là aussi il y eut des défaites ; mais ces défaites furent des avantages en même temps qu'elles furent des gloires. La Grèce païenne en jugea parfois de même : « Notre devoir, disait Léonidas, c'est de défendre ce passage ; notre résolution c'est d'y périr. »

Toute la France catholique entendit avec frémissement ces mâles paroles et les témoignages d'admiration se multiplièrent à l'évêché de Poitiers ; mais une autre circonstance, plus grave encore, allait attirer sur le siège de saint Hilaire les regards du monde entier.

Une nouvelle brochure ayant pour titre : *La France, Rome et l'Italie* reprenait les arguments déjà émis dans *le Pape et le Congrès* et rejetait sur le Souverain Pontife avec un cynisme révoltant la responsabilité des mauvais traitements qu'il avait eus à subir. Pie IX ne comprenait pas les besoins de son époque, et son obstination seule attirait sur sa tête les châtiments des alliés.

A ce blasphème, l'indignation catholique se souleva plus forte que jamais et réclama un vengeur. L'évêque de Poitiers reprit sa plume, mais cette fois il ne crut pas devoir s'imposer les mêmes réserves ; il n'écouta que son cœur et frappa de tout le poids de sa sainte colère. Lui-même comprit toute l'importance de l'acte qu'il commettait ; avant de publier sa lettre, il alla trouver sa mère et lui en exposa les conséquences probables ; l'héroïque chrétienne, digne mère d'un tel fils, lui répondit qu'il n'avait qu'à faire son devoir d'évêque.

Le lendemain, la lettre pastorale était publiée et l'Empereur frappé au front d'un stigmate ineffaçable. L'évêque préjugeait la question et prévoyait le retrait prochain des troupes françaises pour permettre aux Piémontais d'agir tout à leur aise, et il appréciait ainsi cette lâche trahison :

« Ne serait-ce pas là la reproduction d'une des particularités les plus odieuses de la passion du Sauveur? Entendons les évangélistes :

« Pilate, voyant qu'il ne gagnait rien, mais qu'au contraire les exigences croissaient et devenaient plus impérieuses autour de lui, et comprenant qu'après avoir cédé jusqu'ici à toutes les volontés de la multitude, il allait être entraîné à un acte de suprême faiblesse, ordonna qu'on lui apportât de l'eau; il se lava les mains, et il dit : Je suis innocent du sang de ce juste. Cela fait, après avoir flagellé Jésus, il le livra aux Juifs pour qu'ils le crucifiâssent.

« Mais la postérité a-t-elle ratifié l'absolution que se donna Pilate, et le lavement de ses mains l'a-t-il innocenté devant les âges à venir?...

« Lave tes mains, Pilate, déclare-toi innocent de la mort du Christ. Pour toute réponse, nous dirons chaque jour, et la postérité la plus reculée dira encore : « Je crois en Jésus-Christ qui est né de la Vierge Marie, qui a enduré mort et passion sous Ponce-Pilate, *qui passus est sub Pontio Pilato.* »

L'allusion était transparente, elle fut saisie par tous : menaces et félicitations se croisèrent à la porte de l'Evêché. Le ministère déféra la lettre au Conseil d'Etat qui déclara l'abus.

Qu'importe? le coup était porté et le lâche souffleté. On raconte qu'en ces jours, à Rome, le dimanche des Rameaux, quand vinrent ces paroles de la Passion : *Accepta aqua Pilatus lavit manus*, à la messe solennelle célébrée à Saint-Pierre, tous les assistants, cardinaux, prélats, ambassadeurs, officiers de l'armée française, se tournèrent du côté de l'ambassadeur de France, pendant que celui-ci, confus, cherchait à s'absorber dans son livre de prières.

Le gouvernement impérial se vengea en attachant à la personne du courageux évêque une police mesquine et tracassière ; ses discours furent sténographiés, ses démarches surveillées, ses prêtres poursuivis. Dans les tournées pastorales, on voyait attachés aux pas de Monseigneur, commissaires de police et gendarmes, d'ailleurs assez humiliés de leur rôle. On chercha à lui démembrer son diocèse en lui enlevant le département des Deux-Sèvres ; mais Pie IX à son tour n'abandonna pas la cause de son courageux défenseur. Dans les dispositions où se trouvaient les hommes au pouvoir, tout devenait prétexte à de nouvelles dénonciations.

« Le dimanche 30 juillet 1861, Mgr Pie, selon l'usage, célébrait la fête de saint Pierre, patron de sa cathédrale et du diocèse. Dans son homélie, l'évêque rappela que le fameux Hérode-Agrippa, qui avait maltraité les fidèles, comme il est dit aux Actes des apôtres, n'était point Hérode, dit l'Ascalonite, le bourreau des saints Innocents, ni Hérode-Antipas, qui avait ordonné le meurtre de saint Jean-Baptiste, mais Hérode III, dit Agrippa, fils d'Aristobule.

« A ce nom d'Hérode III, tous les hommes de la police, mêlés à l'auditoire, le préfet de la Vienne, présent, quoique dissimulé dans la tribune qui mettait en communication l'hôtel de la préfecture et la cathédrale, virent une nouvelle allusion à l'empereur. L'évêque fut de nouveau dénoncé (1). »

Cette fois, ce ne fut plus au Conseil d'Etat qu'il fut déféré, mais à Rome même. A ce tribunal Mgr Pie n'avait rien à craindre ; au reste il n'était jamais entré dans ses intentions de représenter Napoléon III sous les traits d'Hérode : pour lui le personnage qui continuait toujours à le figurer, c'était le lâche Pilate.

Avec les dernières années de l'Empire, la lutte se ralentit ; d'autres préoccupations hantaient le cerveau du prince qui devait songer à pourvoir à sa propre sûreté. Une seule fois, l'évêque de Poitiers fut amené en sa présence et il lui rappela

(1) *Les Contemporains*, loc. cit.

encore que « les races qui sont montées sur le trône n'y sont restées que tant qu'elles furent fidèles à Jésus-Christ. »

On était à la veille du Concile œcuménique : dans ces grandes assises, le successeur de saint Hilaire prit une part considérable. Appelé le second à faire partie de la commission *de la Doctrine et de la Foi,* il en fut une des lumières les plus sûres et l'une des voix les mieux écoutées. Il n'avait pas à suivre, mais à diriger le mouvement qui aboutit à la déclaration de l'infaillibilité.

Quand il revint en son diocèse, ce fut pour assister au démembrement de la patrie, à la disparition de la dynastie impériale recueillant le fruit de sa trahison : il voyait ainsi s'accomplir ses différentes prophéties.

Pour ajouter à l'auréole que sa science, ses luttes et son dévouement au Saint-Siège avaient attachée à sa personne, le successeur de Pie IX voulut lui conférer la première dignité de l'Eglise et ce fut, revêtu de la pourpre cardinalice, son linceul de martyr, que l'immortel évêque de Poitiers remit à Dieu sa grande âme, le 18 mai 1880.

En apprenant la nouvelle de sa mort, Léon XIII put s'écrier en toute vérité :

« — J'ai perdu mon bras droit en France ! »

Louis VEUILLOT

Sa Jeunesse. – Le Polémiste. – L'Ecrivain.

(1813-1883)

En arrivant au terme de notre tâche, il semble qu'un heureux hasard nous ait réservé pour conclure le nom de l'homme qui à notre époque a le mieux personnifié les luttes glorieuses de la plume. A la fois « journaliste hors ligne, conteur ravissant, satyrique étincelant de verve, critique d'un goût délicat et d'une sagace impartialité, artiste et poète original, philosophe aux vues nettes et larges, moraliste pénétrant sans pessimisme, enfin épistolier inimitable par son prodigieux esprit et sa virile tendresse, » Louis Veuillot est l'écrivain qui ait exercé sur son époque l'influence la plus heureuse et la plus féconde. Un talent hors ligne et un tempérament de lutteur sans rival ont fait de ce laïque une sorte de Père de l'Eglise.

I

Sous la Terreur vivait à Boynes-en-Gâtinais une femme qui s'appelait Marianne Bourassin.

Quoique son regard fût humble et modeste, sa voix douce, son cœur tendre et généreux, elle « avait cinq pieds six pouces, était agile et bien découplée et pouvait porter toute seule une grosse roue de charrette. »

Lorsque les révolutionnaires voulurent traîner par les rues le grand crucifix qui ornait l'église, Marianne prit une lourde hache qu'elle maniait comme si c'eût été son fuseau et alla avec d'autres femmes du village se placer devant la croix, « déclarant bellement qu'elle abattrait le premier qui oserait y toucher. Elle l'aurait fait, aussi vrai qu'il n'y a qu'un Dieu. C'est pourquoi personne n'insulta le crucifix ; et quand le soir vint, les vaillantes femmes l'emportèrent de l'église et le mirent en sûreté. »

Le petit-fils de cette femme héroïque devait être un homme de foi et de cœur, qui lui aussi saurait faire reculer l'ennemi : mais la plume allait remplacer la hache.

Louis Veuillot naquit à Boynes en 1813. Rien n'égale le charme avec lequel il a raconté ses origines modestes et celles de sa famille :

« Il y avait une fois, non pas un roi et une reine, mais un ouvrier tonnelier, qui ne possédait au monde que ses outils et qui, les portant sur son dos, l'hiver à travers la boue, l'été sous l'ardeur du soleil, s'en allait à pied de ville en ville et de campagne en campagne, fabriquant et réparant tonneaux, brocs et cuviers ; s'arrêtant partout où il rencontrait de l'ouvrage, repartant aussitôt qu'il n'y en avait plus ; heureux s'il pouvait emporter de quoi vivre jusqu'au terme de sa course nouvelle, mais sûr de laisser derrière lui bonne renommée, et de trouver, lorsqu'il reviendrait, bon accueil. Il se nommait François...

« Un jour, traversant une bourgade du Gâtinais, il vit à la fenêtre encadrée de chèvrefeuille d'une humble maison, une belle robuste jeune fille qui travaillait en chantant ; il ralentit sa marche, il tourna la tête et ne poussa pas sa route plus loin. La fille était vertueuse autant qu'agréable ; elle aimait le travail ; l'honneur brillait sur son front parmi les fleurs de la santé et de la jeunesse ; un sens droit et ferme réglait ses discours ; les fortunes étaient égales ; les cœurs allaient de pair ; le mariage se fit. Riche désormais d'une bonne et fidèle compagne, le pauvre ouvrier nomade fixa sa tente aux lieux où la Providence avait permis qu'il trouvât ce trésor, persuadé que là aussi se trouvait le pain, jadis errant, de chaque jour. Un enfant naquit (1). »

Cet enfant n'était autre que le terrible polémiste catholique de qui Pie IX dira plus tard : « C'est une colonne de l'Eglise. »

Avec l'enfant « des ambitions jusqu'alors inconnues entrèrent dans la pauvre demeure ; mais le plus arrêté de tous les

grands projets formés autour de son berceau, fut de lui apprendre à lire, afin, sans doute, que quand l'âge serait venu, pour lui aussi, d'aller chercher son pain par le monde, le père et la mère, informés des vicissitudes de sa destinée, ne le perdissent pas tout à fait. Si je suis le premier de mon nom et du nom de ma mère qui ait su lire, ou tout au moins qui ait su un peu d'orthographe, c'est probablement, après Dieu, à ce craintif instinct de l'amour paternel et de la pauvreté que je le dois. »

(1) L. Veuillot, *Rome et Lorette.*

Les parents étaient pauvres, mais un revers de fortune vint encore augmenter leur misère ; et pour échapper à une détresse complète, la famille Veuillot vint se fixer à Paris.

« Un négociant, lisons-nous encore dans le même ouvrage, frustra mon père du prix de plusieurs années de travail. Ruiné de fond en comble par une perte de quelques centaines de francs, il quitta le pays, sur les instances de ma mère, qui avait l'âme fière et hautaine, et partit avec elle, emmenant mon frère encore dans ses langes, et moi qui sortais du berceau, pour venir chercher de nouvelles ressources, mais surtout pour cacher sa misère au sein de Paris. Ce qu'ils déployèrent de résignation stoïque et d'héroïsme indomptable ne se peut décrire. Cette détresse dura six ans. Je n'en vis rien. Quand je la connus, elle avait cessé. »

L'éducation du futur athlète laissa fort à désirer ; il ne trouva même pas, au foyer de la famille, la compensation des premières leçons religieuses tombées des lèvres d'une mère chrétienne.

« Mon père et ma mère se conduisaient d'après les règles d'une probité rigide ; ils élevaient à la sueur de leurs fronts quatre enfants, car après les deux garçons étaient venues deux filles ; ils travaillaient sans cesse ; pas de fête, pas de repos, pas de nuit, en quelque façon, pour eux ; ils ne cessaient de travailler que quand l'excès des fatigues et des privations amenait une maladie : ils nourrissaient de leur sang et de leurs jours cette nombreuse famille qui avait toujours faim ; ils venaient, avec une générosité sublime, au secours de leurs parents, encore plus misérables qu'eux. Hélas ! ils remplissaient de la religion tous les devoirs, moins ceux qui consolent et qui font espérer. En nous épargnant tout ce qu'ils pouvaient nous sauver de leurs souffrances, ils ne savaient que nous dire : « Habituez-vous à la peine, vous en aurez ! » Et pas un mot de Dieu.

« Je le dis à la honte de mon temps, non à la leur : ils ne connaissaient pas Dieu. Enfants tous deux à l'époque où l'on massacrait les prêtres, ils n'en avaient point trouvé dans leurs villages pour les élever, et tout ce qu'en vieillissant ils avaient entendu dire aux plus habiles qu'eux, de l'Eglise et des ministres de la religion, leur en inspirait l'horreur. Seulement ma mère, par un reste des traditions de sa mère, voulait que j'allasse le dimanche à la messe, où elle venait elle-même aux grandes fêtes, et m'avait appris quelques bribes de l'*Ave Maria*, que je récitais le soir au pied de mon lit.

« Partageant le sort des enfants du pauvre dans ce qu'il y a de plus mauvais, je n'eus point le bonheur d'aller à l'école des Frères. Je fus jeté dans une infâme école mutuelle ; et il fallait tous les mois deux journées de travail de mon pauvre père (je n'y pense que la sueur au front, mon père en est mort à la peine !), il fallait deux journées de ce travail sacré pour payer les leçons de corruption que je recevais de mes camarades, et d'un maître qui était ivre les trois quarts du temps.

« Cet élu du conseil municipal, n'ayant pas assez, pour sa soif, de sa classe et de son monopole, tenait encore abonnement de lecture, et nous faisait porter aux dames et aux puissants de l'endroit les romans de Paul de Kocq, de Lamothe-Laugon, de tous les auteurs enfin qui pouvaient plaire à des conseillers municipaux de la banlieue, en 1824, après qu'il avait fait l'éloge de ces *productions charmantes* (c'était son mot) par des circulaires par nous écrites sous sa dictée. On pense si nous nous privions de lire ces beaux ouvrages en les colportant ainsi. Je n'y manquais pas pour ma part, et il est telle de ces lectures maudites dont mon âme portera toujours les odieuses plaies. »

Poussé à la table sainte par des mains ignorantes, Louis s'en approcha et fit sa première communion sans trop savoir à quel redoutable et auguste banquet il prenait part : « Que le crime en retombe sur d'autres têtes ! écrivait Veuillot au lendemain de sa conversion, je n'ai pas à le porter tout entier (1). »

La première communion faite, il fallut songer à gagner sa vie ; mais comment ? Ecoutons ses curieuses confidences sur les incertitudes de la famille :

« A la maison, l'appétit allait croissant, en même temps que décroissaient, usées par un rude travail, les forces de mon père. Ma plus jeune sœur marchait seule : son premier pas, rendant ma

(1) Ar. LAMOTHE.

surveillance moins nécessaire, avait par le fait supprimé le seul emploi qu'il me fût possible de remplir au profit de la communauté. Je n'étais plus qu'un consommateur inutile; il fallait songer à me donner un état.

« Le soir donc, au coin de l'âtre où fumait un avare tison, l'on tenait conseil ; et, comme le petit Poucet, j'écoutais en feignant de dormir :

« — Que ferons-nous de lui ? disait mon père.

« — Eh ! mon Dieu, reprenait sa femme, un malheureux ! et elle essuyait une larme.

« — Il serait bon horloger, continuait le digne homme.

« — L'apprentissage, reprenait-elle, coûte cher.

« — Ebéniste ?

« — C'est trop long.

« — Maçon ?

« — C'est trop pénible !

« — Cordonnier ?

« — C'est trop sale ! »

« Puis les rôles changeaient. Ma mère faisait les propositions, mon père objectait.

« — Plaçons-le chez notre tailleur, disait ma mère ; c'est un ami, il en aura soin et ne nous prendra pas grand'chose.

« — Bah ! s'écriait mon père ; tailleur ! un métier de femme et d'estropié !

« — Eh bien ! mettons-le chez un épicier.

« — Un état de bête ! D'ailleurs il ne pourra jamais acheter un fonds.

« — Tenez ! François, reprenait alors ma mère, c'est grand dommage que nous ne puissions pas le pousser dans l'éducation : il aime la lecture, il deviendrait jurisconsulte. »

Me voir jurisconsulte, c'était la suprême ambition de ma mère, et l'idéal des grandeurs qu'elle rêvait pour moi : pour elle par conséquent.

« — Jurisconsulte ! faisait mon père surpris, qu'est-ce que c'est que cela ?

« — Jurisconsulte, reprenait-elle, c'est comme notaire, mais plus fort.

« — Ma pauvre Marianne, disait-il doucement, tu es folle. Est-ce qu'on a jamais vu des enfants d'ouvriers comme nous devenir notaires ?

« — Pourquoi pas ? Napoléon était caporal, et il est bien devenu empereur !

« — Oh ! caporal, je crois bien que l'enfant pourra l'être, et j'en ai plus de peur que d'envie. Mais ce n'est pas une raison pour qu'il passe empereur ou jurisconsulte.

« — Il faut pourtant bien arrêter quelque chose. Le voilà grand ; dans son intérêt, nous ne pouvons pas le garder à rien faire ; il s'adonnerait à la paresse et il en souffrirait plus que nous. Vous avez beau travailler, mon pauvre homme, nous n'y résisterions pas. De jour en jour j'ai plus de peine à joindre les deux bouts.

« — Que ferons-nous donc ? »

Et les recherches recommençaient avec les incertitudes. Une maladie du père vint trancher les hésitations et on accepta une proposition qui dut paraître fort belle. Louis était à même de vingt francs et de « trente morceaux de pain par mois » dans une étude d'avoué.

« Informée de ce que j'aurais à faire, ma mère y vit un commencement pour devenir jurisconsulte ; c'était un bien petit commencement, mais la main du Seigneur dirigeait cela.

« J'allai demeurer hors de la maison paternelle : j'avais treize ans. Abandonné dans le monde, sans guide, sans conseils, sans amis, pour ainsi dire sans maître, à treize ans, sans Dieu ! O destinée amère ! Je rencontrai de bons cœurs ; on ne manqua pour moi ni de générosité ni d'indulgence, mais personne ne s'occupa de mon âme, personne ne me fit boire à la source sacrée du devoir. Les rues de Paris faisaient l'éducation de mon intelligence ; les propos de quelques jeunes gens au milieu desquels j'avais à vivre, celle de mon cœur. Hors un, qui vint trop tard et s'en alla trop tôt, ils n'imaginaient point qu'il y eût quelque retenue à s'imposer devant l'enfance.

« Au moins, dans la pauvre maison de mon père, on disait parfois : « Que Dieu ait pitié de nous ! » Mais maintenant je n'entendais plus que des impiétés railleuses… »

L'étude appartenait au frère de Casimir Delavigne ; c'était une étude littéraire, tout le monde y taquinait la muse et l'intelligence du jeune clerc ne pouvait trouver pour se développer un milieu plus favorable. Aussi il se piqua au jeu, lut, travailla, et à quinze ans, excité par le renom de Casimir Delavigne, essaya même une tragédie.

Survint la révolution de 1830; Louis Veuillot, n'entendant parler que de politique, se lança dans le journalisme. Sans autre préparation, il se trouva, à dix-sept ans, rédacteur en second à l'*Echo de Rouen* et deux ans plus tard rédacteur en chef du *Mémorial de la Dordogne* à Périgueux. Prompt à toutes les ripostes, il s'attira deux duels et se fit craindre par sa force au pistolet, en même temps que par la vivacité de son esprit.

C'est en 1837 qu'il revint à Paris, « bien décidé à devenir ministre aussitôt qu'il se pourrait. » Il comptait vingt-trois ans, n'était plus ni pauvre, ni timide : l'ambition lui était venue avec le succès, et il apportait dans la capitale des idées de conquête. Rédacteur à la *Charte,* puis à la *Paix*, il éprouva plusieurs désenchantements qui le dégoûtèrent de la politique, et amenèrent en son âme une sombre mélancolie.

« J'avais beau, dit-il, porter partout mes lèvres, je ne buvais qu'à des coupes troublées. J'avais toujours sur le cœur l'arrière-goût d'un plaisir empoisonné. Mécontent et sombre au fond de toutes les ivresses, rongé de soucis dans le sein de l'abondance, tantôt je voulais à tout prix agrandir ma fortune, tantôt je regrettais amèrement ma misère passée. J'étais honteux des brèches faites à ma conscience, j'étais las des débris d'honnêteté qui restaient. Je n'avais plus du tout de foi politique. Une année de polémique avait brisé, broyé, pulvérisé des convictions que je ne voyais aboutir à rien dans le passé. Je perdais le sens du juste et de l'honnête ; je perdais jusqu'à la volonté du combat, jusqu'au désir de la force. Illusion de ma jeunesse, généreux désirs et généreuse fierté de mon âme, orgueil de l'honneur, orgueil du devoir, dévouement, amitié, amour, tout était souillé, tout expirait, tout allait être anéanti. »

Mais la Providence veillait : de cette désespérance allait sortir la lumière. A cette époque, pour faire diversion à son état d'esprit, un ami lui proposa de l'accompagner dans un voyage en Orient. Il accepta et quelques jours après, il était parti ; « il croyait aller à Constantinople, il allait plus loin, il allait à Rome, il allait au baptême. »

Terrassé, comme Paul, sur le chemin de Damas, le jeune incrédule vint se courber en frémissant sous la main du ministre de la miséricorde et se releva absous. Dans cette œuvre, trois noms méritent d'être signalés à la reconnaissance du monde catholique : Gustave, Adolphe et Elisabeth, trois amis de Veuillot qui, par leurs prières et leurs vertus, ramenèrent le jeune égaré au sein de cette Eglise, dont il allait devenir l'héroïque défenseur (1).

Mais la conversion de cette âme ardente ne se fit pas sans douleur : lui-même a raconté ce drame intime qui rappelle plus d'un passage des *Confessions* de saint Augustin :

« Quoique je ne sois rien moins qu'habile dans l'art excellent de la lecture à haute voix, moitié par vanité, moitié par désir de plaire à mes amis, je m'étais offert comme lecteur. Adolphe me présenta donc le livre ouvert au sermon pour le lundi de la semaine sainte : *Sur le délai de la Pénitence*. Je ne fis pas d'abord attention à ce titre, qui surprit mes compagnons, ainsi qu'ils me l'avouèrent plus tard, et qui les rendit attentifs comme à un avis solennel que le Seigneur allait me donner en leur présence. Je ne songeais véritablement qu'à lire de mon mieux, à ces chrétiens, un discours que je croyais de nature à les intéresser plus que moi.

« Je ne connaissais rien de Bourdaloue : j'appris vite à le connaître... Je me trouvais aux prises avec ce rude adversaire, sur le dernier terrain où je m'étais réfugié. Chaque mot que je lisais frappait d'aplomb sur mon esprit, broyait mes prétextes, déjouait mes ruses, me convainquait de ma déraison, proclamait ma folie. Ou plutôt je ne lisais pas : j'écoutais, avec une sorte d'effroi et de stupeur, une voix qui ne me semblait plus être la mienne, et qui, me révélant, en présence de mes amis, toutes mes pensées misérables, me couvrait de honte et de

(1) Ar. LAMOTHE, *L. Veuillot*.

confusion. Je tremblais, je balbutiais, je me sentais rougir; mon front s'humectait de sueur. Tantôt je voulais jeter le livre et me retirer; tantôt je voulais m'interrompre pour m'écrier que j'étais vaincu, et que je prenais l'engagement de ne plus résister à des raisons dont la force me laissait sans excuses; tantôt je sentais les larmes me gagner; et je continuais, à travers l'orage de ces sentiments divers, ce sermon, cet avertissement à la fois paternel et terrible, où les menaces de la mort éclataient à côté des plus douces assurances de salut si je voulais me sauver, et qui me faisait si bien sentir qu'en effet, dans la position où Dieu m'avait mis, j'avais moi-même, en mes propres mains, et le don de ma grâce et la sentence de ma condamnation.

« Tout ce qui m'avait été dit, tout ce que je me disais moi-même, et tout ce que je craignais de m'avouer, Bourdaloue me le répétait à voix haute, avec l'autorité souveraine de l'Ecriture sainte, des Pères, de son propre génie, avec des paroles qui pénétraient comme des glaives ardents jusqu'au fond de ma conscience... »

On eut pitié du lecteur, et le supplice fut interrompu sous prétexte de fatigue; mais le tonnerre gronda longtemps au cœur et à l'oreille de Louis Veuillot, jusqu'à ce que l'absolution du prêtre eût calmé cet ouragan d'angoisses et de regrets et fait succéder la reconnaissance du prisonnier délivré de ses fers au désespoir du jeune homme arraché malgré lui à ses plaisirs (1).

Un voyage en Suisse, un autre en Algérie, achevèrent l'éducation morale du nouveau converti; et quand il revint à Paris, il résolut de renoncer à la presse gouvernementale et de consacrer sa plume au journalisme catholique.

(1) P. Et. Cornut, *Louis Veuillot.*

II

Il existait alors à Paris un journal, l'*Univers religieux*, fondé en 1834 par M. Bailly, l'un des organisateurs des conférences de Saint-Vincent de Paul. Ce journal, exclusivement religieux, s'était donné pour mission de servir l'Eglise, en se tenant éloigné des discussions purement politiques ; sa situation n'était pas brillante, il comptait à peine douze cents abonnés (1).

C'est à cette feuille que Louis Veuillot apporta le secours de son talent et de sa foi nouvelle; il devait s'immortaliser avec elle et faire de la presse catholique une des œuvres les plus fécondes pour la défense de la vérité.

Le rédacteur avait trente ans quand il arriva à ce poste de combat : cette situation de sentinelle avancée convenait admirablement à son génie, il se lança dans la mêlée avec toute la fougue d'un tempérament né pour la lutte.

Ce fut la grande question de la liberté d'enseignement qui eut les premiers honneurs de la guerre. Les catholiques, condamnés avec Montalembert, relevaient la tête, s'apprêtant à se défendre et à dire son fait à l'Université : le ministre de l'instruction publique, M. Villemain, voulut faire l'éloge de l'enseignement universitaire, mais Louis Veuillot lui répondit par une lettre restée célèbre qui révéla aux catholiques la valeur du nouveau champion appelé à défendre leur cause et décida dans le parti une attitude plus ferme encore et plus résolue.

Les évêques se jetèrent dans le mouvement; un prêtre aussi zélé que distingué, l'abbé Combalot, rédigea un *Mémoire* contre les doctrines universitaires et attira sur sa tête les

(1) G. Loth, *Les gloires de la France chrétienne*, 2e série.

foudres gouvernementales. L'*Univers* le soutint de toute la vigueur de son éloquence et se vit à son tour condamné à un mois de prison et à 3,000 francs d'amende. Louis Veuillot répondit par un langage qui montrait qu'il n'était pas homme à s'effrayer pour si peu de chose.

« Je suis sûr, dit-il au jury, que votre jugement, auquel je me soumets, n'abattra pas mon courage. Je continuerai d'aimer avec passion la religion, la justice et la liberté. Si M. l'avocat général prétend aimer toutes ces choses autant que nous, il les aime d'une autre façon. Je souhaite qu'il ne s'en repente pas. Pour moi je suis inébranlable dans la voie que j'ai prise ; j'y marche avec tant de conviction que je ne puis ne pas y rester, lors même que d'aussi bons chrétiens que M. l'avocat général viennent m'y frapper. »

En entrant à l'*Univers*, Louis Veuillot savait ce qui l'attendait : donner mais aussi recevoir des coups. Il s'était fait du journalisme une idée juste.

« Le journaliste, dit-il quelque part dans sa correspondance, est un citoyen armé pour la cause publique. Son péril est de ne guère relever que de lui-même ; mais, s'il sait remplir ses obligations envers Dieu et envers la patrie, ce péril devient son avantage et sa force. Il me semble que le journaliste catholique est le dernier reste de la chevalerie. Il ne quitte pas les armes, il va devant lui, proclamant la foi et portant secours. Il se propose de ne point commettre d'injustice et de n'en point souffrir, si ce n'est contre lui-même. S'il en commet, il les répare ; s'il en voit faire, à ses risques et périls il combat pour en procurer la réparation. Saint Grégoire VII citait souvent ce verset de Jérémie : Maudit soit l'homme qui retient son glaive pour ne pas verser le sang ! car le respect de la justice qui est la loi de Dieu doit passer avant la déférence qui peut être due à l'homme.

« C'est un métier laborieux. Il y faut du cœur et encore du cœur. Notre temps n'aime pas la vérité, vous le savez du reste ; et dans le petit nombre de ceux qui aiment la vérité, plusieurs, pour ne pas dire beaucoup, n'aiment point ceux qui se mettent en avant pour la défendre. On les trouve indiscrets, importuns, inopportuns. On ne leur pardonne pas volontiers leurs défauts, on leur sait plus volontiers mauvais gré de ne pas mettre tout le monde d'accord et de ne pas se mettre d'accord avec tout le monde. Il faut en prendre son parti. »

Louis Veuillot, sans sourciller, paya donc les 3,000 francs d'amende, fit bravement son mois de prison et continua la lutte. Les coups tombèrent si drus et si violents sur la presse gouvernementale et le monde universitaire que tous, amis et ennemis, se retournèrent étonnés, les uns émus d'admiration, les autres criant à la violence et à la cruauté. On vit, dans le parti catholique, de bonnes âmes s'effrayer et se demander où en était la charité chrétienne ; et on chercha à entourer le fougueux rédacteur d'un système d'entraves qui paralysât son ardeur.

Louis Veuillot déjoua la manœuvre et, tout en faisant quelques concessions apparentes, garda sa liberté d'allure. Quant au reproche de charité, il n'y faut pas insister. Veuillot peut dépasser la mesure dans la forme, au fond ses intentions sont loyales et généreuses : il n'obéit qu'aux nobles indignations. Il s'est rendu cette justice lui-même, en son testament, en face de la mort :

Dans ma lutte laborieuse,
La foi soutint mon cœur charmé ;
Ce fut donc une vie heureuse,
Puisqu'enfin j'ai toujours aimé !

Et dans une de ses lettres, nous lisons ces paroles encore plus explicites : « Dans le fond, je ne suis pas inquiet sur la charité. Je crois bien juste que j'ai manqué de modération dans la répression ; je n'ai pas manqué d'amour, et mon métier est un métier d'amoureux : j'ai aimé ceux que j'ai battus ; je n'ai désiré à personne de rester et encore moins de mourir dans l'erreur. »

Après la question de l'enseignement vint l'affaire des Jésuites qui passionna l'opinion. Pendant que la presse gouvernementale, le *Constitutionnel,* le *Journal des Débats,* faisaient une campagne acharnée contre la Compagnie de Jésus, Louis

Veuillot se déclarait l'avocat des victimes qu'on voulait expulser et mettait à les défendre les ressources de son merveilleux talent, aussi bien que les audaces de sa plume. « Il fit tête à l'orage avec autant de courage que d'habileté. Ses articles d'alors sont un des plus beaux éloges des services rendus à l'Eglise par les Jésuites. Ainsi il cherchait à persuader au gouvernement qu'il y allait de son intérêt de « les laisser en paix. » Comme toujours, la calomnie l'emporta sur la justice. Le gouvernement les sacrifia aux criailleries des journaux, sans être bien convaincu du soi-disant danger que ces religieux constituaient pour lui (1). »

L'exécution de la loi n'avait pas encore son effet que les Jésuites étaient vengés par la révolution de 1848. Au milieu des ruines qui emportaient le trône de Louis-Philippe, quel parti allait prendre le journaliste ? La solution semblait difficile : elle était faite cependant pour embarrasser Veuillot moins que personne.

Fidèle au programme qu'il s'était tracé : — absence de toute hostilité systématique contre le pouvoir ; adhésion pure et simple aux doctrines romaines ; — il attendit la république à l'œuvre avant de la condammer ; puis quand deux hommes se trouvèrent en présence et qu'il fallut choisir sur la valeur des candidats à la présidence — le général Cavaignac et le prince Louis-Napoléon — il les jugea d'après les garanties qu'ils offraient à la question romaine.

« Aujourd'hui, dit Louis Veuillot, la liberté de l'Eglise n'est plus en France, mais à Rome... Ce n'est point le Pape, c'est la papauté qu'il faut défendre, c'est la clef de voûte de la civilisation européenne, c'est l'œuvre de Dieu qu'il faut préserver des injures d'une horde de scélérats dont le pouvoir est la ruine et l'opprobre du monde. Celui qui aura assez d'intelligence et de cœur pour se déclarer l'ennemi de ces misérables, pour rompre entièrement avec eux, pour fouler aux pieds leurs drapeaux sanglants, pour préférer le venin de leurs poignards à l'ignominie de leurs louanges ; celui qui, devant ces athées,

(1) G. Loth, *loc. cit.*, p. 245.

osera se dire l'homme de Dieu et répondre à leurs clameurs par le signe de la croix, celui-là est digne que nous suivions sa bannière. »

La question était posée carrément; dans une lettre à l'*Univers*, le prince Louis-Napoléon se déclara prêt à garantir la liberté et l'autorité du Souverain Pontife ; c'en fut assez pour décider le choix de Louis Veuillot qui favorisa sa candidature et ne fut pas étranger à son succès (1).

Plusieurs ont reproché au journaliste de s'être attaché à ce prince et de l'avoir appuyé même au 2 décembre ; il suffit de répondre encore une fois que Veuillot n'agit pas par préférence politique, mais par principe : défendant le triomphe de l'ordre contre le parti révolutionnaire.

Mais le rédacteur de l'*Univers* rencontra sur sa route des ennemis qui naguère marchaient avec lui la main dans la main et défendaient les mêmes principes.

L'école libérale était à son apogée; elle avait ses organes et ses partisans et ce n'était pas le talent qui leur faisait défaut. Avec des adversaires de la taille de Louis Veuillot, la polémique devait être chaude, elle le fut. Dirons-nous que le journaliste eut toujours l'avantage, non : mais il fut le vainqueur définitif parce qu'il avait la vérité pour lui.

Ce n'est pas le lieu de redire ici les attaques que le journal eut à subir et de la part de Mgr Dupanloup et de la part de l'archevêque de Paris, Mgr Sibour. Rappelons seulement que celui-ci vexé, par les arguments que l'*Univers* servait chaque matin à ses lecteurs, en interdit la lecture aux prêtres de son diocèse.

Le coup était violent : Louis Veuillot le trouva excessif. Au reste il était à Rome en ce moment et le jour même où la sentence y fut connue, il venait de recevoir la sainte communion de la main de Pie IX dans la chapelle du palais apostolique. Le Souverain Pontife en fut vivement contristé :

« Ils ne savent pas, s'écria-t-il, toute la peine qu'ils m'ont faite. J'aurais compris qu'on donnât un avertissement paternel

(1) V. *Les Gloires de la France chrétienne*, loc. cit.

aux rédacteurs de l'*Univers,* mais condamner avec une sévérité inouïe un journal qui défend depuis vingt ans le Saint-Siège avec le plus admirable dévouement, alors qu'on n'a pas une parole de blâme pour des journaux irreligieux ! C'est inconcevable ! C'est inconcevable ! Evidemment, j'ai quelque chose à faire et je le ferai. »

La première de ces choses fut d'adresser un bref à Veuillot pour l'engager à continuer son œuvre ; la seconde fut d'écrire à l'archevêque pour lui demander de rapporter son ordonnance. Lorsque le secrétaire des lettres latines, Mgr Fioramonti, porta à Pie IX le projet de réponse à la consultation de Veuillot, le pape modifia quelques expressions, « de peur, disait-il avec une bonté parfaite, qu'elles ne causent de la peine à ce bon M. Veuillot. » Les corrections arrêtées, il voulut que le secrétaire passât la nuit à transcrire la lettre, afin qu'elle pût être expédiée sans retard. « Surtout, ajouta-t-il, vous n'oublierez pas de signer : Secrétaire du Pape. »

Enfin par l'Encyclique *Inter multiplices*, Pie IX terminait l'affaire en recommandant aux évêques français de favoriser de tout leur pouvoir les journalistes catholiques « et de les avertir *prudemment* et *paternellement* si, dans leurs écrits, il leur arrivait de manquer en quelque chose. » L'archevêque de Paris leva immédiatement la sentence portée contre l'*Univers* (1).

Il était dans la destinée de ce journal de lutter contre des adversaires qui ne désarmaient jamais ; et Veuillot n'avait pas un tempérament à accommoder les choses. « Nul homme ne fut plus aimé de ses amis et plus détesté de ses ennemis. Beaucoup portaient au flanc les blessures cuisantes que la plume acérée et impitoyable du redoutable journaliste leur avait infligées. Aussi l'histoire de l'*Univers* n'est-elle que l'histoire des luttes quotidiennes qu'il eut à soutenir contre ceux que le langage de la justice, de la vérité et du bon sens irrite ou déconcerte. Si Louis Veuillot eût eu moins de talent, il eût compté plus d'amis. On lui aurait pardonné plus volontiers ses erreurs, ses écarts de

(1) A. Lamothe, *loc. cit.*

Louis VEUILLOT.

langage, ses violences même ; mais ce qu'on ne lui pardonnait pas, c'était son incontestable et écrasante supériorité (1). »

De là des colères et des rancunes qui éclatèrent dans un pamphlet anonyme ayant pour titre : L'*Univers jugé par lui-même*. L'auteur, au moyen de textes du journal, habilement découpés et combinés, prétendait démontrer que, de 1845 à 1855, la feuille catholique avait professé des erreurs monstrueuses. Louis Veuillot justement ému d'une pareille attaque, y répondit par une citation à comparaître devant le tribunal correctionnel de la Seine. La mort tragique de Mgr Sibour, odieusement assassiné à Saint-Etienne-du-Mont, amena une transaction et les poursuites furent abandonnées.

Le temps était venu où l'*Univers* qui avait soutenu l'Empire à son aurore, allait avoir à combattre ses égarements : cette lutte devait lui coûter la vie, mais au journal on n'avait pas peur, on combattait jusqu'à la mort.

La brochure *Le Pape et le Congrès* avait paru et aussitôt Pie IX l'avait flétrie comme un monument insigne d'hypocrisie et un ignoble tissu de contradictions. Le gouvernement français essaya d'étouffer la parole du Pape ; mais, sans se soucier des menaces, Louis Veuilot l'imprima en disant : « Voici l'arrêt de mort, le journal ne vivra plus demain... mais un journal catholique n'a pas sa raison d'être s'il renonce à faire connaître les actes du Chef de l'Eglise. Voici l'occasion de bien mourir... Succomber en pleine vie, en pleine force, en plein dévouement, avec une Encyclique pour linceul, me semble le plus glorieux couronnement de tous nos efforts. »

L'Encyclique parut et le soir même l'*Univers* était supprimé. Par cet acte d'indépendance, Veuillot affirmait sa politique et assurait sa gloire : ce n'était donc pas un régime qu'il servait, mais uniquement la vérité et c'est pour elle qu'il tombait frappé à mort.

Sept ans durant, la voix de l'*Univers* resta muette ; enfin en 1867, on rendit à Veuillot son glorieux journal.

(1) G. Loth, *Louis Veuillot*, p. 252.

L'heure était bien choisie, le Concile était proche et il fallait préparer les esprits au dogme de l'infaillibilité pontificale. Là encore il se trouva en présence de l'école libérale et la poursuivit jusqu'à Rome; il lui porta les derniers coups et triompha avec la définition du Concile œcuménique.

Le 20 juillet 1870, il rentrait à Paris, mais c'était pour voir la capitale « dans les transes d'une ignoble terreur, sous le pied brutal des enfants de sa débauche et regardant au haut de ses murs le César allemand. » Il assista à toutes les horreurs de la guerre étrangère et de la guerre civile, travailla au rappel du comte de Chambord et eut encore une fois l'honneur de la suppression du journal, sur les revendications du comte de Bismarck.

Quand il reprit son arme redoutable, ce ne fut plus pour longtemps; un jour vint où la plume tomba de ses mains amaigries et où sa pensée refusa de se laisser traduire. Ce jour-là, il écrivit à sa sœur :

« Je ne voudrais pas t'inquiéter, mais j'éprouve un malaise indéfinissable, qui est autre que tout ce dont j'ai l'habitude, et qui me déroute tout à fait. J'avais emporté un article commencé, j'ai essayé deux fois de le finir; deux fois je me suis arrêté en chemin, sans avoir avancé d'une ligne. Je n'ignore pas cependant ce que je veux dire, et l'article est bien tout entier dans ma tête... Je n'en peux venir à bout. Cela me déconcerte horriblement... Je crois bien que la fontaine est tarie. »

Ainsi finit le grand polémiste qui pendant quarante ans fut l'âme de l'*Univers* et personnifia la presse catholique. « Il fit mieux que de la renouveler, il l'a, pour ainsi dire, créée, lui donnant un éclat, une puissance, une autorité qu'elle ne connaissait pas avant lui. Il reste le modèle inimitable du journaliste, tant par sa verve incisive que par la vaillance et l'audace de ses convictions. Toujours loyal, même quand il se trompait, il ne connaissait ni les détours ni les habiletés de langage. Fort de sa plume et de sa conscience, il menaçait ses adversaires, dédaignant les attaques détournées et les insinuations perfides. Se représentant le journaliste comme un citoyen toujours armé pour défendre la bonne cause, il ne déposa jamais les armes; la maladie seule les lui arracha des mains (1). »

Un jour seulement sa plume fut brisée dans ses mains et il éprouva un accès de rage impuissante : « Figurez-vous, raconte-t-il lui-même, figurez-vous un homme dans une cage de fer et, devant lui, hors de sa portée, sa mère et son enfant qu'on amène. Là, on les outrage, on les frappe, on les tue. Voyez-vous l'homme qui ronge les barreaux de sa cage, impuissant et fou ? Il se roule à terre dans des cris de rage et des convultions. J'ai souffert toutes les tortures de cet homme. »

Louis Veuillot s'est donné tout entier à l'*Univers*, comme le soldat à son drapeau. Avec un soin jaloux, il a veillé à sa prospérité, à son honneur littéraire, à sa bonne réputation d'orthodoxie. « C'était, dit un critique, c'était une épée que Dieu lui avait mise au poing pour le service de l'Eglise et des faibles ; il entendait que son chaste acier ne fût employé qu'à de nobles besognes, qu'il fût libre et respecté (2). »

III

Louis Veuillot n'a pas été seulement le plus grand des journalistes ou le plus brillant des polémistes, il est aussi un maître en l'art d'écrire, et des soixante volumes qu'il a laissés, quelques-uns lui assurent une gloire immortelle.

Il a à son service une langue d'une saveur toute personnelle et d'une vigueur sans égale. « Comme écrivain, dit M. O. Havard, Veuillot est hors de pair. Cet enfant du peuple, sans instruction première, avait été merveilleusement doué des dons de l'esprit français; nature fine et sagace, nette et limpide,

(1) V. *Les Gloires de la France chrétienne*, p. 258.

(2) P. Et. Cornut, *L. Veuillot*.

caractère ardent, batailleur, mais loyal et chevaleresque, un tel homme n'était pas destiné à noircir du papier timbré dans quelque étude de notaire ou d'avoué. Dès lors qu'il ne se faisait pas soldat, il devait être écrivain militant (1). »

Quand il commença d'écrire, Veuillot n'était pas entièrement sans culture littéraire, mais il n'avait fait aucune étude classique. Le goût littéraire s'était développé en lui à la lecture de *Gil Blas* et il se mit à aborder seul l'étude des maîtres du grand siècle.

Corneille, Racine, Madame de Sévigné, La Bruyère, et plus tard Bossuet et Bourdaloue restèrent ses auteurs préférés ; c'est dans le commerce de ces grands esprits qu'il se forma cette langue saine et savoureuse qui restera comme un modèle de la prose du XIXe siècle.

Il débuta dans les lettres par l'histoire de sa conversion en un livre intitulé *Rome et Lorette* où on trouve de curieux détails sur la première partie de sa vie, ce qui donne à l'ouvrage un intérêt palpitant; il ne l'écrivit cependant qu'à bâtons rompus, comme il s'en plaint dans sa préface en une phrase charmante :

« Ce n'est pas comme l'oiseau que je chante, mais comme le laboureur en creusant un sillon, l'esprit troublé de soins divers, la main à la charrue. Ferais-je mieux si j'avais plus de temps? Je l'ignore. Je sais seulement que j'essaierais... Je demande à ceux qui me liront de ne m'écouter que comme on écoute en passant dans la plaine le chant rustique des travailleurs, ou tout au plus comme un ami qui vient sans prétention, sans dogmatisme et sans gêne, causer le soir au coin du foyer. »

Rome et Lorette eurent une suite dans les *Pèlerinages de Suisse*, un des livres les plus frais et les plus gracieux qu'il ait écrits, ainsi que les *Français en Algérie*, souvenirs d'un voyage entrepris à la même époque.

La plume délicate du conteur s'essaya ensuite dans une série de volumes, gracieux entre tous : *Corbin et d'Aubecourt*,

(1) Cité d'après LAMOTHE.

Historiettes et fantaisies. On ne peut réprimer son étonnement en voyant le fougueux et ardent polémiste plier son génie à des récits d'une grâce aussi exquise que : *L'Epoux imaginaire*, *Le vol de l'âme*, les *Histoires de Théodore* et surtout la *Chambre nuptiale.*

Rien de mieux, dit Sainte-Beuve, n'a été écrit dans notre belle langue française ; que le lecteur en juge plutôt :

« Mon cœur battait quand je descendis de voiture à la porte d'Henri. J'allais le revoir après quinze ans d'absence. Nous avions été compagnons de marches et de cavalcades, compagnons de clairs de lune et de levers de soleil, compagnons de fêtes, de lectures, de rêveries, d'opinions, de chimères ; enfin, compagnons de vingt ans. Nous nous étions assis à la même table, la dernière fois, pour le festin de ses noces, et le lendemain, au milieu de cette grande fête de la vie, je lui avais dit adieu. Dérobant une heure à sa joie, il était venu me conduire, seul, bien loin, ne pouvant me quitter, ni cesser de me parler de son bonheur. Je l'avais laissé l'homme le plus heureux du monde, au comble de ses vœux, bien établi, plein de confiance, plein de projets. Il ne songeait qu'à embellir sa maison, qu'à planter son jardin. Je verrais comme ses enfants seraient bien élevés, il me les amènerait, je serais parrain du second, tout au moins du troisième... Depuis quinze ans, nous ne nous étions point revus ; depuis cinq ans, à peine nous étions-nous écrit.

« Cependant je n'ignorais pas qu'il avait prospéré, que sa vie était paisible, qu'il m'aimait toujours. Je savais, et j'en étais encore plus charmé, qu'il connaissait et qu'il aimait Dieu, et que je retrouverais dans l'ami de ma jeunesse un bon chrétien, un fervent catholique, un frère.

« Sa maison était celle où je l'avais laissé. Il l'habitait depuis le jour de son mariage. Que de visites nous y avions faites avant ce jour ! Que de conseils et de délibérations entre nous, pour la rendre digne de la souveraine qu'on y attendait !

« Une vieille servante m'ouvrit :

« — Quoi ! c'est vous, Monsieur !

« Je la regardai :

« — Quoi ! Madelon, c'est vous, m'écriai-je à mon tour. Avez-vous été malade, ma chère?

« — Ah ! poursuivit Madelon, j'ai fait la maladie de tout le monde, et j'ai quinze ans de plus qu'il y a quinze ans. Je suis arrivée de quarante-cinq à soixante, toujours sur mes jambes... Mais ne vous inquiétez pas, je sais encore faire la galette de sarrazin.

« Cétait son grand talent, que nous avions souvent célébré. Je lui promis mon appétit d'autrefois.

« — Et Henri, comment va-t-il ?

« — Il va bien, Monsieur, il a fait comme vous : il a oublié de vieillir. Qu'il sera content de vous voir ! Il ne manque pas de parler de vous quand je lui sers quelque chose que vous aimiez. Venez, il est là-haut, avec Madame, dans la chambre bleue; vous savez, la chambre nuptiale, comme vous disiez... Etiez-vous gai dans ce temps-là, Monsieur ! Vous avez tout de même l'air plus rassis.

« Madelon avait toujours trouvé quelque chose de très plaisant à ce mot de *chambre nuptiale*. Elle n'était pas parvenue sans peine à le prononcer correctement, et depuis quinze ans elle continuait d'en rire, sans savoir pourquoi.

« — Quelle drôle de chose, Monsieur, poursuivit la bonne créature, en s'arrêtant pour reprendre haleine sur les marches de cet escalier, qu'autrefois elle franchissait quatre à quatre comme nous, quelle drôle de chose, cette jeunesse, pour avoir comme ça des mots et des idées qui font rire! En disiez-vous avec M. Henri ! Il y en a qui me reviennent et qui me déridest encore. Peut-être que ça ne serait pas de même aujourd'hui. Vous ne le diriez plus ou je n'en rirais plus. La peine nous arrive de tant de côtés dans la vie de ce monde ! Le souci finit par faire son nid en dedans de nous, et nous restons tristes, même sans sujet de chagrin. Ça se prend à tout le tempérament, Monsieur; et j'ai peur que vous n'aimiez plus mes galettes.

« La marche lourde de Madelon s'accordait trop avec sa philosophie pour que l'une et l'autre ne fissent pas sur moi une certaine impression. Je me trouvai vieux tout à coup, dans cette maison et dans cet escalier où je me souvenais d'avoir été si jeune. J'y avais senti mes jarrets plus souples, mon cœur plus allègre. Madelon me mettait un poids de quinze ans sur les épaules.

« J'entrai sans me faire annoncer dans la chambre bleue. Henri me sauta au cou. C'était toujours lui ; c'était cet œil pétillant, ce cœur vif que j'avais tant aimé. Le moment d'après, ce premier feu éteint, il me sembla que je ne le reconnaissais plus. Sa taille svelte et droite s'était épaissie et courbée ; sa parole si rapide était devenue lente ; le temps avait fait son sillon sur ce front dégarni de son abondante chevelure ; front paisible autrefois et maintenant grave. Plus de flamme de gaieté dans ces yeux, qui désormais avaient trop regardé la vie.

« Je me rappelai qu'Henri jadis se plaignait de ne pouvoir dompter au fond de son âme l'opiniâtre sentiment du ridicule. — J'ai trop envie de rire, disait-il, j'ai un démon qui me fait remarquer les grimaces des gens qui pleurent, même quand je les aime et quand je les plains. Ah ! je n'eus pas besoin de lui demander son histoire pour savoir qu'il avait pleuré à son tour, que ce sentiment de l'ironie était dompté, cette flamme du rire à jamais éteinte.

« ... Henri pria sa femme d'aller chercher ses enfants qu'il voulait me montrer. J'avais achevé l'examen de la chambre bleue.

— « Je ne retrouve ici, dis-je à mon ami, quand nous fûmes seuls, que ton visage et ton cœur. Nous avions fait de la chambre un musée qui n'est pas celui que je vois.

« — Le goût de l'esprit, me répondit-il, avait arrangé cette ancienne décoration ; peu à peu elle a été remplacée par le goût et par les besoins du cœur qui sont la prière et le souvenir. Ni toi ni moi n'avions songé au crucifix : le voilà. A l'endroit qu'il occupe se trouvait, si tu t'en souviens, la Diane chasseresse : elle nous aurait moins consolés quand la mort est venue ici allumer ses flambeaux ! J'ai donné à ma femme cette image de Marie au pied de la croix, et elle a remplacé je ne sais quelle gravure poétique, après la mort de notre premier enfant. Ce dessin, au-dessus de la toilette, où était la grande fête de Watteau, représente la tombe de mon père dans le cimetière de son village; c'est par là que j'ai commencé de bâtir, et les cyprès qui entourent l'édifice sont les premiers arbres que j'ai plantés. A côté est le portrait de la mère de ma femme. Elle est morte dans cette chambre, que nous seuls pouvons habiter désormais. Ces autres portraits sont maintenant ce qui nous reste de presque tous les êtres chers qui nous ont élevés, qui ont travaillé et souffert pour nous, et si tendrement pris soin de notre bonheur. Cet ange qui s'envole au ciel est le second enfant que Dieu nous a repris, notre chère petite Thérèse. Nous l'avons perdue l'année dernière à six ans. Elle s'est écriée: Dieu! Dieu! où est Dieu? Je veux aller à Dieu!... Et elle a emporté les derniers jours heureux de sa mère.

« Les yeux d'Henri se remplirent de larmes. Troublé moi-même, je promenai silencieusement mes regards sur tous ces souvenirs funèbres. Mon ami comprit ma pensée :

« — Oui, frère Louis, me dit-il en me serrant la main, voilà ce que devient une chambre nuptiale; au bout de quelques années, c'est un mémorial de deuil, écrit du doigt de la mort. Mais, ajouta-t-il avec la forte foi du chrétien, grâce au Christ éternel, ni l'infamie, ni l'aversion, ni le désespoir ne sont entrés ici; et que savons-nous si ce n'est pas la douleur qui nous a conservé, au contraire, l'amour, la confiance et la paix? »

On est obligé de se contraindre pour s'arrêter en citant les pages si pures et si françaises, qui se déroulent tout le long de l'ouvrage. Dans le *Parfum de Rome*, dans *Çà et Là*, c'est le même charme : tout y est beau d'un bout à l'autre, tout y est fin, délicat, rempli de force et de tendresse.

Avec les *Libres-Penseurs* et les *Odeurs de Paris*, nous abordons un autre genre, celui de la satire sociale.

« Ce sont, a-t-on dit, des œuvres de génie qui laissent bien loin derrière elles les *Caractères* de La Bruyère. En chrétien qu'il est, Louis Veuillot a déclaré la guerre à la Révolution qui, elle-même, a déclaré la guerre à Dieu. Ce fils d'ouvrier, que l'on pourrait croire d'âme démocratique, est sans pitié pour cette œuvre d'impiété furieuse, d'orgueil et d'envie, préparée et perpétuée par la philosophie incrédule, haineuse et satanique du XVIIIe siècle. Le peuple n'a été que le bras qui exécute : la bourgeoisie rationaliste et libre-penseuse a été l'âme de ce bouleversement où ont sombré les traditions chrétiennes de la France, et qui a amené la constitution d'une nouvelle société en dehors de toute croyance à Dieu. C'est donc à la classe bourgeoise rationaliste, libre-penseuse, égoïste, jouisseuse, impitoyable au peuple dont elle s'est servie pour parvenir, qu'elle a démoralisé, abaissé et réduit au désespoir en lui enlevant Dieu et les douces consolations de la religion, c'est à cette classe que Louis Veuillot s'est attaqué avec cette verve vengeresse et cette mordante ironie que l'on trouve à chaque page dans les *Libres-Penseurs*. Comme il déshabille ces bourgeois imbéciles de toute condition, de toute profession, pour les couvrir de ridicule et les convaincre d'imposture ! Leurs vices, leur hypocrisie, leur malfaisance, tout cela est passé au crible d'une étincelante moquerie, d'une impitoyable justice. Il passe en revue toutes les variétés de l'espèce libre-penseuse, depuis le libre-penseur athée jusqu'au libre-penseur anodin, qui veut bien montrer quelque respect pour la religion et en reconnaître les bons côtés. Quel flamboyant réquisitoire contre la presse impie et libertine, qu'elle affecte des airs graves ou qu'elle prenne le ton plaisant; contre la littérature romanesque, le théâtre, les arts, les plaisirs de cette bourgeoisie incrédule, sceptique, ambitieuse, qui a édifié sa fortune sur la crédulité et la naïve complaisance du peuple dont elle s'est servie pour se hisser au pouvoir, et devenir le défenseur d'un ordre de choses dont elle a tiré tous les profits (1) ! »

Conteur charmant, satyrique étincelant de verve, Veuillot est un artiste et un poète. L'étude constante des chefs-d'œuvre, les voyages, les rencontres de la vie, l'expérience

(1) G. Loth, *Louis Veuillot*, p. 271.

avaient perfectionné en lui les dons que la nature lui avait prodigués.

« Une vierge de Raphaël, une phrase musicale de Mozart, une scène de Corneille, quelques pages de Bossuet, une lettre de Sévigné, un paysage calme ou grandiose, une belle figure d'enfant ou de moine, l'harmonie de l'*Angelus* envahissant la campagne dans la fraîcheur du matin ou l'ombre du soir, tout ravit son admiration prompte à l'enthousiasme et lui fait oublier les petitesses de la vie réelle. Au fond, et grâce à un double prisme qui transfigure tout, la poésie et la foi, cette existence remplie par tant d'austères devoirs fut un continuel enchantement (1). »

Il nous l'a dit lui-même, à l'heure où la jeunesse y ajoutait encore « ses riantes fantaisies et ses rêves éveillés » :

« En ce temps-là, dit-il, je n'avais point de châteaux sur la terre; mais quels châteaux seront jamais tels sur la terre que j'en faisais dans les nuages ? Et quelles souples voitures égaleront les ailes d'esprit qui m'y portaient? Je peux bien me dire pauvre quand je songe à mes richesses de ce temps-là.

« J'avais des yeux qu'une nuit de lecture à la clarté d'une chandelle fumeuse ne brouillait point. Si j'éprouvais quelques fatigues, trois ou quatre heures de courses sur les collines me reposaient assez. En ce temps-là, j'ai épuisé toutes les grandeurs humaines.

« Je faisais de beaux livres, je gagnais des batailles, je découvrais des îles. Il ne me manquait, en ce temps-là, que d'avoir tous les jours à dîner. Mais quelle nécessité de dîner tous les jours, en ce temps-là ?

« J'ai résolu de ne pas me croire pauvre. Il est vrai, néanmoins, que je suis un homme ruiné. D'une grande fortune, je suis tombé à une très modeste aisance. J'ai perdu ce domaine que rien n'égale sur la terre, le domaine des nuages.

« Ce merveilleux équipage, ces jambes qui pouvaient faire

(1) P. Et. Cornut.

tous les jours dix ou douze lieues à travers les montagnes, tandis que l'esprit faisait le tour du monde en tous sens, plusieurs fois, qui me les rendra?

« Donnez-moi en toute propriété tous mes châteaux et mettez dans chacun le coffre-fort du juif : ce ne sera que pauvreté, surcharge dans la pauvreté. J'ai été ruiné à plat le jour que j'ai perdu les nuages.

« Mais c'est Dieu qui m'a ruiné ; bénie soit sa miséricorde ! Les nuages recélaient la foudre, elle s'y allumait quand la miséricorde les a dissipés. Et j'ai vu le ciel, et dans ma poussière, je suis l'héritier d'un royaume qui ne périra point. »

Louis Veuillot était un affamé d'idéal ; pendant que ses yeux s'enivraient des spectacles sensibles, son esprit jouissait des beautés supérieures du monde intellectuel et son cœur, dans un élan de foi et d'amour, montait jusqu'aux sphères plus vastes et plus lumineuses de la grâce. Pour le connaître sous cet aspect, il n'y a qu'à lire le début dramatique du *Vol de l'Ame*. Dans un vaste jardin, par une fraîche matinée d'automne, au bord de l'eau, quatre amis avouent leur impuissance à rendre les émotions qu'ils éprouvent :

« On a l'âme pleine d'accords, de couleurs, d'images ; le torrent veut jaillir ; on s'est environné de silence, on a fui les importuns, on a même prié Dieu... Mais le piano reste muet, le crayon tombe des mains, l'encre durcit dans la plume oisive. Par quel trait commencer, et quel trait rendra la moindre de ces merveilles qui assiègent le souvenir ?...

« Haydn lui-même, le chantre de la paix, n'a rien donné qui respire pleinement cette harmonie du matin d'octobre, quand les rayons du soleil plus pâle déposent le baiser d'adieu sur les fleurs humides et sur les feuilles rougies. L'hymne est dans mon cœur ; mais il n'en sortira jamais.

« Le pinceau saisira la splendeur du soleil de midi et dérobera la majesté des ombres du soir ; il fera respirer l'odeur des prés et des forêts. J'ai vu à Rome un tableau merveilleux : le soleil décline du côté des montagnes, il va disparaître ; ses feux rougeâtres embrasent la plaine; les arbres allongent de grandes ombres sur les troupeaux couchés; au fond, de nobles édifices semblent brûler dans un brouillard de lumière; sur le premier plan, le berger chante, la bergère file, l'enfant joue avec les agneaux. C'est tout Virgile. J'aurais voulu, dans le lointain, deviner un ermite. Néanmoins, Dieu remplit cette toile. Quand je la contemplais, l'*Ave Maria* me venait aux lèvres; je prêtais l'oreille pour entendre les doux tintements de l'*Angelus*. »

Que de couleur! Que de poésie! Prosateur d'un génie incontesté, Louis Veuillot serait aisément devenu poète remarquable, s'il s'était mis au métier. Malgré son inexpérience, il a des pièces excellentes : surtout quand meurtri par l'épreuve il laisse son cœur s'échapper en plaintes douloureuses et languissantes. Lisez ces strophes du *Cyprès :*

Je ne suis plus celui qui, charmé d'être au monde,
En ses âpres chemins avançait sans les voir;
Mon cœur n'est plus le cœur surabondant d'espoir,
D'où la vie en chansons jaillissait comme une onde.
Je ne suis plus celui qui riait aux festins,
Qui croyait que la coupe aisément se redore,
Et que l'on peut marcher, sans que rien décolore
La beauté des aspects lointains!

Est-ce donc moi, mon Dieu! qui sous un ciel de fête,
Quand l'orgue chantait moins que mon cœur triomphant,
Du pied de vos autels emmenai cette enfant,
Le bouquet d'oranger au sein et sur la tête?
De quels rayons divins ce jour étincela?
Que de fleurs dans les champs! dans les airs quels murmures!
Tout nous riait, les eaux, les bois, les boissons mûres...
Est-ce moi qui passai par là?

Sur mon front qui se ride, ai-je tant vu de flammes?
Ai-je d'un jour si beau vu le doux lendemain?
Est-ce à moi qu'on a dit, en me prenant la main :
« Pour t'aimer j'ai deux cœurs; je porte en moi deux âmes! »
Plus tard, à ce bonheur quand vous mettiez le sceau,
Ai-je été ce mortel béni dans sa tendresse,
Qui vous offrait, Seigneur, des larmes d'allégresse
Prosterné devant un berceau?

Dieu clément, est-ce moi ? Les berceaux, la couronne,
L'avenir... Maintenant, quand je songe à ces biens,
J'ignore si je rêve, ou si je me-souviens.
J'habitais dans la joie, et le deuil m'environne.
Le souffle de la mort plus tranchant que le fer
A moissonné mes fleurs dont les parfums périssent ;
Mille maux dans mon cœur à leur place grandissent.
O doux passé, regret amer !

Le temps n'a pas marché ; c'est hier, c'est tout à l'heure,
J'étais là, près du lit de mon père expirant,
J'allais d'un ami mort, vers un ami mourant...
Et vous, trésors de Dieu, trésors qu'au moins je pleure,
Biens que j'eus un instant et dont j'ai su le prix,
Doux enfants, chaste épouse, ô gerbe moissonnée !
O mon premier amour et ma première née,
Anges que le ciel m'a repris !

La mère, en s'en allant, des agneaux fut suivie ;
L'une partit, puis l'autre ! Avant qu'il fût deux mois,
De mes tremblantes mains, j'en ensevelis trois ;
Je les vois, mais non plus dans la fleur de la vie,
Non plus avec ces traits dont j'avais trop d'orgueil,
Au baiser paternel offrant leurs jeunes têtes,
Mais telles que la mort, hélas ! me les a faites,
Immobiles dans le cercueil !

Mes pas suivent encor le char qui les emporte,
Dans la fosse mon cœur tombe encor par lambeaux.
Et comme les cyprès plantés sur leurs tombeaux,
Ma douleur, chaque jour, croît et devient plus forte.
. . . .

Mais si Veuillot a abordé tous les genres il en est un où il est resté inimitable ; nous voulons parler de celui qu'il révèle en sa *Correspondance*, formant plus de dix volumes, et surtout en ses lettres intimes. Qui ne les a ouvertes ne soupçonne pas ce que fut cet homme.

« Les lettres de Louis Veuillot, a dit un critique, ressemblent à une promenade à travers les merveilles de la nature, de l'âme et de Dieu, dans la compagnie d'un artiste et d'un philosophe aimable qui sait les voir, les sentir et les expliquer. »

Il possède une palette magique qui lui sert à brosser des tableaux de toute nature et de toute dimension. Madame de

Sévigné a-t-elle dessiné de plus jolis croquis que cet effet de décembre ?

« Il fait du givre et c'est bien joli. Tout est bordé de perles blanches ; les sapins sont transformés en candélabres, les toiles d'araignées semblent des lambeaux de point d'Alençon accrochés dans les buis et dans les rosiers, les feuilles rouges du houx ont un air d'ailes de papillons ourlées d'argent. Il faut que tu aies quelque chose de bien victorieux pour que l'on soupire encore après ta maison, en regardant ces merveilles. »

Et cette description de l'aurore, sujet pourtant si souvent traité, mais rajeuni comme par enchantement :

« Sous un ciel nettoyé et magnifique, j'ai fait quatre lieues dans l'odeur des foins coupés, au chant de l'alouette et de l'*Angelus*, voyant tous les apprêts du lever de l'Aurore et c'est charmant !

« Elle a commencé par tirer ses rideaux, et elle a jeté sur la terre un petit sourire d'un bleu-rose qui a tout animé. Soudain se sont dessinées les collines, les arbres ont poussé, et les champs, peu à peu, sont devenus verts et blonds, de noirs qu'ils étaient.

« Puis l'Aurore a ouvert sa fenêtre et passé la tête. J'ai vu tout son visage. Il est agréable. C'est une physionomie pâlotte, mais souriante, fraîche, avec une teinte de mélancolie. Figure-toi sœur Olga, dans une minute d'attendrissement. Quelques étoiles restaient par-ci par-là dans sa coiffure de nuit. En tombant sur la terre elles sont devenues des ruisseaux et des fleurs.

« Elle fit sa toilette, et se parfuma de tilleul et de foin avec une pointe de sureau ; c'est son parfum du moment. Son haleine est fraîche ; elle vint jusqu'à moi et me donna une sensation de froid, que j'aurais voulu vous envoyer dans nos taudis de la rue du Bac. Elle s'éclairait de plus en plus, et la terre de plus en plus se réjouissait de la voir : tout s'animait ! Les oiseaux éclatèrent en chansons et me firent souvenir de faire ma prière, comme ils faisaient la leur. »

A la suite de ces tableaux charmants, les *Lettres* nous font pénétrer dans l'intime de sa vie, et avec quelles délices on admire la beauté simple de cette vie domestique, la profondeur de ses affections familiales, « son immense labeur et son courage allègre à le porter ! »

Quels liens d'affection l'unissaient à ce frère Eugène qui continue aujourd'hui dans le même journal les traditions de son aîné et de son modèle ! Ecoutez l'histoire de leurs jouissances et de leurs épreuves communes :

« Nous avons grandi, nous avons vieilli, nous tenant par la main et par le cœur. Présentement nous sommes en âge d'hommes et, grâce à Dieu, notre enfance n'a point changé. Nous sommes encore ces deux frères qui se rendaient à l'école ensemble, portant leurs provisions dans le même panier, ayant les mêmes adversaires, les mêmes soucis, la même fortune et les mêmes plaisirs ; l'un ne peut souffrir, que l'autre ne pleure ; l'un ne peut se réjouir, que l'autre ne soit heureux : l'un ne peut tenter une aventure, que l'autre n'en coure les chances aussitôt. C'est pourquoi, après des séparations, des épreuves, des vues diverses, nous nous sommes embarqués sur le même navire, afin de défendre le même pavillon. Anges du ciel, dites ce qui s'est passé dans mon cœur quand ce bien-aimé frère, sortant enfin des ténèbres où nous avions marché tous deux, où je l'avais laissé avec tant de tristesse, vint me rejoindre au banquet de la vie et me fit sentir qu'il était deux fois mon frère ! Quel rajeunissement de cette amitié toujours si jeune ! Quelles effusions nouvelles d'une tendresse si souvent prouvée ! Quelle certitude ineffable de n'être plus séparés ni dans la vie ni dans la mort ! »

Qui ne connaît également le magnifique portrait qu'il a tracé de sa sœur Elise, de l'épouse que Dieu lui avait donnée pour compagne, des enfants, fruits de cette union, qu'il se vit ravir l'un après l'autre, ou par la mort ou par le cloître ?... Il est peu de pages aussi charmantes que ces lettres enfantines dont il a le secret ; en voici un exemple déjà célèbre :

A ma nièce MARGUERITE VEUILLOT,
bonne petite fille de sept ans, un peu légère.

Au Tréport, 31 juillet 1868.

« MA NIÈCE MARGUERITE,

« Je regardais la mer. Elle était bleue au loin, verte plus près, blonde sur le bord, avec de grosses franges comme de l'argent. Il y avait un grand soleil qui la faisait briller, et elle chantait en dansant et en brillant. C'était très beau. Alors un oiseau est venu près de moi, et il me regardait, tandis que je regardais la mer.

« Je lui ai dit : Qui es-tu ? — Je suis un oiseau du bon Dieu qui vole sur la mer du bon Dieu. — Oiseau du bon Dieu, volant sur la mer du bon Dieu, que veux-tu ?

« Alors il me dit : Il y a une petite fille qui aime bien le sucre d'orge et le chocolat, mais qui n'aime point l'étude, la connais-tu ? — Je crois la connaître. — Cette petite fille est dans un couvent de Paris ; la connais-tu ? — Je la connais. — Cette petite fille n'est jamais la première de sa classe ; la connais-tu ? — Oui, oui, je la connais très bien. — Eh bien ! alors, reprit l'oiseau, il faut que cette petite fille commence à travailler, et à être sage et à servir le bon Dieu. Son papa et sa maman vont l'emmener au Tréport ; elle verra la mer, elle jouera sur les galets, elle sera baignée par Michel. Je crois qu'on aime bien cette petite fille-là. Il faut qu'elle ne soit pas ingrate ; il faut qu'elle mérite de devenir la petite fille du bon Dieu et de la Sainte Vierge. Ainsi parla l'oiseau du bon Dieu qui vole sur la mer du bon Dieu.

« Et moi je dis à l'oiseau : Que faut-il qu'elle fasse, la petite fille ? Car elle n'est pas méchante, mais c'est une tête légère tout à fait.

« L'oiseau reprit : Quand elle sera dans l'église du Tréport, elle dira : Mon Dieu, accordez-moi la grâce d'être votre petite fille et celle de la Sainte Vierge. Si elle fait bien cette prière, tout ira bien ; et le bon Dieu donnera des ailes à son âme pour aller au ciel comme je vole sur la mer.

« Alors l'oiseau du bon Dieu ouvrit ses ailes grandes et fortes et il s'envola bien loin, bien loin, sur la mer du bon Dieu.

« Ma nièce Marguerite, si tu connais cette petite fille qui va venir au Tréport, dis-lui bien tout cela. Moi, je suis ton oncle et je t'aime beaucoup.

« Louis VEUILLOT. »

Les lettres comme celles-ci ne sont pas rares dans l'œuvre de Veuillot : tel fut cet homme au génie si divers qui put aborder tous les genres et s'illustrer en tous. Il n'y a pas quinze ans qu'il est mort et déjà sa gloire rayonne comme celle d'un maître. « Louis Veuillot, a dit Edouard Drumont, c'est tout à la fois Bossuet, Molière et La Bruyère : il monte souvent aussi haut que le premier, il amuse comme le second, il portraiture comme le troisième. »

Aujourd'hui ses œuvres sont les plus lues du siècle par les connaisseurs qui viennent y chercher des armes et s'y retremper comme dans une onde vivifiante.

Il est mort le 6 avril 1883, et sur sa tombe, on a gravé cette épitaphe qu'il s'était plu à composer depuis longues années.

Placez à mon côté ma plume,
Sur mon cœur le Christ, mon orgueil,
Sous mes pieds mettez ce volume,
Et clouez en paix le cercueil...

Après la dernière prière,
Sur ma fosse plantez la croix,
Et si l'on me donne une pierre,
Gravez dessus : » *J'ai cru, je vois.* »

Dites entre vous : « Il sommeille,
Son dur labeur est achevé : »
Ou plutôt, dites : « Il s'éveille,
Il voit ce qu'il a tant rêvé. »

J'espère en Jésus : sur la terre
Je n'ai pas rougi de sa loi ;
Au dernier jour, devant son Père,
Il ne rougira pas de moi.

TABLE DES MATIÈRES

Abbeville. — Imprimerie C. PAILLART.

www.ingramcontent.com/pod-product-compliance
Ingram Content Group UK Ltd.
Pitfield, Milton Keynes, MK11 3LW, UK
UKHW020309230726
13925UKWH00001B/302

9 782013 504232